图书在版编目（CIP）数据

朝鲜半岛研究文献资料索引. 哲学·教育学·艺术学:
汉文、朝鲜文 / 李红军,俞爱宗,张翼善主编. 一延吉:
延边大学出版社,2015. 12
ISBN 978-7-5634-9073-8

Ⅰ.①朝… Ⅱ.①李… ②俞… ③张… Ⅲ.①朝鲜半岛
－文献资料－索引②哲学－文献资料－索引－朝鲜半岛
－汉语、朝鲜语（中国少数民族语言）③教育学－文献
资料－索引－朝鲜半岛－汉语、朝鲜语（中国少数民族
语言）④艺术学－文献资料－索引－朝鲜半岛－汉语、
朝鲜语（中国少数民族语言） Ⅳ.①Z89：K312

中国版本图书馆CIP数据核字(2016)第006992号

朝鲜半岛研究文献资料索引——**哲学·教育学·艺术学**

主 编：李红军 俞爱宗 张翼善
责任编辑：朴莲顺
封面设计：金胜铉
出 版：延边大学出版社
社 址：吉林省延吉市公园路977号
电 话：0433-2732435
印 刷：三河市天润建兴印务有限公司
开 本：710×1000毫米 1/16
印 张：15.125
字 数：350千字
版 次：2015年12月第1版
印 次：2015年12月第1次
ISBN 978-7-5634-9073-8

定 价：28.00元

总　序

朝鲜半岛研究协同创新中心（以下简称"中心"）是由延边大学牵头并协同南开大学、中国国际问题研究院、中国社会科学院亚太与全球战略研究院等单位于2012年5月组建成立的,2013年2月被确定为吉林省首批"重大需求协同创新中心",2015年12月被确定为吉林省首批"吉林特色新型高校智库"。

中心立足周边环境与外交领域,服务于国家政治、经济与文化安全等迫切需求,肩负中国关于朝鲜半岛问题话语权的建构、全方位研究朝鲜半岛问题、打造国家高端智库等重要使命。为中国特色高校智库的建设提供数据和方法支撑,中心实施了朝鲜半岛研究信息共享平台建设,着力建设朝鲜半岛研究的专题数据库。作为数据库的重要组成部分,中心于2014年确立了12项"文献资料库建设项目"。经过各相关学科的专家、学者及研究人员两年的艰辛努力,终于完成了《朝鲜半岛研究文献资料索引》（共6册）和《中国朝鲜族研究文献资料索引》（共3册）的编辑整理工作。

《朝鲜半岛研究文献资料索引》收集的内容,涉及国内外20世纪50年代以来,有关朝鲜半岛哲学、教育学、艺术学、经济学、管理学、政治学、法学、文学以及历史学等领域的主要研究成果,并将其按学科分类、以时间顺序汇编成册。

朝鲜半岛作为中国周边重要的外交区域,也是当下国际政治格局中最为敏感的地带之一,其一举一动既关乎中国周边的稳定与安全,也关乎东北亚乃至整个世界格局的变动与走向。要及时而准确地预判和把握朝鲜半岛局势的动向,就必须从其历史与现实中找寻可靠的依据。只有全面收集、深入分析其各个方面的信息,才能对此做出科学而较为准确的判断。《朝鲜半岛研究文献资料索引》旨在通过文献资料索引的方式,建立朝鲜半岛政治、经济、文化等一系列问题研究的数据库,以便相关研究者从各个层面了解与掌握朝鲜半岛的历史与现实,开展朝鲜半岛各领域发展趋势的研判。作为高校智库建设单位,朝鲜半岛研究协同创新中心希望借此构建与夯实研究基础,积聚更多有效文献资源,开展相关研究,为国家与地方的朝鲜半岛外交提供快捷、有效的服务。

《朝鲜半岛研究文献资料索引》收集的视域主要集中于中、朝、韩、日、美、俄等国有关朝鲜半岛问题的著作、学术期刊文章及学位论文等的相关信息。在收集文献资料的过程中,中、韩、日、美、俄的文献资料可借助于网络等现代化信息资源获取,而掌握朝鲜方面的相关文献资料相对较难。中心研究人员克服各种困扰,借助一切合理、可能、合法的渠道,竭力收集了朝鲜的文献资料,并完成整理编辑任务,其中的辛苦可想而知。编辑文献资料索引本是一项单调、重复率高而又繁琐的工作,中心研究人员能够有效地按时完成编辑任务,显示了其认真负责的态度,在此表示衷心感谢!

希望本索引的出版发行,能够为从事朝鲜半岛问题研究的人员提供直观便捷的查询服务,促进朝鲜半岛问题研究质量和研究水平的提升,助力国家朝鲜半岛外交战略和政策,为建设创新型国家和实现伟大中国梦作出积极贡献。

朝鲜半岛研究协同创新中心

蔡美花

二〇一五年十二月十八日

编辑说明

1. 本索引收录了朝鲜半岛研究的哲学、教育学和艺术学部分的文献资料。哲学部分收录了1957年至2014年中国、朝鲜、日本出版或发表的部分有关朝鲜哲学思想的相关著作、期刊论文和学位论文,共计2520篇(部);教育学部分收录了1935年至2014年中国出版或发表的有关朝鲜半岛教育研究的著作、期刊论文、学位论文,共980篇(部),其中并未收录与朝鲜、韩国教育间接相关的论著;艺术学部分收录了1950年至2014年中国出版或发表的有关朝鲜半岛美术、音乐领域的著作、期刊论文和学位论文,共计355篇(部)。

2. 本索引所收录的研究成果均以出版或发表时间及题名的汉语拼音顺序为序。

3. 在哲学部分作者不详按"佚名"处理。

4. 部分作者名称汉译不确定时,标注"音译"。

5. 部分作者单位、出版时间、论文页码不详,未作标注。

目　录

哲　学

教育学

艺术学

哲 学

(1957—2014年)

1 著作

朝鲜著作

- 朝鲜封建时期哲学/佚名//平壤:社会科学出版社.—1962
- 实学派的哲学思想和社会政治见解/佚名//平壤:社会科学出版社.—1974
- 朝鲜哲学思想史研究/崔凤翼(音译)//平壤:社会科学出版社.—1975
- 主体思想阐明的社会发展的合规律性过程/佚名//平壤:科学百科辞典出版社.—1981
- 主体思想的哲学原理/佚名//平壤:朝鲜劳动党出版社.—1982
- 伟大的主体思想丛书(共10卷)/佚名//平壤:社会科学出版社.—1985
- 德国古典哲学的人论研究/佚名//平壤:社会科学出版社.—1986
- 开化派社会政治思想研究/佚名//平壤:科学百科辞典出版社.—1986
- 永生不灭的主体思想/佚名//平壤:朝鲜劳动党出版社.—1986
- 主体思想的社会历史原理/佚名//平壤:朝鲜劳动党出版社.—1986
- 朝鲜哲学史(1)/佚名//平壤:科学百科辞典出版社.—1987
- 社会主义教育提纲/金日成//平壤.—1990
- 朝鲜伦理思想史(1)/佚名//平壤:科学百科辞典出版社.—1991
- 朝鲜伦理思想史(2)/佚名//平壤:科学百科辞典出版社.—1991
- 朝鲜哲学史(2)/佚名//平壤:科学百科辞典出版社.—1991
- 朝鲜哲学史(3)/崔凤翼(音译)//平壤:百科辞典出版社.—1991
- 伟大领袖金日成同志的哲学思想史/佚名//平壤:科学百科辞典出版社.—1991
- 关于继续革命的主体性理解/佚名//平壤:社会科学出版社.—1992

- 主体社会主义政治经济学的法则和范畴/李基成(音译)//平壤:社会科学出版社.—1992
- 朝鲜伦理思想史(3)/佚名//平壤:科学百科辞典出版社.—1993
- 朝鲜主体社会主义的现代意义/金晓(音译)//平壤:平壤出版社.—1994
- 人中心哲学/佚名//平壤:社会科学出版社.—1994
- 金正日主体思想的继承与发展/金正日//平壤:朝鲜外文出版社.—1995
- 人的本性问题/佚名//平壤:科学百科辞典出版社.—1995
- 对社会的主体性理解,人民大众是社会历史的主体/佚名//平壤:社会科学出版社.—1996
- 社会运动是人民大众的自主的、创造的、意识的社会发展的合规律性过程/佚名//平壤:社会科学出版社.—1996
- 伟大领导者金正日同志的思想理论(共10卷)/佚名//平壤:社会科学出版社.—1997
- 主体哲学的根本使命/佚名//平壤:社会科学出版社.—1997
- 金日成领导哲学/赵伯成//平壤:朝鲜外文出版社.—1999
- 主体革命思想伟业的伟大领导者金正日同志/佚名//平壤:社会科学出版社.—1999
- 东学的爱国爱族思想/佚名//平壤:纪念图书.—2000
- 三国时期哲学思想研究/佚名//平壤:社会科学出版社.—2000
- 朝鲜心理思想史(1)/佚名//平壤:纪念图书.—2001
- 关于精神力的主体理论/佚名//平壤:社会科学出版社.—2001
- 建设社会主义强盛大国思想/佚名//平壤:社会科学出版社.—2001
- 军民一致是我们社会的根本/佚名//平壤:社会科学出版社.—2001
- 徐敬德的哲学思想及在哲学史上的地位/佚名//平壤:社会科学出版社.—2001
- 张维与任圣周的唯物论研究/佚名//平壤:纪念图书.—2001
- 17-18世纪朝鲜进步哲学思想研究/李顺范//平壤:社会科学出版社.—2002
- 朝鲜心理思想史(2)/佚名//平壤:纪念图书.—2002
- 朝鲜心理思想史(3)/佚名//平壤:纪念图书.—2002
- 点亮时代前程的思想理论的英才/佚名//平壤:纪念图书.—2002
- 古代朝鲜信仰与原始宗教观研究/佚名//平壤:纪念图书.—2002
- 李奎报唯物论研究/佚名//平壤:社会科学出版社.—2002
- 同志爱是我党的革命哲学/佚名//平壤:社会科学出版社.—2002
- 伟大的政治家/佚名//平壤:朝鲜劳动党出版社.—2002

- 伟大领导者金正日揭示的关于先军革命领导的独创思想/佚名//平壤:社会科学出版社.—2002
- 朝鲜中世纪前期哲学思想研究/佚名//平壤:社会科学出版社.—2003
- 高丽时期的佛教哲学研究/佚名//平壤:纪念图书.—2003
- 古代朝鲜哲学思想/佚名//平壤:社会科学出版社.—2003
- 伟大领导者金正日同志的哲学思想史/佚名//平壤:科学百科辞典出版社.—2003
- 中世纪前期哲学思想研究/韩明焕//平壤:社会科学出版社.—2003
- 东方的爱国爱族思想/梁万石(音译)//平壤:社会科学出版社.—2004
- 四大第一主义是强盛大国建设永远的口号/佚名//平壤:社会科学出版.—2004
- 我党的枪杆子哲学/佚名//平壤:社会科学出版社.—2004
- 先军思想和先军政治/佚名//平壤:科学百科辞典出版社.—2004
- 主体的哲学世界观研究/佚名//平壤:纪念图书.—2004
- 主体思想阐明的社会发展中关于主体的能动作用和功能的理论研究/佚名//平壤:社会科学出版社.—2004
- 朝鲜哲学通史/郑成彻(音译)//平壤:科学百科辞典出版社.—2005
- 高丽时期哲学思想/姜明洽(音译)//平壤:社会科学出版社.—2005
- 高丽时期哲学思想/佚名//平壤:社会科学出版社.—2005
- 我党先军思想的基本/佚名//平壤:社会科学出版社.—2005
- 东方哲学史/崔凤翼(音译)//平壤:科学百科辞典出版社.—2006
- 坚强的精神力是建设富强祖国的威力武器/佚名//平壤:朝鲜劳动党出版社.—2006
- 金日成著作集/金日成//平壤:朝鲜外文出版社.—2007
- 金正日先军政治/金正日//平壤:朝鲜外文出版社.—2008
- 劳动者和哲学(共8卷)/佚名//平壤:社会科学出版社.—2008
- 主体哲学的概念范畴(社会历史观)/佚名//平壤:社会科学出版社.—2008
- 主体哲学的基本概念范畴(哲学世界观篇)/佚名//平壤:社会科学出版社.—2008
- 朝鲜哲学全史(1-15卷)/朝鲜哲学全史编辑委员会//平壤:社会科学出版社.—2010
- 朝鲜哲学史(社会科学学科用)/郑海燮(音译)//平壤:金日成综合大学出版社.—2010
- 革命的首脑集团和团结一心、社会主义是命运共同体/佚名//平壤:社会科学出版社.—2010
- 金正日选集/金正日//平壤:朝鲜外文出版社.—2010

- 主体的哲学方法论研究/佚名//平壤:社会科学出版社.—2010
- 主体哲学(大学用)/主体哲学教材编写组//平壤:金日成综合大学出版社.—2010
- 传奇伟人金正日同志(共4卷)/佚名//平壤:朝鲜劳动党出版社.—2011
- 先军革命伟业的伟大领导者金日成同志(共5卷)/佚名//平壤:社会科学出版社.—2011
- 自主伟业的伟大领导者金正日同志(共10卷)/佚名//平壤:社会科学出版社.—2011
- 朝鲜的先军政治/佚名//平壤:朝鲜外文出版社.—2012
- 更高地举起先军旗帜为争取最后胜利奋勇前进/金正恩//平壤:朝鲜平壤.—2012
- 人类命运和主体思想/佚名//平壤:朝鲜外文出版社.—2012
- 伟大的金日成同志是我们党和我国人民永恒的领袖/金正恩//平壤:朝鲜平壤.—2012
- 伟大首领金日成同志革命活动略历/朝鲜劳动党党史研究所//平壤:朝鲜劳动党出版社.—2012
- 伟人金正日/佚名//平壤:朝鲜外文出版社.—2012
- 我们式社会主义是强主体性的社会主义/李成哲(音译)//平壤:社会科学出版社.—2012
- 稀世哲学家金正日同志/佚名//平壤:朝鲜外文出版社.—2012
- 先军时代人和道德/佚名//平壤:勤劳团体出版社.—2012
- 先军政治理论/佚名//平壤:朝鲜劳动党出版社.—2012
- 哲学知识(朝鲜哲学史篇)/佚名//平壤:科学百科辞典出版社.—2012
- 关于先军革命思想/全河彻//平壤:社会科学出版社.—2013
- 光辉于天下的先军思想/佚名//平壤:朝鲜劳动党出版社.—2013
- 体现金正日爱国主义促进建设富强祖国/金正恩//平壤.—2013
- 先军——金正日政治/卓成日//平壤:朝鲜外文出版社.—2013
- 向最后胜利前进/金正恩//平壤:朝鲜外文出版社.—2013
- 一心团结是我们革命的天下大本/白雪香(音译)//平壤:社会科学出版社.—2013
- 祖国繁荣的伟大旗帜金正日爱国主义/佚名//平壤:社会科学出版社.—2013
- 伟大领导者金正日同志揭示的关于全面确立先军政治的主体理论/金锦淑(音译)//平壤:社会科学出版社.—2014
- 在朝鲜劳动党中央委员会2013年3月全体会议上的结论/金正恩//平壤.—2014

中国著作

- 朝鲜哲学思想史/朱红星,李洪淳//延吉:延边人民出版社.—1989
- 退溪书节要/张立文//北京:中国人民大学出版社.—1989
- 中国·朝鲜·日本传统哲学比较研究/朱七星主编//延吉:延边人民出版社.—1995
- 朝鲜哲学史/韩国哲学学会(编)//北京:社会科学文献出版社.—1996
- 朝鲜哲学范畴史/柳长铉//牡丹江:黑龙江朝鲜民族出版社.—1998
- 中韩佛教关系一千年/陈景富//北京:宗教文化出版社.—1999
- 朝日近代思想的形成及其比较研究:以各主要社会思潮的代表人物为中心/李昌植//长春:吉林教育出版社.—2000
- 君子国智慧:韩国哲学与21世纪/姜天日//上海:华东师范大学出版社.—2001
- 韩国实学思想史/葛荣晋主编//北京:首都师范大学出版社.—2002
- 立言垂教:李珥哲学精神/张敏//北京:北京大学出版社.—2003
- 朱熹与栗谷哲学比较研究/洪军//北京:中国社会科学出版社.—2003
- 古代朝鲜和日本的儒学特质及其成因比较研究/潘畅和//韩国学术情报(株).—2005
- 韩国道教思想/车柱环//北京:人民出版社.—2005
- 中日韩儒学比较论/潘畅和//延吉:延边大学出版社.—2005
- 朝鲜古代宗教与思想概论/金京振//北京:中央民族大学出版社.—2006
- 韩国新宗教的源流与嬗变/金勋//北京:宗教文化出版社.—2006
- 大明旗号与小中华意识——朝鲜王朝尊周思明问题研究(1637-1800)/孙卫国//北京:商务印书馆.—2007
- 从当代儒学观点看韩国儒学的重要论争/杨祖汉//上海:华东师范大学出版社.—2008
- 韩国佛教史/何劲松//北京:社会科学文献出版社.—2008
- 韩国江华阳明学研究论集/郑仁在,黄俊杰//上海:华东师范大学出版社.—2008
- 韩国儒学思想研究/崔英辰著,邢丽菊译//北京:人民出版社.—2008
- 韩国儒学与现代精神/柳承国//北京:东方出版社.—2008
- 韩国儒学史/李甦平//北京:人民出版社.—2009
- 韩国思想史纲/张敏//北京:北京大学出版社.—2009

- 朝鲜北学派实学研究/李英顺//北京:中国社会科学出版社.—2011
- 韩国儒学思想史/琴章泰著,韩梅译//北京:中国社会科学出版社.—2011
- 中国文化在朝鲜半岛/魏常海//北京:中国国际广播出版社.—2011
- 朱熹与栗谷性理学比较研究/李红军//延吉:延边大学出版社.—2011
- 朝鲜儒者丁若镛的四书学:以东亚为视野的讨论/蔡振丰//上海:华东师范大学出版社. —2012
- 东亚论语学:韩日篇/张崑将//上海:华东师范大学出版社.—2012
- 东亚儒家文化圈的价值冲突/潘畅和//北京:中国社会科学出版社.—2012
- 东亚朱子学的诠释与发展/蔡振丰编//上海:华东师范大学出版社.—2012
- 金正日与朝鲜/高浩荣,朱克川//北京:新华出版社.—2012
- 中朝日近代启蒙思想:以严复、俞吉浚、福泽谕吉的思想为中心/张华//北京:中央民族大学出版社.—2012
- 朝鲜古写徽州本朱子语类研究/胡秀娟//上海:华东师范大学出版社.—2013
- 李退溪思想世界/张立文//北京:人民出版社.—2013
- 韩国儒学的义理思想/吴锡源著,邢丽菊等译//上海:复旦大学出版社.—2014

2 期刊论文

朝鲜期刊

- 친애하는 지도자 김정일동지는 김일성동지혁명사상을 끊임없이 발전풍부화해 나가시는 사상리론의 영재이시다[저널]/일명//철학탐구(조선).—1988,(1).—2-6
- 인간의 운명문제에 전면적으로 과학적해명을 준 철학적세계관[저널]/리성준//철학탐구(조선).—1988,(1).—7-12
- 주체철학은 철학사발전의 새로운 단계를 열어놓은 위대한 철학(3)[저널]/박승덕//철학탐구(조선).—1988,(1).—13-20
- 사람과 그 활동에 대한 완전한 철학적해명[저널]/장영남//철학탐구(조선).—1988,(1).—21-27
- 수령에 대한 충실성은 인민대중의 제일생명[저널]/박영철//철학탐구(조선).—1988,(1).—28-32
- 의식의 형성발전[저널]/리재순/(조선).—1988,(1).—33-40
- 미적정서와 그에 대한 교양[저널]/한용//철학탐구(조선).1988,(1).—41-47
- <철학연구>차례묶음[저널]/일명//철학탐구(조선).—1988,(1).—48
- <위정척사>론의 대표자 리항로의 변증법적견해[저널]/량만석//철학탐구(조선).—1988,(1).—38-39
- 고대로마의 론리적견해[저널]/최호찬//철학탐구(조선).1988,(1).—46-47
- 위대한 수령 김일성동지의 사상리론활동의 기본특징[저널]/김창원//철학탐구(조선).—1988,(2).—2-9

- 주체사상이 밝힌 혁명적수령관의 기초적인 원리[저널]/리상걸//철학탐구(조선).
  ─1988,(2).─10-15
- 사상의 혁명성에 대한 과학적해명[저널]/신언갑//철학탐구(조선).─1988,(2).─16-20
- 혁명운동의 직접적원인[저널]/고인배//철학탐구(조선).1988,(2).─21-25
- 로동계급의 계급의식의 발생발전[저널]/김광복//철학탐구(조선).─1988,(2).─26-32
- 의식형성의 사회적기초[저널]/손영규//철학탐구(조선).─1988,(2).─33-38
- 자주적이며 창조적인 생활은 아름다운 생활[저널]/김흥록//철학탐구(조선).─1988,
  (2).─39-43
- <신인간기계론>의 반동적본질[저널]/김창렬//철학탐구(조선).─1988,(2).─44-48
- 경애하는 수령 김일성동지께서 창시하신 주체적인 국가건설리론의 특징과 그
  위대한 생활력[저널]/정연수//철학탐구(조선).─1988,(3).─2-8
- 친애하는 지도자 김정일동지께서 계승발전시키시는 인민정권에 관한 리론의
  중요특징[저널]/안천훈//철학탐구(조선).─1988,(3).─9-14
- 인민정권이 사람들의 사회적지위와 역할을 높이는데서 노는 결정적작용[저널]/
  리봉걸//철학탐구(조선).─1988,(3).-15-20
- 사회력사에 대한 주체적관점과 립장의 본질[저널]/태수연//철학탐구(조선).─
  1988,(3).─21-27
- 사회발전법칙에 대한 주체적리해[저널]/박일범//철학탐구(조선).─1988,(3).─28-32
- 사회정치적생명체안에서 통일적으로 작용하는 평등의 원리와 동지애의 원리[저
  널]/정심//철학탐구(조선).─1988,(3).─33-36
- 사회주의사회와 자유실현의 주체적요인[저널]/김정혜//철학탐구(조선).─1988,(3).
  ─7-42
- 부르죠아심리학에 대한 비판[저널]/남승일//철학탐구(조선).─1988,(3).─43-48
- 세계의 존재와 운동에 대한 견해의 력사적고찰과 주체사상에 의한 과학적해명
  [저널]/강민구/(조선).─1988,(4).─2-8
- <우리식대로 살아나가자>는 주체의 혁명위업수행에서 견지하여야 할 전략적
  구호[저널]/리태일//철학탐구(조선).─1988,(4).─9-14
- 친애하는 지도자 김정일동지께서 밝히신 사회정치적생명체에 관한 독창적사상
  [저널]/림정만//철학탐구(조선).─1988,(4).─15-19
- 혁명적의리와 동지애의 원리는 자유와 평등의 원리보다 차원이 높은 원리[저

널]/윤양흠//철학탐구(조선).—1988,(4).—20-24
- 주체사상이 밝힌 사회주의의 우월성과 그 승리의 필연성[저널]/리성림//철학탐구(조선).—1988,(4).—25-30
- 주체사상은 남조선사회를 자주화할데 대한 혁명리론의 사상적기초[저널]/김명호//철학탐구(조선).—1988,(4).—31-35
- 민족심리의 본질[저널]/안명옥//철학탐구(조선).—1988,(4).—36-41
- 인간에 관한 부르죠아철학사상의 력사적변천과 그 반동성[저널]/리인간//철학탐구(조선).—1988,(4).—42-48
- 친애하는 지도자 김정일동지께서 지니신 위대한 수령님에 대한 끝없는 충실성[저널]/일명//철학탐구(조선).—1989,(1).—2-7
- 주체사상은 인류의 완전한 해방을 위한 가장 위력한 무기를 주는 과학적인 혁명사상[저널]/강운빈//철학탐구(조선).—1989,(1).—8-13
- 주체철학의 근본문제에 대하여[저널]/김화종//철학탐구(조선).—1989,(1).—14-18
- 친애하는 지도자 김정일동지께서 밝히신 혁명적인생관의 핵[저널]/한봉서//철학탐구(조선).—1989,(1).—19-23
- 주체의 혁명관확립의 근본방도[저널]/박금옥//철학탐구(조선).—1989,(1).—24-27
- 사회주의의 완전한 승리를 이룩하는데서 나서는 기본문제[저널]/최호익//철학탐구(조선).—1989,(1).—28-32
- 사람들의 높은 질적상태를 보장하는것은 사회주의 완전승리의 기본[저널]/김현경//철학탐구(조선).—1989,(1).—33-37
- 사회주의제도와 자유실현의 사회적조건[저널]/김정혜//철학탐구(조선).—1989,(1).—38-42
- 리상의 본질과 그 형태[저널]/리재순//철학탐구(조선).—1989,(1).—43-48
- 위대한 수령 김일성동지의 혁명사상은 세계의 주인으로 살려는 인민대중의 지향과 요구를 전면적으로 구현한 자주사상[저널]/리성준//철학탐구(조선).—1989,(2).—2-8
- 주체의 철학적방법론에 의한 로동계급의 혁명사상의 심화발전[저널]/리영순//철학탐구(조선).—1989,(2).—9-14
- 혁명전통교양은 주체혁명위업수행의 위력한 수단[저널]/심례선//철학탐구(조선).—1989,(2).—15-19
- 수령에 대한 충실성은 공산주의도덕의 최고표현[저널]/김경숙//철학탐구(조선).

—1989,(2).—21-26

- 주체의 군건설의 기초와 기본핵[저널]/최현배//철학탐구(조선).—1989,(2).—27-32
- 자주적인간의 공산주의적로동륜리[저널]/라광옥//철학탐구(조선).—1989,(2).—33-37
- 우리 나라 고대,중세 철학에서 사람에 대한 견해의 력사적변천[저널]/정해섭//철학탐구(조선).—1989,(2).—38-43
- 부르죠아심리학의 위기[저널]/남승일//철학탐구(조선).—1989,(2).—44-48
- 주체의 혁명관에 대한 일반적리해[저널]/김윤찬//철학탐구(조선).—1989,(3).—2-6
- 력사의 자주적인 주체에 대한 리해[저널]/안현철//철학탐구(조선).—1989,(3).—7-10
- 혁명적조직관에 관한 독창적인 리론[저널]/정봉식//철학탐구(조선).—1989,(3).—11-15
- 주체사상이 밝힌 혁명적군중관의 본질[저널]/백주상//철학탐구(조선).—1989,(3).—16-19
- 공산주의도덕은 가장 우월하고 선진적인 도덕[저널]/정심//철학탐구(조선).—1989,(3).—20-23
- 사회와 집단을 위하여 생활하는것은 인간의 자주적본성에 맞는 생활[저널]/리인간//철학탐구(조선).—1989,(3).—24-28
- 사회주의하에서의 계급투쟁에 관한 주체의 리론과 그 근본특징[저널]/김재우//철학탐구(조선).—1989,(3).—29-32
- 사상의식발전을 규제하는 중요한 몇가지 합법칙성[저널]/한선희//철학탐구(조선).—1989,(3).—33-37
- 륜리사상의 기본조류들과 그 발전의 합법칙성[저널]/박태준//철학탐구(조선).—1989,(3).—38-43
- 15-16세기 우리 나라에서 유물론과 관념론의 투쟁[저널]/량만석//철학탐구(조선).—1989,(3).—44-48
- 친애하는 지도자 김정일동지의 고매한 공산주의적덕성의 본질[저널]/김룡하//철학탐구(조선).—1989,(4).—2-5
- 주체철학은 사람중심의 완성된 철학[저널]/김창렬//철학탐구(조선).—1989,(4).—6-9
- 인간의 존엄과 가치를 최상의 경지에 올려세운것은 주체철학의 력사적공적[저널]/안만히//철학탐구(조선).—1989,(4).—10-12
- 주체사상원리교양과 세계관확립[저널]/김명국//철학탐구(조선).—1989,(4).—13-16
- 혁명전통과 혁명의 주체[저널]/백략천//철학탐구(조선).—1989,(4).—17-20

- 공산주의사회의 면모와 정치적령도의 필연성에 대한 주체적리해[저널]/방창교//철학탐구(조선).—1989,(4).—21-24
- 사회관계를 공산주의적으로 개조하는것은 주체혁명위업의 완성을 위한 합법칙적 요구[저널]/고규우//철학탐구(조선).—1989,(4)—25-29
- 계급투쟁의 본질과 내용에 관한 주체적리해[저널]/허영세//철학탐구(조선).—1989,(4).—30-35
- 사회정치적생명은 영생하는 생명[저널]/강정순//철학탐구(조선).—1989,(4).—36-39
- 혁명적수양의 본질과 특징[저널]/정창경//철학탐구(조선).—1989,(4).—40-43
- 식민지민족문제의 본질에 대한 주체적리해[저널]/홍창욱//철학탐구(조선).—1989,(4).—44-48
- 친애하는 지도자 김정일동지는 주체혁명위업의 위대한 령도자이시다[저널]/신언갑//철학탐구(조선).—1990,(1).—2-8
- 로동계급의 혁명위업수행에서 정치적수령의 후계자가 노는 역할[저널]/최득남//철학탐구(조선).—1990,(1).—9-12
- 반제자주의 원칙,사회주의원칙이 반드시 승리한다는것은 력사에 의하여 검증된 진리[저널]/허철수//철학탐구(조선).—1990,(1).—13-17
- 주체사상이 밝힌 사람에 의한 세계의 지배와 개조과정의 합법칙성[저널]/리기련//철학탐구(조선).—1990,(1).—18-21
- 영예에 대한 주체적리해[저널]/김완선//철학탐구(조선).—1990,(1).—22-26
- 새것에 대한 지향의 본질과 그 형성발전의 합법칙성[저널]/리운봉//철학탐구(조선).—1990,(1).—27-31
- 사회주의적생활양식을 확립하는것은 사회주의사회의 건전한 발전을 위한 중요한 요구[저널]/안장원//철학탐구(조선).—1990,(1).—32-37
- 민족형성문제에 대한 남조선 어용학자들의 견해의 반동성[저널]/최희열//철학탐구(조선).—1990,(1).—38-42
- 부르죠아인도주의의 반동적본질[저널]/최철웅//철학탐구(조선).—1990,(1).—43-47
- 1989년 <철학연구>차례묶음[저널]/일명//철학탐구(조선).—1990,(1).—48
- 경애하는 수령 김일성동지께서 청산리정신,청산리방법을 창조하신것은 사회주의제도의 본성에 맞는다[저널]/김창원//철학탐구(조선).—1990,(2).—2-6
- 수령에 대한 충실성은 사회정치적생명을 지니고 값높은 삶을 누리기 위한 근

본요구[저널]/리태일//철학탐구(조선).—1990,(2).—7-9

- 위대한 주체사상은 공산주의적덕성의 세계관적기초[저널]/전용석//철학탐구(조선).—1990,(2).—10-12
- 선진사상의 본질과 발생발전의 합법칙성[저널]/김룡식//철학탐구(조선).—1990,(2).—13-16
- 공산주의사회는 인민대중이 세계의 완전한 주인으로 된 리상사회[저널]/김기형//철학탐구(조선).—1990,(2).—17-20
- 주체사상이 밝힌 인민대중의 자주성 실현의 조건[저널]/채성희//철학탐구(조선).—1990,(2).—21-25
- 사회개조사업과 정치제도의 발전[저널]/조명숙//철학탐구(조선).—1990,(2).—26-29
- 사회생활의 3대분야를 다같이 발전시키는것은 사회주의생활을 꽃피우기 위한 근본담보[저널]/방명숙//철학탐구(조선).—1990,(2).— 30-33
- 주체사상이 밝힌 의식의 구조에 대한 리해[저널]/리재순//철학탐구(조선).—1990,(2).—34-38
- 문화적수요의 충족은 문화생활분야에서 자주성을 실현하기 위한 중요담보[저널]/홍위선//철학탐구(조선).—1990,(2).—39-42
- 민주주의에 대한 리해의 철학사적고찰[저널]/우향숙//철학탐구(조선).—1990,(2).—43-45
- 부르죠아도덕의 철학적기초[저널]/주재묵//철학탐구(조선).—1990,(2).—46-48
- 혁명의 주체를 강화하는것은 사회주의를 위한 투쟁의 근본문제[저널]/김윤권//철학탐구(조선).—1990,(3).-2-5
- 주체사상이 밝힌 사회주의생활의 본질[저널]/김석봉//철학탐구(조선).—1990,(3).—6-10
- 사상적요새를 점령하는 사업의 본질과 내용[저널]/정봉식//철학탐구(조선).—1990,(3).—11-14
- 사회주의적민주주의의 본질적우월성[저널]/한충미//철학탐구(조선).—1990,(3).—15-18.
- 주체철학이 밝혀주는 세계의 운동과 변화발전의 합법칙성[저널]/김화종//철학탐구(조선).—1990,(3).—19-23
- 주체사상이 밝힌 단결과 협력관계발전의 합법칙성[저널]/남종철//철학탐구(조

선).—1990,(3).—24-27
- 주체의 혁명적도덕관의 본질[저널]/최대복//철학탐구(조선).—1990,(3).—28-30
- 수령에게 충실하는것은 혁명하는 사람들의 도덕적의무[저널]/백주상//철학탐구(조선).—1990,(3).—31-33
- 인간개조의 합법칙성[저널]/양경애//철학탐구(조선).—1990,(3).—34-36
- 주체의 로동관은 주체형의 공산주의적인간이 지녀야 할 중요한 품성[저널]/김우일//철학탐구(조선).—1990,(3).—37-40
- 사회주의문화발전의 합법칙성[저널]/한순옥//철학탐구(조선).—1990,(3).—41-44
- 주체사상이 밝힌 군중동원의 기본원칙[저널]/김철//철학탐구(조선).—1990,(3).—45-48
- 사람중심의 사회주의를 일떠세운것은 조선로동당의 불멸의 업적[저널]/김영진//철학탐구(조선).—1990,(4).—2-6
- 로동계급의 당의 본질과 사회주의정치기구체계에서 그것이 차지하는 지위와 역할에 관한 주체의 리론[저널]/김양환//철학탐구(조선).—1990,(4).—7-9
- 대중령도의 근본원칙에 관한 주체적리해[저널]/김민//철학탐구(조선).—1990,(4).—10-14
- 조선민족제일주의정신의 본질[저널]/김일순//철학탐구(조선).—1990,(4).—15-19
- 우리나라 사회주의는 주체사상을 구현한 우리식의 사회주의[저널]/김정부//철학탐구(조선).—1990,(4).—20-23
- 민족문제해결의 독창적인 길[저널]/강승춘//철학탐구(조선).—1990,(4).—24-28
- 주체철학이 밝혀주는 세계의 운동과 변화발전의 합법칙성[저널]/김화종//철학탐구(조선).—1990,(4).—29-33
- 철학과 인간문제[저널]/김창렬//철학탐구(조선).—1990,(4).—34-37
- 낡은 도덕잔재가 청산되고 공산주의도덕이 확립되여나가는 합법칙적과정[저널]/황길삼//철학탐구(조선).—1990,(4).—38-41
- 조선의 주체는 인민대중[저널]/서준//철학탐구(조선).—1990,(4)—42-44
- 조선실학의 철학적특징[저널]/정성철//철학탐구(조선).—1990,(4).—45-48
- 친애하는 지도자 김정일동지의 령도예술의 주요특징[저널]/김종호//철학탐구(조선).—1991,(1).—2-7
- 당의 령도는 주체혁명위업완성의 기본담보[저널]/김정부//철학탐구(조선).—1991,

(1).—8-12
- 당과 수령의 령도는 자주적이며 창조적인 생활을 누리기 위한 결정적담보[저널]/김석봉//철학탐구(조선).—1991,(1).—13-16
- 우리나라 사회주의의 공고성의 기초와 위력의 원천[저널]/최현//철학탐구(조선).—1991,(1).—17-22
- 인테리의 혁명화,로동계급화와 인테리문제의 종국적해결에 대한 과학적해명[저널]/신언갑//철학탐구(조선).—1991,(1).—23-27
- 주체사상이 밝힌 인간개조사업의 기본방향[저널]/한상성//철학탐구(조선).—1991,(1).—28-31
- 부르죠아민주주의에 비한 사회주의적민주주의의 본질적우월성[저널]/김성룡//철학탐구(조선).—1991,(1).—32-35
- 주체사상이 밝힌 로동의 본질과 성격[저널]/주영린//철학탐구(조선).—1991,(1).—36-40
- 문화의 본질에 대한 주체적리해[저널]/한순옥//철학탐구(조선).—1991,(1).—41-44
- 인격의 본질에 대한 주체적리해[저널]/박혜숙//철학탐구(조선).—1991,(1).—45-47
- 1989년 〈철학연구〉 차례묶음[저널]/일명//철학탐구(조선).—1991,(1).—48
- 경애하는 김일성동지를 위대한 수령으로 높이 모신 긍지와 자부심은 조선민족제일주의정신의 기본핵[저널]/김일순//철학탐구(조선).—1991,(2).—2-6
- 수령의 사상과 의지에 충실하는것은 자주적인간의 본성적요구에 맞는 참된 삶을 누리기 위한 근본담보[저널]/김성옥//철학탐구(조선).—1991,(2).—7-9
- 당의 령도는 인민대중의 정치사상적힘의 원천[저널]/김택규//철학탐구(조선).—1991,(2).—10-13
- 인간과 자연과의 관계에 대한 주체적견해[저널]/김윤권//철학탐구(조선).—1991,(2).—14-17
- 혁명의 주체에서 로동계급은 핵심적인 력량[저널]/김덕량//철학탐구(조선).—1991,(2).—18-22
- 우리의 사회주의는 사람의 본성적요구를 구현하고 전면적으로 높이 발양시키는 가장 우월한 주체의 사회주의[저널]/최석만//철학탐구(조선).—1991,(2).—23-25
- 사회제도의 우월성을 사람을 중심으로 보는 방법론[저널]/김형선//철학탐구(조선).—1991,(2).—26-29

- 주체사상이 밝힌 민족의 자주성실현의 내용과 조건[저널]/전일준//철학탐구(조선).—1991,(2).30-33
- 사회적재부가 사회발전에서 노는 역할[저널]/류재일//철학탐구(조선).—1991,(2).—34-38
- 조선에서 철학사상의 발생과 발전[저널]/정성철//철학탐구(조선).—1991,(2).—39-44
- 추상적사유의 본질[저널]/김정애//철학탐구(조선).—1991,(2).—45-48
- 주체사상은 조선민족제일주의정신의 사상적원천[[저널]/정봉식//철학탐구(조선).—1991,(3).—2-6
- 인민대중중심의 우리식 사회주의의 특징과 우월성[저널]/김현경//철학탐구(조선).—1991,(3).—7-12
- 사회주의는 인류력사에 존재한 모든 착취사회와 근본적으로 다른 새 사회[저널]/김규//철학탐구(조선).—1991,(3).—13-16
- 집단주의는 사회적존재인 사람의 본성적요구(1)[저널]/김창빈//철학탐구(조선).—1991,(3).—17-20
- 사회주의적 민주주의는 인민대중의 값높은 자주적인 정치생활을 실질적으로 보장하여주는 진정한 민주주의[저널]/한석진//철학탐구(조선).—1991,(3).—21-25
- 인민대중의 의식적활동과 사회력사발전의 합법칙성과의 호상관계에 대한 주체적리해[저널]/채희원//철학탐구(조선).—1991,(3).—26-28
- 로동계급의 혁명사상 이전시기의 사회력사관에 대한 연구[저널]/김영진//철학탐구(조선).—1991,(3).—29-33
- 주체사상이 밝힌 주체의 로동관에 관한 사상리론의 독창성[저널]/주린//철학탐구(조선).—1991,(3).—34-37
- 과학기술지식은 사람의 창조성을 규정하는 기본요인[저널]/고순철//철학탐구(조선).—1991,(3).—38-42
- 제국주의자들의 <평화적이행>전략의 반동적본질[저널]/최철웅//철학탐구(조선).—1991,(3).—43-45
- 민족성에 대한 주체적리해[저널]/송길문//철학탐구(조선).—1991,(3).—46-48
- 친애하는 지도자 김정일동지는 인민대중의 자주위업을 승리의 한길로 이끄시는 혁명과 건설의 위대한 영재이시다[저널]/신업갑//철학탐구(조선).—1992,(1).—2-10
- 친애하는 지도자 김정일동지는 불멸의 주체사상을 끊임없이 심화발전시키시는

사상리론의 위대한 영재이시다[저널]/정률모//철학탐구(조선).—1992,(1).—11-18

- 당의 령도를 충성으로 받들어나가는것은 조선민족제일주의정신을 높이 발양시키기 위한 결정적담보[저널]/김영진//철학탐구(조선).—1992,(1).—19-23
- 혁명의 주체를 강화하고 그 역할을 높여나가는것은 사회주의건설을 힘있게 다그치기 위한 기본열쇠[저널]/김덕유//철학탐구(조선).—1992,(1)—24-28
- 주체철학이 밝힌 사람이 가지는 자주적요구의 기본내용[저널]/윤석호//철학탐구(조선).—1992,(1).—29-32
- 사회주의애국주의교양과 혁명의 주체의 강화[저널]/로두희//철학탐구(조선).—1992,(1)—33-35
- 자유에 대한 주체적리해[저널]/리재권//철학탐구(조선).1992,(1).—36-40
- 우리 나라 고대-근대 철학에서 주체에 관한 사상[저널]/정해섭//철학탐구(조선).—1992,(1).—41-44
- 자본주의는 돈이 인간을 지배하는 원리에 기초한 비인간적사회[저널]/최철웅//철학탐구(조선).—1992,(1).—45-48
- 위대한 수령 김일성동지께서 주체사상을 창시하신것은 인류의 사상발전과 해방위업에 이바지한 가장 빛나는 공적[저널]/일명//철학탐구(조선).—1992,(2).—2-6
- 경애하는 수령 김일성동지는 주체사상을 창시하시여 사회주의,공산주의를 끝까지 건설해나갈수 있는 사상리론적지침을 마련하여주신 위대한 상상리론가이시다[저널]/김창원//철학탐구(조선)—1992,(2).—7-12
- 위대한 수령님께서 지니신 인민에 대한 끝없는 사랑은 일심단결의 원천[저널]/김완선//철학탐구(조선).—1992,(2).—13-16
- 사회주의사회의 본질과 발전을 추동하는 원동력[저널]/김유철//철학탐구(조선).—1992,(2).—17-22
- 인민대중의 자주적요구와 리익을 철저히 옹호하고 구현하는것은 사회주의의 근본원칙[저널]/전하철//철학탐구(조선).—1992,(2).—23-28
- 사람들의 사상의식과 창조적능력을 높이는것은 사회주의제도가 선 다음 선차적으로 해결하여야 할 근본문제[저널]/리은희//철학탐구(조선).—1992,(2).—29-33
- 위대한 주체사상은 항일혁명투사들의 혁명성,전투력의 사상정신적원천[저널]/백화숙/철학탐구(조선).—1992,(2).—34-36
- 개인주의적생명관에 비한 집단주의적생명관의 참다운 우월성[저널]/리경남//철학

탐구(조선).—1992,(2).—37-40

- 과학연구사업에서 견지하여야 할 일관한 원칙[저널]/량성옥//철학탐구(조선).—1992,(2).—41-44
- 우리 나라 고대-근대 철학에서 주체에 관한 사상[저널]/정해섭//철학탐구(조선).—1992,(2).—45-48
- 사회주의는 사회적인간의 본성을 구현한 리념[저널]/최금춘//철학탐구(조선).—1992,(3).—2-5
- 사회주의는 인민대중의 자주적본성에 맞는 새 사회[저널]/류승택//철학탐구(조선).—1992,(3).—6-8
- 혁명의 주체를 강화하고 그 역할을 높여나가는것은 사회주의건설의 근본방도[저널]/김순희//철학탐구(조선).—1992,(3).—9-12
- 사회혁명은 사회주의건설의 생명선[저널]/최림//철학탐구(조선).—1992,(3).—13-16
- 인민정권은 사회주의사회생활전반을 통일적으로 관리하는 지휘권[저널]/안천훈//철학탐구(조선).—1992,(3).—17-21
- 주체사상이 밝힌 자연개조의 본질과 합법칙성[저널]/김양선//철학탐구(조선).—1992,(3).—22-25
- 수령에 대한 충실성은 집단에 대한 공산주의도덕의 최고표현[저널]/박상혁//철학탐구(조선)—1992,(3).—26-28
- 인민성의 본질[저널]/리대환//철학탐구(조선).—1992,(3).—29-32
- 인민적도덕유산의 본질적특징[저널]/김수란//철학탐구(조선).—1992,(3).—33-36
- 우리 나라 인테리의 심리적특징[저널]/유기두//철학탐구(조선).—1992,(3)—37-40
- 인간심리,의식발전과 교육[저널]/김성철//철학탐구(조선).—1992,(3)—41-44
- 신채호의 사회력사관[저널]/최현태//철학탐구(조선).—1992,(3).—45-48
- 주체의 사상론[저널]/강승춘//철학탐구(조선).—1992,(4)—2-8
- 주체철학과 인간철학의 근본적차이[저널]/백선욱//철학탐구(조선).—1992,(4).—9-12
- 인간의 개조활동은 물질운동의 가장 고급적인 형태[저널]/리근철//철학탐구(조선).—1992,(4).—13-16
- 사회의 구성요소와 3대개조사업[저널]/리학구//철학탐구(조선).—1992,(4).—17-19
- 주체철학이 밝힌 경험의 본질과 인간활동에서 경험이 노는 역할[저널]/전기화//철학탐구(조선).—1992,(4).—20-22

- 주체의 생활관의 본질[저널]/김두호//철학탐구(조선).—1992,(4).—23-25
- 절대적이고 무조건적인 충실성에 대한 주체적리해[저널]/백설향//철학탐구(조선).—1992,(4).—26-29
- 주체사상은 사랑과 의리문제를 가장 과학적으로 해명할수 있게 하는 사상리론적기초[저널]/김룡진//철학탐구(조선).—1992,(4).—30-32
- 온 사회를 하나의 사회정치적생명체로 결속시키는데서 도덕이 노는 역할[저널]/전형탁//철학탐구(조선).—1992,(4).—33-36
- 혁명적량심의 본질에 대한 주체적리해[저널]/연정술//철학탐구(조선).—1992,(4)—37-41
- 최한기의 우주에 대한 견해[저널]/최동종//철학탐구(조선).—1992,(4).—42-44
- 생물체의 본질에 관한 주체적리해[저널]/김윤권//철학탐구(조선).—1992,(4).—45-48
- 친애하는 지도자 김정일동지께서 밝히신 혁명의 대를 이어나갈수 있는 당의 조직사상적기초와 령도체계를 마련할데 대한 독창적인 사상[저널]/량룡규//철학탐구(조선).—1993,(1).—2-6
- 수령의 현명한 령도는 인민대중이 혁명의 주체로서의 지위를 차지하고 역할을 다하기 위한 근본담보[저널]/정봉식//철학탐구(조선).—1993,(1).—7-12
- 당을 조직사상적으로 강화하고 령도의 계승문제를 바로 해결하는것은 사회주의집권당의 운명과 관련된 근본문제[저널]/김유철//철학탐구(조선).—1993,(1).—13-17
- 주체사상은 인민대중의 자주적요구와 창조적능력을 정확히 반영한 가장 우월한 사상[저널]/최철웅//철학탐구(조선).—1993,(1).—18-21
- 인민대중중심의 우리 나라 사회주의의 필승불패의 원천[저널]/일명//철학탐구(조선).—1993,(1).—22-27
- 주체사상이 밝힌 인민에 대한 개념[저널]/김덕유//철학탐구(조선).—1993,(1).—28-31
- 사회주의의 본질적특성에 대한 주체적리해[저널]/윤정수//철학탐구(조선).—1993,(1).—32-35
- 사회생활의 본질에 대한 주체적리해/김정만//철학탐구(조선).—1993,(1).—36-39
- 공산주의적도덕품성의 형성과정과 방도[저널]/박인숙//철학탐구(조선).—1993,(1).—40-43
- 자본주의에 대한 환상의 본질과 해독성[저널]/한하련//철학탐구(조선).—1993,(1).—44-48

- 경애하는 김일성동지는 우리 인민을 자주정신이 강한 혁명적인민으로 키우신 위대한 수령이시다[저널]/김민//철학탐구(조선).—1993,(2).—2-6
- 경애하는 김일성동지는 인민을 끝없이 사랑하는 숭고한 덕성을 지니신 진정한 인민의 수령이시다[저널]/김완선//철학탐구(조선).—1993,(2).—7-11
- 조선민족제일주의형성의 중요요인[저널]/장석소//철학탐구(조선).—1993,(2).—12-16
- 주체사상이 밝힌 계속혁명의 필연성[저널]/함치영//철학탐구(조선).—1993,(2).—17-20
- 주체사상이 밝힌 온 세계를 자주화하기 위한 투쟁의 주체[저널]/조원명//철학탐구(조선).—1993,(2).—21-24
- 주체사상이 밝힌 의식발전의 요인에 대한 리해[저널]/김정수//철학탐구(조선).—1993,(2).—25-27
- 물질에 대한 주체적리해[저널]/김영민//철학탐구(조선).—1993,(2).—28-30
- 서경덕의 기일원론적철학사상[저널]/량만석//철학탐구(조선).—1993,(2).—31-34
- 전체주의는 파쑈독재자들의 정치리념[저널]/리진규//철학탐구(조선).—1993,(2).—35-40
- 개인주의에 기초한 자본주의적사회관계를 변호하는 현대 부르죠아리론의 반동성[저널]/문정화//철학탐구(조선).—1993,(2).—41-44
- 근대 부르죠아인생관이 인생관발전에서 차지하는 위치와 현대 부르죠아철학에 미친 영향[저널]/리철//철학탐구(조선).—1993,(2).—45-48
- 위대한 조국해방전쟁은 제국주의 침략련합세력을 타승한 인민전쟁[저널]/김영진//철학탐구(조선).—1993,(3).—2-6
- 조국해방전쟁은 주체혁명위업을 고수하고 온 세계의 자주화의 길을 열어놓은 위대한 혁명전쟁[저널]/주영린//철학탐구(조선).—1993,(3).—7-12
- 주체,자주,자립,자위의 혁명적원칙은 우리식 사회주의의 필승불패성의 담보[저널]/김동시//철학탐구(조선).—1993,(3).—13-16
- 주체사상은 인민대중중심의 우리식 사회주의적민주주의가 구현하고있는 지도사상[저널]/한석진//철학탐구(조선).—1993,(3)—17-20
- 주체철학에 의하여 완벽하게 밝혀진 인간의 본질적특성[저널]/김순곤//철학탐구(조선).—1993,(3).—21-25
- 공산주의사회의 주체를 마련하는 사업은 사회주의,공산주의 건설의 운명을 좌우하는 근본문제[저널]/최승언//철학탐구(조선).—1993,(3).—26-29
- 주체사상이 밝힌 집단주의의 본질과 그 발생발전의 합법칙적과정[저널]/리현옥

//철학탐구(조선).—1993,(3).—30-34
- 인식활동을 추동하는 요인[저널]/정금숙//철학탐구(조선).—1993,(3).—35-39
- 주체의 미학관으로 튼튼히 무장하는것은 우리식 사회주의를 고수하고 빛내여 나가기 위한 중요한 요인[저널]/정본//철학탐구(조선).—1993,(3).—40-43
- 홍대용의 자연관[저널]/리순범//철학탐구(조선).—1993,(3).—44-48
- 주체사상이 밝힌 인간학의 근본문제 해결의 철학적기초[저널]/강승춘//철학탐구(조선).—1993,(4).—2-5
- 세계에 대한 주체적견해는 인간의 운명개척의 길을 과학적으로 밝힌 견해[저널]/리성철//철학탐구(조선).—1993,(4).—6-8
- 사회주의는 우리 인민의 생활이며 생명/주린//철학탐구(조선).—1993,(4).—9-11
- 주체사상은 인민대중중심의 우리식 사회주의적민주주의가 구현하고 있는 지도 사상[저널]/한석진//철학탐구(조선).—1993,(4).—12-15
- 주체사상이 밝힌 사회주의사회의 발전과 그 운명을 규정하는 결정적요인[저널]/최림//철학탐구(조선).—1993,(4).—16-19
- 주체사상이 밝힌 인간의 개조활동을 지휘하는데서 인식이 노는 역할[저널]/최순옥//철학탐구(조선).—1993,(4).—20-23
- 지식이 창조적능력으로 되기 위한 중요조건[저널]/최내식//철학탐구(조선).—1993,(4).—24-26
- 사회주의적로동활동의 본질적특성과 의의[저널]/라광옥//철학탐구(조선).—1993,(4).—27-29
- 인간성격의 심리적특징[저널]/리재순//철학탐구(조선).—1993,(4)—30-34
- 위정척사론의 력사적의의[저널]/호영식//철학탐구(조선).—1993,(4).—35-39
- 인간학적유물론의 주체에 대한 개념[저널]/리영호//철학탐구(조선).—1993,(4).—40-44
- 헤겔의 <론리학>에서의 <주관적개념>연구[저널]/최호찬//철학탐구(조선).—1993,(4).—45-48
- 친애하는 지도자 김정일동지를 충성으로 높이 모시고 주체혁명위업을 완성하는것은 우리 당과 인민의 혁명적의지[저널]/김창원//철학탐구(조선).—1994,(1).—2-9
- 친애하는 지도자 김정일동지를 중심으로 전당,전민,전군이 일심단결하는 것은 사회주의위업의 완성을 위한 근본요구[저널]김민//철학탐구(조선).—1994,(1).—

10-15

- 친애하는 지도자 김정일동지께서 밝히신 사회주의리론전개에서 진리의 가치기준에 대한 주체적리해[저널]/김천식//철학탐구(조선).—1994,(1).—16-19
- 친애하는 지도자 김정일동지께서 내놓으신 혁명운동은 사상운동이라는 정식화의 독창성[저널]/우명근//철학탐구(조선).—1994,(1).—20-24
- 일심단결과 자력갱생은 우리혁명의 불멸의 영광스러운 전통이며 승리의 기치[저널]/김덕유//철학탐구(조선).—1994,(1).—25-29
- 정치생활은 사회생활에서 결정적의의를 가지는 분야[저널]/맹호//철학탐구(조선).—1994,(1).—30-32
- 주체사상이 밝힌 사회적의식의 본질[저널]/한성일//철학탐구(조선).—1994,(1).—33-36
- 례의도덕에 관한 주체적리해[저널]/강철//철학탐구(조선).—1994,(1).—37-40
- 인격의 심리적특징에 대한 주체적리해[저널]/리현민//철학탐구(조선).—1994,(1).—41-44
- 18세기 <인물성동이론>의 본질에 대하여[저널]/차만금//철학탐구(조선).—1994,(1).—45-48
- 경애하는 수령 김일성동지는 비범한 사상리론적예지를 지니신 위대한 사상리론가이시다[저널]/정률모//철학탐구(조선).—1994,(2).—2-6
- 계급문제의 종국적해결의 길을 밝힌 위대한 강령[저널]/강정순//철학탐구(조선).—1994,(2).—7-10
- 추호의 동요없이 사회주의를 끝까지 지키는것은 우리 당과 인민의 혁명적의지[저널]/전하철//철학탐구(조선).—1994,(2).—11-13
- 사상혁명방침을 튼튼히 틀어쥐고나가는것은 혁명과 건설을 힘있게 밀고나가기 위한 담보[저널]/함치영//철학탐구(조선).—1994,(2).—14-17
- 사회관계,사회제도의 본질에 대한 주체적리해[저널]/김혁모//철학탐구(조선).—1994,(2).—18-21
- 동지적단결과 협력은 사회주의사회관계의 기본[저널]/리홍수//철학탐구(조선).—1994,(2).—22-24
- 주체사상에 의하여 밝혀진 운명을 같이하는 사회정치적집단안에서의 인간관계[저널]/정도일//철학탐구(조선).—1994,(2).—25-27

- 사람은 사회의 독자적인 중요구성부분[저널]/박명남//철학탐구(조선).―1994,(2). ―28-30
- 과학기술을 발전시키는것은 자력갱생의 원칙을 관철하기 위한 필수적요구[저널]/량주국//철학탐구(조선).―1994,(2).―31-33
- 인민대중의 자주적이며 창조적인 생활을 마련하는데서 로동이 노는 역할[저널]/강일구//철학탐구(조선).―1994,(2).―34-36
- 예술미창조의 합법칙적과정에 대한 주체적리해[저널]/리성//철학탐구(조선).―1994,(2).―37-40
- 리이의 인식론사상의 성격[저널]/변정암//철학탐구(조선).―1994,(2).―41-43
- 인도주의발생문제에 대한 철학적고찰[저널]/김하영//철학탐구(조선).―1994,(2).―44-46
- 혁명과 건설의 실천적경험에 대한 주체적태도[저널]/전기화//철학탐구(조선).―1994,(2).―47-48
- 친애하는 지도자 김정일동지께서 위대한 수령 김일성동지의 혁명사상을 발전풍부화시키신 불멸의 사상리론적업적[저널]/량룡구//철학탐구(조선).―1994,(4).―2-6
- 친애하는 지도자 김정일동지께서 이끄시는 우리 당은 강철의 의지와 세련된 령도력을 지닌 위대한 당[저널]/신영남//철학탐구(조선).―1994,(4).―7-10
- 주체철학의 기본범주로서의 주체[저널]/리성준//철학탐구(조선).―1994,(4).―11-14
- 주체의 사상론[저널]/조정환//철학탐구(조선).―1994,(4).―15-18
- 우리 나라 사회주의는 사람의 집단주의적본성을 훌륭히 구현하고있는 사회주의(2)[저널]/진인석//철학탐구(조선).―1994,(4).―19-22
- 진리의 가치기준에 대한 주체적리해[저널]/리선일//철학탐구(조선).―1994,(4).―23-25
- 사회생활에 대한 주체적리해[저널]/장철/철학탐구(조선).―1994,(4).―26-28
- 사상생활이 사회생활에서 차지하는 위치[저널]/홍명식//철학탐구(조선).―1994,(4).―29-31
- 민족문화전통의 본질에 대한 주체적리해[저널]/사혁순//철학탐구(조선).―1994,(4).―32-34

- 최한기의 리기호상관계문제에 대한 견해[저널]/최동종//철학탐구(조선).―1994,(4). ―35-37
- 헤겔의 질과 량,그 호상전환에 대한 주체적리해[저널]/정심//철학탐구(조선).― 1994,(4).―38-40
- 사회의 통일적지휘에 대한 주체적리해[저널]/전석철//철학탐구(조선).―1994,(4). ―41-42
- 공상적사회주의자들의 리상사회에 대한 견해와 그 제한성[저널]/한철주//철학탐 구(조선).―1994,(4).―43-45
- <체계주의철학>의 반동성[저널]/송성환//철학탐구(조선).―1994,(4).―46-48
- 위대한 령도자 김정일동지의 사상과 령도는 곧 경애하는 수령 김일성동지의 사상과 령도[저널]/장경률//철학탐구(조선).―1995,(1).―2-5
- 우리 당과 인민의 경애하는 김정일동지의 위대한 령도풍모[저널]/김화종//철학 탐구(조선).―1995,(1).―6-11
- 위대한 령도자 김정일동지의 불후의 고전적로작 <사회주의는 과학이다>는 우리 시 대 사회주의의 승리의 기치[저널]/김덕유//철학탐구(조선).―1995,(1).―12-15
- 인민에 대한 령도자의 사랑은 령도력을 담보하는 중요요인[저널]/박경희//철학 탐구(조선).―1995,(1).―16-19
- 일심단결은 우리 당의 혁명철학이며 우리 혁명의 백전백승의 기치[저널]/일명// 철학탐구(조선).―1995,(1).―20-23
- 계급로선과 군중로선을 관철하는것은 혁명의 주체를 강화하기 위한 투쟁에서 일관하게 견지하여야 할 원칙[저널]/김승치//철학탐구(조선).―1995,(1).―24-26
- 주체사상이 밝힌 정치생활발전의 합법칙성[저널]/김경희//철학탐구(조선).― 1995,(1).―27-29
- 자주시대와 사람중심의 새로운 가치관[저널]/홍정수//철학탐구(조선).―1995,(1). ―30-33
- 자주화된 세계는 인간의 사회적본성에 맞는 세계[저널]/김병균//철학탐구(조선). ―1995,(1).―34-36
- 단군조선의 철학사상에 대하여[저널]/정성철//철학탐구(조선).―1995,(1).―37-41
- 기회주의적사회민주주의의 발생과정과 그 반동성[저널]/윤빈//철학탐구(조선).― 1995,(1).―42-45

- 부르죠아민주주의의 반동적본질[저널]/김지협//철학탐구(조선).—1995,(1).—46-48
- 경애하는 수령 김일성동지는 위대한 령도자,위대한 혁명가,위대한 인간이시였다[저널]/강승춘//철학탐구(조선).—1995,(2).—2-7
- 경애하는 수령 김일성동지는 사회주의조선의 시조이시다[저널]/김현경//철학탐구(조선).—1995,(2).—8-11
- <이민위천>의 사상은 위대한 수령 김일성동지의 정치적신앙[저널]/변광혁//철학탐구(조선).—1995,(2).—12-15
- 우리의 사회주의는 주체의 사회력사원리에 기초하고있는 사람위주의 사회주의[저널]/한석진//철학탐구(조선).—1995,(2).—16-19
- 력사의 주체가 혁명의 주체에로의 발전에 대한 주체적리해[저널]/안광일//철학탐구(조선).—1995,(2).—20-22
- 사회주의를 도덕화하는것은 사회주의위업을 고수하고 완성하는데서 선차적으로 해결하여야 할 가장 중요한 사업[저널]/고정란//철학탐구(조선).—1995,(2).—23-25
- 사회정치적생명체의 본질적특징에 관한 주체적리해[저널]/서명수//철학탐구(조선).—1995,(2).—26-28
- 사회적집단의 사랑과 믿음속에서 정치적생명을 빛내이며 사는것은 가장 값높고 행복한 생활[저널]/홍영일//철학탐구(조선).—1995,(2).—29-31
- 평등의 원리와 동지애의 원리를 통일적으로 구현하는것은 사회주의의 본질적특성[저널]/리영일//철학탐구(조선).—1995,(2).—32-34
- 사회주의정치는 본질에 있어서 인덕정치[저널]/김혁모//철학탐구(조선).—1995,(2).—35-37
- 개화사상발생의 전제로서의 실학사상의 근대지향적성격[저널]/리덕남//철학탐구(조선).—1995,(2),—38-40
- 부르죠아인권리론의 반동적본질[저널]/정성국//철학탐구(조선).—1995,(2).—41-43
- 사회적운동법칙은 인간의 활동법칙[저널]/정만호//철학탐구(조선).—1995,(2).—44-45
- 사회적운동의 특징에 대한 맑스주의적견해와 그 제한성[저널]/전정진//철학탐구(조선).—1995,(2).—46-48
- 위대한 수령 김일성동지는 영원히 우리와 함께 계신다[저널]/일명//철학탐구(조선).—1995,(3).—2-8
- 위대한 수령 김일성동지의 혁명사상으로 더욱 철저히 무장하자[저널]/함치영//

철학탐구(조선).—1995,(3).—9-12

- 위대한 수령 김일성동지는 우리 당과 국가,군대의 창건자,건설자이시다[저널]/정률모//철학탐구(조선).—1995,(3)—13-17
- 위대한 령도자 김정일동지께서 밝히신 후계자의 풍모[저널]/강형진//철학탐구(조선).—1995,(3).—18-21
- 사상을 틀어쥐면 승리하고 사상을 놓치면 망한다는것은 사회주의건설의 력사에 의하여 확증된 진리[저널]/량룡규//철학탐구(조선).—1995,(3).—22-25
- 사회주의사상은 자주적인 사상의식발전의 가장 높은 단계의 사상[저널]/한성//철학탐구(조선).—1995,(3).—26-28
- 당과 지식인사이의 혈연적관계에 대한 주체적리해[저널]/신언갑//철학탐구(조선).—1995,(3).—29-32
- 주체철학이 밝힌 인간과 환경의 호상관계에 대한 새로운 과학적리해[저널]/한정철//철학탐구(조선).—1995,(3).—33-35
- 인간개조사업은 인간활동의 독자적인 기본분야[저널]/유영철//철학탐구(조선).—1995,(3).—36-39
- 민족의 본질에 대한 주체적리해//리순덕//철학탐구(조선).—1995,(3).—40-42
- 사상의식의 역할에 관한 선행한 로동계급의 철학리론과 그 제한성/리용철//철학탐구(조선).—1995,(3).—43-45
- 제국주의의 사상문화적침투의 반동적본질[저널]/고의민//철학탐구(조선).—1995,(3).—46-48
- 위대한 수령 김일성동지의 당,조선로동당은 세련되고 로숙한 당,참다운 어머니당이다[저널]/김영철//철학탐구(조선).—1995,(4).—2-6
- 위대한 령도자 김정일동지는 조선의 운명이시다[저널]/신언갑//철학탐구(조선).—1995,(4).—7-10
- 위대한 령도자 김정일동지는 인민의 지도자로서 갖추어야 할 훌륭한 풍모를 다 갖추고계신다[저널]/리정성//철학탐구(조선).—1995,(4).—13-14
- 사회주의사상은 로동계급의 당의 유일한 무기이며 가장 위력한 무기[저널]/곽현태//철학탐구(조선).—1995,(4).—15-19
- 당의 령도는 사회주의위업의 생명선[저널]/최현호//철학탐구(조선).—1995,(4).—20-22

- 온 사회를 사회주의사상으로 일색화하는것은 사회주의사회에서 사상사업의 기본임무[저널]/류순찬//철학탐구(조선).―1995,(4).―23-26
- 사회주의사상은 사회주의사회발전의 기본추동력[저널]/김승봉//철학탐구(조선).―1995,(4).―27-29
- 단결과 협력은 인민대중의 창조적능력을 결정적으로 강화할수 있게 하는 기본요인[저널]/오택성//철학탐구(조선).―1995,(4).―30-32
- 주체사상원리교양은 주체사상교양에서 기본[저널]/최종식//철학탐구(조선).1995,(4).―33-36
- 전진의 원인과 동력[저널]/김동건//철학탐구(조선).―1995,(4).―37-39
- 사회주의문화정서생활의 본질적특징[저널]/백원복//철학탐구(조선).―1995,(4). ―40-42
- 창조적힘은 사람을 자연의 개조자로 되게하는 근본요인[저널]/황운학//철학탐구(조선).―1995,(4).―43-45
- 고대철학적방법론으로서의 인식의 형식론리적방법[저널]/림철//철학탐구(조선).―1995,(4).―46-48
- 위대한 령도자 김정일동지께서 계시는 한 우리의 사회주의위업은 반드시 승리한다[저널]/정심//철학탐구(조선).―1996,(1).―2-4
- 위대한 수령 김일성동지와 위대한 령도자 김정일동지를 충성으로 높이 우러러 모시는 사상감정에 대한 주체적리해[저널]/한달환//철학탐구(조선).―1996,(1).―5-8
- 사회주의3대진지를 튼튼히 다지는것은 우리식 사회주의를 옹호고수하고 빛내이기 위한 담보[저널]/김덕유//철학탐구(조선).―1996,(1).―9-12
- 사회주의위업수행에서 혁명적원칙을 일관하게 견지하는것은 혁명의 운명과 관련되는 중요한 문제[저널]/우향숙//철학탐구(조선).―1996,(1).―13-16
- 인민대중의 정치사상적힘은 사회주의건설의 강력한 추동력[저널]/라동준//철학탐구(조선).―1996,(1).―17-19
- 사회주의건설과정은 온 사회의 로동계급화과정[저널]/김재창//철학탐구(조선).―1996,(1).―20-22
- 주체사상이 밝힌 사회주의사회관리의 방법과 그 기본요구[저널]/리봉찬//철학탐구(조선).―1996,(1).―23-26
- 사람의 자주성,창조성,의식성 형성의 생물학적바탕[저널]/김란희//철학탐구(조선).

—1996,(1).—27-29

- 단결형성발전의 합법칙성[저널]/김좌한//철학탐구(조선).—1996,(1).—30-32
- 인식과 실천의 주인의 립장은 사람의 운명개척의 가장 과학적인 방법론[저널]/ 리영식//철학탐구(조선).—1996,(1).—33-35
- 주체의 인생관에 의한 영생에 관한 문제의 과학적해명[저널]/최광룡//철학탐구(조선).—1996,(1).—36-39
- 아름다운 사물현상의 존재와 변화에서 사람이 노는 결정적역할[저널]/김순영// 철학탐구(조선).—1996,(1).—40-42
- 진리에 대한 칸트의 견해와 그 제한성[저널]/로승일//철학탐구(조선).—1996,(1)— 43-45
- 부르죠아복귀주의자들이 부르짖는 <다원주의>의 반동성[저널]/최철웅//철학탐구(조선).—1996,(1).—46-48
- 혁명선배를 존대하는것은 혁명가들의 숭고한 도덕의리이다[저널]/김정일//철학 탐구(조선).—1996,(2).—2-11
- 경애하는 수령 김일성동지는 인류가 자주의 길로 나아갈 곧바른 길을 밝히신 위대한 스승이시다[저널]/한용운//철학탐구(조선).—1996,(2).—12-17
- 경애하는 수령 김일성동지는 주체의 새 력사를 창조하시고 빛내여주신 세기의 위인이시다[저널]/김동철//철학탐구(조선).—1996,(2).—18-21
- 세계에 대한 사람중심의 철학적고찰방법[저널]/강승춘//철학탐구(조선).—1996,(2). —22-27
- 투쟁과 행복의 호상관계에 대한 주체적리해[저널]/김일순//철학탐구(조선).— 1996,(2).—28-30
- 사회적인간의 본성적요구[저널]/장광옥//철학탐구(조선).—1996,(2).—31-33
- 철학의 본성을 외곡하는 부르죠아분석철학의 반동성[저널]/차용현//철학탐구(조선).—1996,(2).—34-39
- 근대철학에서 사회적운동의 원인과 동력에 대한 견해[저널]/최성학//철학탐구(조선).—1996,(2).—36-39
- 자본주의정치생활의 반동화[저널]/김혜영//철학탐구(조선).—1996,(2).—40-43
- 인간과 자연환경[저널]/심창덕//철학탐구(조선).—1996,(2).—44-46
- 루쏘의 사회정치사상[저널]/김수진//철학탐구(조선).—1996,(2).—47-48

- 위대한 수령 김일성동지를 영원히 높이 모시고 대를 이어 수령복을 누리는것은 우리 인민의 가장 큰 행복[저널]/김일순//철학탐구(조선).—1996,(3).—2-4
- 경애하는 수령 김일성동지는 로동계급의 혁명사상을 새롭게 혁신하시고 완성하신 위대한 사상리론가이시다[저널]/강운빈//철학탐구(조선).—1996,(3).—5-8
- 위대한 령도자 김정일동지께서는 주체의 공산주의도덕리론을 전면적으로 발전 완성시키신 걸출한 사상리론가이시다[저널]/김경숙//철학탐구(조선).—1996,(3).—9-13
- 주체철학에 의한 세계에 대한 관점과 립장의 과학적해명은 철학적세계관발전에서의 새로운 전환[저널]/리강섭//철학탐구(조선).—1996,(3) .—14-17
- 혁명적수령관을 지니시는것은 참다운 공산주의혁명가로 되기 위한 근본담보[저널]/리철훈//철학탐구(조선).—1996,(3).—18-20
- 수령의 사랑은 사회정치적생명체 강호발전의 근본원천[저널]/김룡진//철학탐구(조선).—1996,(3).—21-24
- 수령에 대한 충실성은 혁명적의리의 최고표현[저널]/정률모//철학탐구(조선).—1996,(3).—25-29
- 사회발전의 합법칙성과 3대개조사업[저널]/김명우//철학탐구(조선).—1996,(3).—30-32
- 정치와 도덕의 통일은 사회주의사회의 본성적요구[저널]/김성률//철학탐구(조선).—1996,(3).—33-35
- 사상생활의 계급적성격[저널]/김우용//철학탐구(조선).—1996,(3).—36-38
- 공산주의적혁명기풍은 주체의 철학적세계관에 기초하고있는 기풍[저널]/방정학//철학탐구(조선).—1996,(3).—39-43
- 주체적민족관의 본질[저널]/정일교//철학탐구(조선).—1996,(3).—44-46
- 문화정서교양의 본질[저널]/지대원//철학탐구(조선).—1996,(3).—47-48
- 위대한 령도자 김정일동지께서 영광스러운 <ㅌ·ㄷ>의 전통을 빛내이신 불멸의 사상리론적업적[저널]/리수근//철학탐구(조선).—1996,(4).—2-6
- 주체철학이 철학사상발전에서 이룩한 력사적공적[저널]/박광일//철학탐구(조선).—1996,(4).—7-10
- 사람이 자주성,창조성,의식성을 가지게 된 출발점에 대한 새로운 과학적해명[저널]/김덕유//철학탐구(조선).—1996,(4).—11-15
- 주체의 령도방법은 혁명적령도의 기본요구를 구현한 대중령도방법[저널]/김창혁//철학탐구(조선).—1996,(4).—16-20

- 혁명관을 인생관화하는것은 값있고 보람있는 삶을 위한 주체적요인[저널]/서성일//철학탐구(조선).―1996,(4).―21-23
- 사회정치적생명체에서 수령과 대중의 관계에 대한 주체적견해[저널]/박철웅//철학탐구(조선).―1996,(4).―24-25
- 주체사상은 인민대중중심의 사회주의국가사회제도건설의 지도적지침[저널]/김창수//철학탐구(조선).―1996,(4).―26-29
- 사회주의사회에서 낡은 사상이 부식작용을 할수 있는 조건과 틈[저널]/최하일//철학탐구(조선).―1996,(4).-30-33
- 주체사상이 밝힌 인간감정에 대한 리론[저널]/리재순//철학탐구(조선).―1996,(4).―34-37
- 사회주의적사상개조에 대한 선행리론의 제한성[저널]/태철수//철학탐구(조선).―1996,(4).―38-40
- 사회주의실현의 근본방도에 대한 공상적사회주의자들의 견해와 그 제한성[저널]/심혜경//철학탐구(조선).―1996,(4).―41-43
- 사회주의사회를 관리운영하는 보편적정치방식[저널]/리기련//철학탐구(조선).―1996,(4).―44-45
- 민족문화유산의 본질[저널]/김선화//철학탐구(조선).―1996,(4).―46-48
- 위대한 령도자 김정일동지께서 주체철학을 전일적으로 체계화하시고 발전완성시키신것은 인류의 사상발전과 자주위업에 이바지하신 불멸의 업적[저널]/김창원//철학탐구(조선).―1997,(1).―2-8
- 위대한 령도자 김정일동지는 주체철학을 인민적인 철학으로 정식화하시고 끊임없이 심화발전시키고계시는 사상리론의 영재이시다[저널]/정률모//철학탐구(조선).―1997,(1).―9-14
- 붉은기사상으로 온 사회를 일색화하는것은 사회주의강행군을 다그치기 위한 중요한 담보[저널]/김덕유//철학탐구(조선).―1997,(1).―15-18
- 수령의 사상과 의지에 충실하는것은 값높은 정치적생명을 지니고 삶의 보람을 누리기 위한 근본요구[저널]/김순희//철학탐구(조선).―1997,(1).―19-21
- 우리의 사회주의는 인민대중이 사회의 모든것의 주인으로 되고있는 사회주의[저널]/리철//철학탐구(조선)―1997,(1).―22-23
- 사회적존재에 대한 주체적견해[저널]/한은경//철학탐구(조선).―1997,(1).―24-26

- 사회적운동의 목적의식성과 자연발생성에 대한 주체적리해[저널]/류제일//철학탐구(조선).―1997,(1).―27-31
- 인식의 사회적성격[저널]/문제삼//철학탐구(조선).1997,(1) .―32-34
- 의리의 본질에 대한 주체적리해[저널]/리심//철학탐구(조선).―1997,(1).―35-37
- 가정심리의 본질적내용[저널]/리경애//철학탐구(조선).―1997,(1).―38-40
- 자주화된 새 세계를 건설하는것은 현시대가 제기하는 력사적과제[저널]/권명선//철학탐구(조선).―1997,(1).―41-43
- 민주주의에 대한 아리스토텔레스의 견해박[저널]/영철//철학탐구(조선).―1997,(1).―44-46
- 자연적관광자원개발에서 나서는 미학적문제의 해결방도[저널]/양목란//철학탐구(조선).―1997,(1).―47-48
- 경애하는 김일성동지를 주체혁명위업의 영원한 수령으로 높이 받들어모시는것은 우리 인민의 변함없는 신념이며 의지[저널]/김혁모//철학탐구(조선).―1997,(2).―2-5
- 위대한 수령 김일성동지의 한생이 어려있는 붉은기는 사회주의총진군에서 우리 승리의 표대[저널]/한용운//철학탐구(조선).―1997,(2).―6-8
- 위대한 령도자 김정일동지께서 밝히신 사회주의 가정륜리에 관한 독창적인 사상[저널]/김경숙//철학탐구(조선).―1997,(2).―9-12
- 주체의 조국관의 특징[저널]/오성렬//철학탐구(조선).―1997,(2).―13-14
- 수령께 충성다하는것은 사회정치적생명의 근본요구[저널]/강성택//철학탐구(조선).―1997,(2).―15-17
- 사상은 사회주의사회의 생명[저널]/리영섭//철학탐구(조선).―1997,(2).―18-20
- 인간개조는 본질에 있어서 사상개조[저널]/성국//철학탐구(조선).―1997,(2).―21-23
- 미의 법칙에 대한 주체적리해[저널]/량춘하//철학탐구(조선).―1997,(2).―24-26
- 우리식의 혁명방식,투쟁기풍은 사회주의강행군을 성과적으로 수행하기 위한 중요한 열쇠[저널]/최하일//철학탐구(조선).―1997,(2).―27-30
- 사회주의정권은 인민을 위하여 복무하는 정권[저널]/한금실//철학탐구(조선).―1997,(2).―31-32
- 민족주의에 대한 주체적리해[저널]/정성철//철학탐구(조선).―1997,(2).―33-38

- 사람의 활동에 미치는 결정적요인에 대한 맑스주의유물론적견해와 그 제한성[저널]/리성옥//철학탐구(조선).—1997,(2).—39-41
- 16세기 우리 나라에서의 4단 7정론쟁[저널]/리문영//철학탐구(조선).—1997,(2).—42-45
- 선행철학에서 인간과 환경의 호상관계에 대한 력사적론의와 그 제한성[저널]/김동혁//철학탐구(조선).—1997,(2).—46-48
- 위대한 수령 김일성동지는 인민의 운명의 수호자,위대한 스승,영생의 은인이시다[저널]/전하철//철학탐구(조선).—1997,(3).—2-7
- 위대한 김정일동지의 령도따라 주체혁명위업을 끝까지 계승완성해나가는것은 우리 혁명전사들의 혁명적신념과 량심[저널]/김경숙//철학탐구(조선).—1997,(3).—8-10
- 위대한 수령 김일성동지께서 창시하고 위대한 령도자 김정일동지께서 심화발전시키고계시는 주체사상은 영원불멸할 위대한 사상[저널]/정률모//철학탐구(조선).—1997,(3).—11-13
- 주체사상은 철저한 로동계급의 사상[저널]/정심//철학탐구(조선).—1997,(3).—14-16
- 주체사관의 확립에 의하여 사회력사에 대한 견해와 관점에서 이룩된 근본적전환[저널]/강일진//철학탐구(조선).—1997,(3).—17-21
- 혁명과 건설에서 주체성과 민족성을 고수하는것은 사회주의위업수행에서 견지하여야 할 근본원칙[저널]/김덕유//철학탐구(조선).—1997,(3).—22-26
- 사회주의사상은 본질에 있어서 집단주의사상[저널]/리용석//철학탐구(조선).—1997,(3).—27-29
- 사람의 활동에서 결정적역할을 하는 요인에 대한 주체철학의 견해[저널]/리성옥//철학탐구(조선).—1997,(3).—30-32
- 성장과정을 통한 의식의 형성발전[저널]/신경실//철학탐구(조선).—1997,(3).—33-35
- 주체미학이 밝힌 미의 기준은 가장 정당하고 과학적인 기준[저널]/양목란//철학탐구(조선).—1997,(3).—36-38
- 15-16세기 우리 나라 기일원론철학의 의의와 제한성[저널]/박문성//철학탐구(조선).—1997,(3).—39-41
- 사회적존재에 대한 맑스주의적리해와 그 제한성[저널]/명은이//철학탐구(조선).—1997,(3).—42-43

- 현대 사회민주주의자들의 <자유>리론의 반동성[저널]/김광일//철학탐구(조선).—1997,(3).—44-46
- 인문주의와 종교개혁사상의 의의와 제한성[저널]/현철//철학탐구(조선).—1997,(3).—47-48
- 경애하는 김정일동지는 우리 당과 인민의 위대한 령도자이시다[저널]/김창원//철학탐구(조선).—1997,(4).—2-6
- 경애하는 김정일동지의 현명한 령도는 우리 혁명승리의 확고한 담보[저널]/한용운//철학탐구(조선).—1997,(4).—7-10
- 김일성민족의 민족성에서 핵을 이루는것은 자기 수령에 대한 충효심[저널]/김혁모//철학탐구(조선).—1997,(4).—11-15
- 우리식 사회주의는 주체성이 강한 자주,자립,자위의 사회주의[저널]/안창림//철학탐구(조선).—1997,(4).—16-17
- 자력갱생은 우리식의 혁명방식[저널]/방정국//철학탐구(조선).—1997,(4).—19-22
- 주체의 주동적작용과 역할에 의한 사회의 발전[저널]/오성철//철학탐구(조선).—1997,(4).—23-26
- 사회주의사회의 존립과 발전에서 사상사업이 노는 역할[저널]/한은경//철학탐구(조선).—1997,(4).—27-29
- 조국애와 민족애는 모든 민족성원들의 공통된 사상감정이며 민족단결의 사상적기초[저널]/신영균//철학탐구(조선).—1997,(4).—30-32
- 정치생활은 사회생활의 우월성을 규정하는 기본요인[저널]/유성옥//철학탐구(조선).—1997,(4).—33-35
- 지식인들의 지혜와 재능의 발양에 대한 주체적리해[저널]/진영희//철학탐구(조선).—1997,(4).—36-38
- 인간의 사상정서상태는 생활의 정서적특징을 규정하는 기본요인[저널]/김명철//철학탐구(조선).—1997,(4).-39-41
- 도덕의 본질에 대한 <신인철학>의 견해[저널]/한분희//철학탐구(조선).—1997,(4).—42-45
- 교제의 심리적특징[저널]/최영숙//철학탐구(조선).—1997,(4).—46-48
- 경애하는 김정일동지는 인민의 운명의 수호자이시다[저널]/박명숙//철학탐구(조선).—1998,(1).—2-5

- 경애하는 김정일동지는 당과 혁명,조국과 인민에 대한 무한한 헌신성을 지니신 인민의 령도자이시다[저널]/안명옥//철학탐구(조선).—1998,(1).—6-8-11
- 우리식 사회주의는 사상의 강경보루,신념의 성새[저널]/최원철//철학탐구(조선). —1998,(1).—9-11
- 위대한 령도자 김정일동지께서 밝히신 혁명의 본질에 관한 사상리론[저널]/함치영//철학탐구(조선).—1998,(1).—12-14
- 주체사상은 최고의 인도주의[저널]/최철웅//철학탐구(조선).—1998,(1).—15-18
- 사람의 자주성과 자주적인 사상의식,자주적활동[저널]/리학철//철학탐구(조선).— 1998,(1).—19-21
- 주체사상이 밝힌 사회주의위업승리의 력사적필연성[저널]/주영린//철학탐구(조선).—1998,(1).—22-24,29
- 사회발전의 합법칙성에 대한 독창적인 주체적견해[저널]/강일진//철학탐구(조선).—1998,(1).—25-29
- 사회주의제도수립의 력사적과정에 대한 주체적리해[저널]/엄완빈//철학탐구(조선).—1998,(1).—30-32
- 집단주의적생명관에 대한 주체적리해[저널]/리송수//철학탐구(조선).—1998,(1).—36-40
- 사상감정의 역할[저널]/허인숙//철학탐구(조선).—1998,(1).—41-44
- 한비자의 법치사상연구[저널]/장일경//철학탐구(조선).—1998,(1).—45-46,48
- 자유의 본질[저널]/박광선//철학탐구(조선).—1998,(1)—47-48
- 자주적이며 창조적인 생활은 인민대중의 세기적념원[저널]/안창림//철학탐구(조선).—1998,(1).—33-35,40
- 김일성동지의 유훈은 우리 인민의 영원한 생명선[저널]/김경숙//철학탐구(조선).—1998,(2).—2-6
- 위대한 령도자 김정일동지는 인민의 영원한 행복의 창조자이시다[저널]/김일순//철학탐구(조선).—1998,(2).—7-10
- 위대한 령도자 김정일동지께서 주체의 사회주의리론을 완성한 불멸의 사상리론적업적[저널]/한석진//철학탐구(조선).—1998,(2).—11-16
- 사회주의에 대한 신념과 량심은 우리식 사회주의의 공고한 기초[저널]/류제일//철학탐구(조선).—1998,(2).—17-20

- 혁명과 건설을 자기식으로 하는것은 주체성과 민족성을 고수해나가기 위한 기본요구[저널]/리금옥//철학탐구(조선).—1998,(2).—21-23
- 사회주의사회는 인민대중이 자기자신의 완전한 주인으로 되게 하는 확고한 담보[저널]/김란희//철학탐구(조선).—1998,(2).—24-26
- 계급페절은 인민대중의 자주성을 실현하기 위한 근본조건[저널]/김재하//철학탐구(조선).—1998,(2).—27-30
- 민족은 사람들의 운명공동체[저널]/조정철//철학탐구(조선).—1998,(2).—31-34
- 혁명적수양의 본질[저널]/봉윤철//철학탐구(조선).—1998,(2).—35-37
- 선행시기 정치에 대한 견해의 몇가지 문제[저널]/한철만//철학탐구(조선).—1998,(2).—38-41
- 현대 사회민주주의의 연원으로서의 기회주의적사회민주주의의 반동성[저널]/김경룡//철학탐구(조선).—1998,(2).—42-44
- 부여건국설화에서 제기된 <기>에 관한 사상[저널]/오혁철//철학탐구(조선).—1998,(2).—45-46
- 현대부르죠아성격리론의 비과학성과 반동성[저널]/최충일//철학탐구(조선).—1998,(2).—47-48
- 위대한 수령 김일성동지는 주체형의 사회주의정권건설에서 불멸의 혁명업적을 이룩하신 건국의 어버이시다[저널]/김혁모//철학탐구(조선).—1998,(3).—2-7
- 위대한 령도자 김정일동지의 로숙하고 세련된 령도는 우리식 사회주의를 옹호 고수하기 위한 투쟁에서 승리의 결정적요인[저널]/리준명//철학탐구(조선).—1998,(3).—8-11
- 조선민주주의인민공화국은 우리 인민의 삶과 운명을 지켜주는 위대한 사회주의조국이며 민족의 자주독립과 무궁번영의 기치[저널]/안천훈//철학탐구(조선).—1998,(3).—12-15
- 조선민주주의인민공화국은 국가사회생활의 모든 분야에서 혁명적이고 민족적인 자기식을 구현해나가는 주체의 사회주의국가[저널]/한석봉//철학탐구(조선)—1998,(3).—16-19
- 우리 국가를 영원히 김일성동지의 나라로 빛내여나가려는것은 우리 인민의 철석의 신념[저널]/최학근//철학탐구(조선).—1998,(3).—20-23
- 사회발전의 합법칙적과정에 대한 완벽한 해명[저널]/전하철//철학탐구(조선).—

1998,(3).—24-27
- 온 사회의 혁명화,로동계급화는 사회주의,공산주의 건설의 합법칙적요구[저널]/ 한정식//철학탐구(조선)—1998,(3).—28-30
- 인민대중중심의 정치의 근본원리[저널]/김준철//철학탐구(조선).—1998,(3).— 31-33
- 인권의 본질[저널]/조성곤//철학탐구(조선).—1998,(3).—34-35
- 혁명적신념의 본질[저널]/신광재//철학탐구(조선).—1998,(3).—36-37
- 인테리개념에 대한 력사적고찰[저널]/박경숙//철학탐구(조선).—1998,(3).—38-41
- 사람들사이 교제와 감정조직[저널]/문시철//철학탐구(조선).—1998,(3).—42-44
- <가치철학>의 반동성[저널]/황철만//철학탐구(조선).—1998,(3).—45-47
- 혁명적조직생활에서 도덕의 역할[저널]/변춘옥//철학탐구(조선).—1998,(3).—48
- 위대한 김정일동지의 령도는 사회주의조선의 생명이며 강성대국건설의 결정적 담보[저널]/강창경//철학탐구(조선).—1998,(4).—2-4
- 주체철학은 철저한 혁명철학[저널]/허영민//철학탐구(조선).—1998,(4).—5-8
- 령도방법을 독자적인 구성부분으로 체계화한것은 위대한 김일성동지 혁명사상 의 중요한 공적[저널]/한석진//철학탐구(조선).—1998,(4).—9-12
- 자주적립장과 창조적립장,사상을 기본으로 틀어쥐고나가는것은 혁명과 건설에서 견 지하여야 할 근본립장과 방법,원칙[저널]/김천식//철학탐구(조선).—1998,(1).—13-17
- 우리 나라 사회주의는 주체사상에 기초하는있는 독특한 사회주의[저널]/김성식 //철학탐구(조선).—1998,(4).—18-21
- 사회주의사회의 사상적우월성과 위력에 대한 주체적리해[저널]/한용운//철학탐 구(조선).—1998,(4).—22-24
- 사회주의사상진지를 굳건히 다지는것은 사회주의위업의 승리를 위한 확고한 담보[저널]/석화//철학탐구(조선).—1998,(4).—25-27
- 인민대중의 창조적역할을 높여나가는것은 사회주의를 성과적으로 건설하기 위 한 중요한 요구[저널]/박춘식//철학탐구(조선).—1998,(4).—28-30
- 사회의 모든 성원들을 혁명화,로동계급화,인테리화하는것은 사람들의 사상문화 수준에서의 차이를 없애는 사업[저널]/최영주//철학탐구(조선).—1998,(4).—31-33
- 수령에 대한 충성과 효성은 혁명전사의 정치사상적,도덕의리적품성의 바탕[저 널]/김효남//철학탐구(조선).—1998,(4).—34-36

- 주체사상이 밝힌 가정도덕의 기본원리[저널]/량은숙//철학탐구(조선).—1998,(4). —37-39
- 자연을 지배하고 개조하기 위한 인간활동과 자연미[저널]/리성남//철학탐구(조선).—1998,(4).—40-41
- 실학파의 애국주의사상[저널]/김철석//철학탐구(조선).—1998,(4).—42-44
- 박규수의 초기개화사상[저널]/리덕남//철학탐구(조선).—1998,(4).—45-46
- 기회주의의 반동적본질[저널]/최철웅//철학탐구(조선).—1998,(4).—47-48
- 경애하는 수령 김일성동지께서 건국의 길에서 쌓으신 불멸의 업적은 강성대국 건설의 만년재보[저널]/김창경//철학탐구(조선)—1999,(1)—2-5
- 위대한 김정일동지의 권위는 력사에 전무후무한 최고봉의 권위[저널]/리강섭//철학탐구(조선).—1999,(1).—6-8
- 위대한 김정일동지 사상리론은 사회주의위업수행의 불멸의 혁명적기치[저널]/박광섭//철학탐구(조선).—1999,(1).—9-13
- 경애하는 김정일동지는 우리 나라에 사랑과 믿음의 정치,광폭정치의 력사를 펼쳐주신 인민의 수령이시다[저널]/김용진//철학탐구(조선).—1999,(1).—14-16
- 위대한 령도자 김정일동지의 선군정치의 근본특징[저널]/고상진//철학탐구(조선).—1999,(1).—17-20
- 주체는 애국이며 애국은 주체이다[저널]/최영주//철학탐구(조선).—1999,(1).—21-23
- 혁명과 건설에서 주체성을 견지하고 민족성을 살리는것은 사회주의위업을 그 자주적본성과 력사적,현실적 조건에 맞게 수행해나가기 위한 원칙적요구[저널]/리성철//철학탐구(조선).—1999,(1).—24-26
- 민족발전의 합법칙성에 대한 주체적리해[저널]/박정철//철학탐구(조선).1999,(1).—27-29
- 집단주의적생명관은 로동계급의 생명관[저널]/리송수//철학탐구(조선).—1999,(1).—30-32
- 자본주의에 대한 환상은 사회주의를 좌절시키는 요인[저널]/김영수//철학탐구(조선).—1999,(1).—33-35
- 미 인식과 창조에서 사람이 노는 결정적인 역할[저널]/김순영//철학탐구(조선).—1999,(1).—36-37

- 김옥균과 장지연의 사회정치사상의 반봉건적 및 부르죠아적성격[저널]/엄이철//철학탐구(조선).—1999,(1).—38-40
- 맑스주의사회주의사상이 이룩한 력사적공적과 그 시대적제한성과 사상리론적미숙성[저널]/박민성//철학탐구(조선).—1999,(1).—41-43
- 자유와 평등에 대한 루쏘의 견해와 그 제한성[저널]/김수진//철학탐구(조선).—1999,(1).—44-46
- 사람의 활동에 미치는 결정적요인을 객관적인 물질적조건에서 찾은 유물론적견해와 그 제한성[저널]/백하규//철학탐구(조선).—1999,(1).—47-49
- 위대한 수령 김일성동지의 예지는 앞날을 백년천년 내다보는 천리혜안의 예지[저널]/홍준식//철학탐구(조선),—1999,(2).—2-6
- 수령결사옹위정신[저널]/철학탐구(조선).—1999,(2)
- 경애하는 수령 김일성동지께서 마련하신 우리의 국가정치체제는 조국과 민족의 전도를 담보하는 만년대계의 기틀[저널]/김혁모//철학탐구(조선).—1999,(2).—7-9
- 주체의 사회주의강국건설과 인민정권(1)[저널]/한금실//철학탐구(조선).—1999,(2).—10-12
- 사회주의위업은 민족적위업인 동시에 국제적위업[저널]/김정섭//철학탐구(조선).—1999,(2).—13-15
- 사회주의사회에서 온 사회의 사상적일색화의 본질적내용[저널]/한규철//철학탐구(조선).—1999,(2).—1-6,18
- 온 사회의 혁명화는 사람들을 주체형의 공산주의혁명가로 개조,완성해나가는 사상개조사업[저널]/한정식//철학탐구(조선).—1999,(2).—19-21
- 인간의 발전은 사회발전의 기초[저널]/김수동//철학탐구(조선).—1999,(2).—22-24
- 사회개조활동은 사회적협력관계를 개선하며 완성하기 위한 사람의 운동[저널]/류군호//철학탐구(조선).—1999,(2).—25-28
- 민족성에 대한 주체적리해[저널]/리승철//철학탐구(조선).—1999,(2).—29-32
- 사상의식은 사람의 정신세계의 핵[저널]/김용남//철학탐구(조선).—1999,(2).—33-35
- 애국은 민족의 부흥과 참된 삶의 담보[저널]/엄명희//철학탐구(조선).—1999,(2).—36-38

- 혁명적감정정서가 사람들의 활동에서 노는 역할[저널]/신영균//철학탐구(조선).
  —1999,(2).—39-42
- 현대 부르죠아<정보화사회>론의 반동성[저널]/리철//철학탐구(조선).—1999,(2).—
  43-45
- 몽떼스큐의 사회사상과 그 제한성[저널]/백하규//철학탐구(조선).—1999,(2).—
  46-48
- 애국은 위대한 수령 김일성동지의 근본리념[저널]/신영남//철학탐구(조선).—
  1999,(3).—2-5
- 위대한 령도자 김정일동지의 명언 해설[저널]//철학탐구(조선).—1999,(3).—4
- 우리의 사회주의조국은 위대한 김일성조선[저널]/최순옥//철학탐구(조선).—
  1999,(3).—6-8
- 위대한 령도자 김정일동지의 사상과 정치를 높이 받들어나가는것은 강성대국
  건설의 결정적담보[저널]/최학근//철학탐구(조선).—1999,(3).—9-11
- 우리 식의 혁명방식을 철저히 구현하는것은 사회주의강성대국을 성과적으로
  건설하기 위한 결정적담보[저널]/손승모//철학탐구(조선).—1999,(3).—12-14
- 주체의 사회주의강국건설과 인민정권[저널]/한금실//철학탐구(조선). —
  15-17
- 과학기술은 강성대국건설의 힘있는 추동력[저널]/류제일//철학탐구(조선).—
  1999,(3).—18-21
- 당과 수령에 대한 충실성은 주체의 혁명관의 핵[저널]/장철웅//철학탐구(조선).
  —1999,(3).—22-24
- 우리식 사회주의제도수립과정의 특징[저널]/임완빈//철학탐구(조선).—1999,(3).—
  25-27
- 사회주의위업과 민족적자주위업은 하나의 운명으로 결합된 통일적인 위업[저
  널]/김영정 철학탐구(조선)—1999,(3)—28-31
- 사상의 힘은 나라의 강대성의 담보홍[저널]/영삼//철학탐구(조선).—1999,(3).—
  32-34
- 사회주의사회관계는 사랑과 믿음의 관계[저널]/권동호//철학탐구(조선).—
  1999,(3).—35-37
- 민족성과 민족의 공통된 리해관계는 민족적단결의 기초[저널]/송경문//철학탐구

(조선).—1999,(3).—38-40
- 세대별 심리의 특징[저널]/김춘희//철학탐구(조선).—1999,(3).—41-43
- 포이에르바흐철학에서 인간론의 진보성과 취약성[저널]/장선룡//철학탐구(조선).
  —1999,(3).—44-46
- 환경보호사업은 인간의 자주적이며 창조적인 생활을 참답게 보장하기 위한 사
  업[저널]/최현//호철학탐구(조선).—1999,(3).—47-48
- 경애하는 김정일동지는 위대한 수령님의 영생위업을 빛나게 실현하신 탁월한
  후계수령이시다[저널]/김혁모//철학탐구(조선).—1999,(4).—2-5
- 위대한 령도자 김정일동지의 명언해설[저널]/일명//철학탐구(조선).—1999,(4)
- 위대한 김정일동지의 혁명철학은 믿음의 철학[저널]/김수란//철학탐구(조선).—
  1999,(4).—6-9
- 주체의 사회주의는 애국애족의 사회주의[저널]/리주철//철학탐구(조선).—1999,(4).
  —10-11
- 위대한 령도자 김정일동지의 명제해설[저널]/일명//철학탐구(조선).—1999,(4).—
  12
- 사회발전은 인민대중의 목적의식적인 활동이 강화되여나가는 과정[저널]/최영순
  //철학탐구(조선).—1999,(4).—13-16
- 주체사상이 밝힌 사회주의운동재건의 본질적특성[저널]/리상준//철학탐구(조선).
  —1999,(4).—17-18
- 혁명적신념과 량심은 혁명가의 생명[저널]/신광재//철학탐구(조선).—1999,(4).—
  19-21
- 혁명적효성관은 수령중심의 효성관[저널]/신광일//철학탐구(조선).—1999,(4).—
  22-24
- 사랑과 믿음은 사회주의정치의 본질[저널]/김향란//철학탐구(조선).—1999,(4).—
  25-27
- 사상을 기본으로 틀어쥐고나가는 원칙의 본질적우월성[저널]/홍영삼//철학탐구
  (조선).—1999,(4).—28-30
- 계급교양을 강화하는것은 현시기 혁명발전의 절실한 요구[저널]/김운룡//철학탐
  구(조선).—1999,(4).—31-33
- 민족성에 대한 리해에서 나서는 주요문제[저널]/리재순//철학탐구(조선).—

1999,(4).—34-36

- 민족의 우수성을 살리고 내세우는데서 나서는 중요요구[저널]/최홍일//철학탐구 (조선).—1999,(4).—37-39
- 주체사상이 밝힌 향토애의 본질[저널]/김경진//철학탐구(조선).—1999,(4).—40-41
- 우리나라 근대부르죠아사상의 특징으로서의 반침략적 및 애국주의적 성격[저널]/리덕남//철학탐구(조선).—1999,(4).—42-44
- 사회발전방향에 대한 관념론적견해와 그 반동성[저널]/박진숙//철학탐구(조선).—1999,(4).—45-46
- 사상정신적미는 사람의 미적가치를 규정하는 기본요인[저널]/최현일//철학탐구 (조선).—1999,(4).—47-48
- 위대한 김정일동지는 자주시대의 가장 로숙하고 세련된 정치원로이시다[저널]/류순찬//철학탐구(조선).—2000,(1).—2-5
- 위대한 령도자 김정일동지의 명제해설[저널]/일명//철학탐구(조선).—2000,(1).—7
- 경애하는 김정일동지는 주체조선의 상징이시며 미래이시다[저널]/리성철//철학탐구(조선).—2000,(1).—6-10
- 경애하는 김정일동지의 위대한 사상과 령도는 화를 복으로,역경을 순경으로 전환시키는 근본담보[저널]/김보중//철학탐구(조선).—2000,(1).—11-13
- 사회적운동의 고유한 특성[저널]/황철웅//철학탐구(조선).—2000,(1).—14-16
- 경애하는 김정일동지만을 믿고 따르며 끝까지 운명을 같이하는것은 우리 조국을 떠받드는 초석[저널]/강철//철학탐구(조선).—2000,(1) .—17-21
- 사상중시는 우리 당의 제일생명선이며 우리식 사회주의의 근본[저널]/조철//철학탐구(조선).—2000,(1).—22-25
- 우리식 사회주의는 확고한 계급적립장과 견결한 반제투쟁정신에 의하여 수호되는 불패의 보루[저널]/김혁모//철학탐구(조선).—2000,(1).—26-28
- 자주적인 사상의식의 본질[저널]/최성건//철학탐구(조선).—2000,(1).—29-32
- 주체철학의 근본원리[저널]/박명남//철학탐구(조선).—2000,(1).—33-36
- 주체철학은 사회발전을 가장 곧바른 길로 인도하는 정치의 원리적기초를 밝혀주는 철학[저널]/한영복//철학탐구(조선).—2000,(1).—37-39
- 인민대중이 주체를 이루는 단위와 범위에 대한 주체적리해[저널]/리성철//철학탐구(조선).—2000,(1).—40-42

- 조선민족 제일주의정신의 본질과 특징[저널]/리승철//철학탐구(조선).—2000,(1). —43-45
- 사람의 본질에 대한 맑스주의적견해와 그 제한성[저널]/윤영희//철학탐구(조선). —2000,(1).—46-48
- 김일성조국은 인민대중의 가장 위대한 수령을 모신 참다운 조국[저널]/문일영// 철학탐구(조선).—2000,(2).—2-4
- 위대한 수령님식으로 혁명을 해나가려는것은 우리 당과 인민의 확고한 의지[저 널]/김명철//철학탐구(조선).—2000,(2).—5-7
- 위대한 수령 김일성동지와 우리 인민은 어제도 오늘도 앞으로도 영원한 혼연 일체[저널]/신영남//철학탐구(조선).—2000,(2).—8-10
- 주체사상이 밝힌 혁명적수령관확립의 합법칙성[저널]/장철웅//철학탐구(조선).— 2000,(2).—11-13
- 우리 인민들이 지닌 수령에 대한 충성심의 숭고성[저널]/김경숙//철학탐구(조 선).—2000,(2).—14-16
- 총대중시는 국사중의 제일국사[저널]/박광수//철학탐구(조선).—2000,(2).—17-19
- 사람중심의 철학에 의한 철학적세계관발전에서의 근본적전환[저널]/김성권//철학 탐구(조선).—2000,(2).—19-22
- 우리 시대와 철학적과제의 빛나는 해결[저널]/김민//철학탐구(조선).—2000,(2).— 23-25
- 민족자주정신의 본질[저널]/신현문//철학탐구(조선).—2000,(2).—26-27
- 사회주의적향토애는 사회주의강성대국건설을 힘있게 추동하는 중요 요인[저 널]/김경진//철학탐구(조선).—2000,(2).—28-30
- 혁명적량심의 본질[저널]/홍준식//철학탐구(조선).—2000,(2) .—31-33
- 우리 인민의 도덕생활에서 민족성을 높이 발양하기 위한 방도[저널]/김수란//철 학탐구(조선).—2000,(2).—34-35
- 비타협성,견결성,철저성은 개인리기주의를 뿌리빼기 위한 사상투쟁의 원칙적 요구[저널]/림영철//철학탐구(조선).—2000,(2).—36-37
- 론리적사고능력발전에서 개념습득의 의의[저널]/림준호//철학탐구(조선).—2000,(2). —38-40
- 주체의 미학관이 밝힌 미적감정의 본질[저널]/서광웅//철학탐구(조선).—2000,(2).

—41-43
- <공>에 대한 연구[저널]/강명흡//철학탐구(조선).—2000,(2).—44-46
- 인간증오사상은 제국주의의 고유한 반동적사상[저널]/송민철//철학탐구(조선).— 2000,(2).—47-48
- 위대한 수령 김일성동지는 주체시대의 시원을 열어놓으신 인류의 영원한 태양이시다[저널]/김명국//철학탐구(조선).—2000,(3).—2-4
- 위대한 령도자 김정일동지의 명언해설[저널]/일명//철학탐구(조선).—2000,(3).—3
- 위대한 김정일동지는 희세의 실력가형의 위인이시다[저널]/호영식//철학탐구(조선).—2000,(3).—5-8
- 사회주의강성대국건설사상은 김일성조선을 더욱 빛내이기 위한 휘황한 설계도[저널]/최순옥//철학탐구(조선).-).—9-11
- 인간에 대한 완벽한 철학적해명과 세계관발전에서 가지는 그 변혁적의의[저널]/김춘삼//철학탐구(조선).—2000,(3).—12-14
- 주체사상은 로동계급의 혁명사상[저널]/박응식//철학탐구(조선).—2000,(3).—15-16
- 주체사상은 애민의 사상[저널]/심철옥//철학탐구(조선).—2000,(3).—17-19
- 주체철학이 밝힌 인식에 관한 리론의 독창성[저널]/민승철//철학탐구(조선).—2000,(3).—20-22
- 새것의 기준에 대한 주체적리해[저널]/강희숙//철학탐구(조선).—2000,(3).—23-25
- 인민대중의 자주적요구실현은 인류력사의 기본흐름[저널]/박진숙//철학탐구(조선).—2000,(3).—2-29
- 혁명의 주체를 강화하고 주체의 역할을 높여나가는것은 사회주의건설을 성과적으로 추진하기 위한 근본방도[저널]/김대하//철학탐구(조선).—2000,(3).—30-32
- 사회주의사회의 로동계급적성격과 그 강화발전을 위한 혁명방식[저널]/승명수//철학탐구(조선).—2000,(3).—33-35
- 주체성과 민족성을 고수하는것은 나라와 민족의 자주적발전을 확고히 보장하기 위한 필수적요구[저널]/주준철//철학탐구(조선).—2000,(3).—36-38
- 자력갱생의 혁명정신을 더욱 높이 발휘하는것은 사회주의강성대국건설의 근본요구[저널]/리일천//철학탐구(조선).—2000,(3).—39-40
- 혁명적량심은 혁명가의 고결한 인격/리순임//철학탐구(조선).—2000,(3).—41-43

- 민족의 운명에 작용하는 결정적요인에 대한 리해의 력사적변천[저널]/허성숙//철학탐구(조선).—2000,(3).—44-46
- 사회주의사회에서 생산집단심리의 본질과 역할[저널]/전정식//철학탐구(조선).—2000,(3).—47-48
- 조선로동당은 우리 인민을 존엄있는 인민으로 자랑떨쳐주는 위대한 어머니당[저널]/채성희//철학탐구(조선).—2000,(4).—2-5
- 위대한 령도자 김정일동지의 명언해설[저널]/일명/철학탐구(조선).—2000,(4)
- 고상한 정신도덕적풍모를 지닌 훌륭한 인민을 키워낸것은 우리 당의 커다란 업적[저널]/곽광현//철학탐구(조선).—2000,(4).—6-9
- 사람의 자주성,창조성,의식성은 사회적속성[저널]/심청룡//철학탐구(조선).—2000,(4).—10-12
- 사회주의사회에서의 창조적생활의 참다운 발현[저널]/오창준//철학탐구(조선).—2000,(4).— 13-15
- 주체사상은 사회주의의 참다운 사상적기초[저널]/김성남//철학탐구(조선).—2000,(4).—16-19
- 사회주의사회관계의 근본특성[저널]/윤상선//철학탐구(조선).—2000,(4).—20-22
- 사회생활의 세 분야에 대한 주체적리해[저널]/박영옥//철학탐구(조선).—2000,(4).—23-25
- 혁명적수령관은 혁명적인생관의 핵[저널]/강경수//철학탐구(조선).—2000,(4).—26-27
- 공산주의도덕은 사람의 본성적요구에 맞는 가장 우월한 도덕[저널]/최재길//철학탐구(조선).—2000,(4).—28-30
- 수양과정의 심리적특징[저널]/김기섭//철학탐구(조선).—2000,(4).—31-33
- 개념구분의 론리적수법과 그 응용의 몇가지 문제[저널]/김동일//철학탐구(조선).—2000,(4).— 34-37
- 희극적인것의 본질과 그 정서적특징[저널]/김흥록//철학탐구(조선).—2000,(4).—38-39
- 정약용의 륜리도덕적견해[저널]/홍태연//철학탐구(조선).—2000,(4).—40-42
- 현대사회민주주의의 반동적본질[저널]/전하철//철학탐구(조선).—2000,(4).—43-45
- 인문주의사상의 력사적진보성과 근본제한성[저널]/박광남//철학탐구(조선).—2000,(4).—46-48

- 위대한 령도자 김정일동지의 권위를 백방으로 옹호하는것은 새 세기의 진격로를 열어나가기 위한 근본담보[저널]/박응식//철학탐구(조선).—2001,(1).—2-4
- 경애하는 김정일동지께서 빛내여나가고계시는 영생불멸의 주체사상은 사회주의의발전을 확고히 담보하는 위대한 혁명사상[저널]/김봉덕//철학탐구(조선).—2001,(1).—5-8
- 로동계급의 당은 인민의 복무자[저널]/한현심//철학탐구(조선).—2001,(1).—9-11
- 과학기술에 대한 태도는 곧 혁명에 대한 태도,사회주의에 대한 태도[저널]/김혁모//철학탐구(조선).—2001,(1).—12-15
- 주체의 사회력사관이 밝힌 사회의 구성부분과 그 호상관계에 대한 리해의 독창성[저널]/리광삼//철학탐구(조선).—2001,(1).—16-18
- 당과 수령의 령도,지도사상과 사회제도는 민족의 운명을 결정하는 결정적요인[저널]/엄명희//철학탐구(조선).—2001,(1).—19-22
- 혁명의 주체를 강화하는것은 사회주의를 위한 투쟁에서 근본문제[저널]/고석찬//철학탐구(조선).—2001,(1).—23-25
- 혁명적동지애는 혁명대오의 단결의 기초[저널]/구영철//철학탐구(조선).—2001,(1).—26-28
- 우리 인민이 지니고있는 혁명적락관주의의 핵[저널]/전순희//철학탐구(조선).—2001,(1).—29-31
- 주체사상이 밝힌 애국심의 본질[저널]/리창식//철학탐구(조선).—2001,(1).—32-34
- 우리 인민들속에서 발현되고있는 공산주의적미풍의 주요특징[저널]/김춘희//철학탐구(조선).—2001,(1).—35-37
- 자주적인간은 아름다운 인간[저널]/탐구(조선).—2001,(1).—38-40
- 정의의 론리적수법과 그 형태[저널]/김동일//철학탐구(조선).—2001,(1).—41-43
- 자본주의에 대한 환상의 반동성과 그 해독성[저널]/한하련//철학탐구(조선).—2001,(1).—44-45
- 현대사회민주주의 출발점으로서의 <새로운 사고방식>과 그 반동성[저널]/전하철//철학탐구(조선).—2001,(1).—46-48
- 위대한 수령 김일성동지의 존함은 영원한 승리의 기치[저널]/신영남//철학탐구(조선).—2001,(2).—2-4
- <이민위천>은 위대한 수령 김일성동지의 평생의 좌우명[저널]/최영철//철학탐구

(조선).─2001,(2).─5-7

- 주체철학은 새로운 독창적인 철학[저널]/장영애//철학탐구(조선).─2001,(2).─8-10

- 사회력사발전과정은 인민대중의 지위와 역할이 높아지는 과정[저널]/진문정//철학탐구(조선).─2001,(2).─11-13

- 혁명적세계관이 서는 과정의 일반적합법칙성[저널]/김영철//철학탐구(조선).─2001,(2).─14-15

- 주체사상의 순결성을 고수하는것은 우리 당의 혁명적성격을 고수하기 위한 근본요구[저널]/길영철//철학탐구(조선).─2001,(2)─16-18

- 인간개조사업의 주체[저널]/리선일//철학탐구(조선).─2001,(2).─19-21

- 주체의 령도방법은 혁명을 힘있게 추진해나가도록 하는 위력한 방법[저널]/리진//철학탐구(조선).─2001,(2).─22-24

- 수령에 대한 충실성은 김일성민족의 모든 우수성의 근본바탕[저널]/김현철//철학탐구(조선).─2001,(2).─25-26

- 신념과 의지는 혁명가의 기초적자질[저널]/리춘길//철학탐구(조선).─2001,(2).─27-28

- 사회주의에 대한 혁명적신념의 본질과 중요요구[저널]/최철웅//철학탐구(조선).─2001,(2).─29-31

- 수령과 전사들사이의 의리는 가장 숭고한 의리[저널]/오기종//철학탐구(조선).─2001,(2).─31-32

- 혁명적군인정신의 본질과 특징[저널]/한동만 철학탐구(조선).─2001,(2).─33-35

- 지식인의 일반적특성에 대한 주체적견해[저널]/박경숙//철학탐구(조선).─2001,(2).─35-37

- 우리 사회의 건전한 집단심리[저널]/김문석//철학탐구(조선).─2001,(2).─38-40

- 최한기의 정치사상[저널]/조홍수//철학탐구(조선).─2001,(2).─40-42

- 불교교리에 대한 정도전의 비판[저널]/김수영//철학탐구(조선).─2001,(2).─43-45

- 애국에 대한 리해의 력사적변천[저널]/김명수//철학탐구(조선).─2001,(2).─45-48

- 사유환경조건[저널]/최호찬//철학탐구(조선).─2001,(2).─48-49

- 위대한 령도자 김정일동지는 로숙하고 세련된 정치원로이시다[저널]/김혁모//철학탐구(조선).─2001,(3).─2-6

- 자연개조사업의 주체[저널]/리선일//철학탐구(조선).—2001,(3).—7-9
- 현시기 인간개조,사상개조사업에서 중요한 문제[저널]/류제일//철학탐구(조선). 2001,(3).—9-11
- 현시기 우리 당 사상사업의 기본임무[저널]/리정화//철학탐구(조선).—2001,(3).— 12-13
- 선군정치는 우리 당의 위대한 혁명방식[저널]/최순옥//철학탐구(조선).—2001,(3). —14-16
- 자주성은 나라와 민족의 생명[저널]/김보증//철학탐구(조선).—2001,(3).—17-18
- 일심단결은 혁명적동지애에 기초한 단결[저널]/김룡진//철학탐구(조선).—2001,(3). —18-20
- 사회주의사회는 나라와 민족의 참다운 부강번영의 담보[저널]/연상묵//철학탐구 (조선).—2001,(3).—20-22
- 로동계급의 당과 인민정권은 사회주의사회에서 인민대중의 주인으로서의 지위 와 역할을 보장해주는 확고한 담보[저널]/진문정//철학탐구(조선).—2001,(3).— 23-25
- 사회정치적생명은 사회적존재인 사람의 고귀한 생명[저널]/박은숙//철학탐구(조 선).—2001,(3).—26-28
- 과학기술을 발전시키는것은 우리 혁명을 전진시켜나가는데서 나서는 필수적요 구[저널]/리창훈//철학탐구(조선).—2001,(3).—29-30
- 주체형의 과학자들의 기본적인 풍모와 자질[저널]/송원길//철학탐구(조선).— 2001,(3).—30-31
- 세대에 대한 주체적리해[저널]/리광선//철학탐구(조선).—2001,(3).—32-33
- 주체건축의 아름다움에 관한 리해[저널]/김혜선//철학탐구(조선).—2001,(3).— 34-35
- 심리연구에서 수량화의 필요성[저널]/김광혁//철학탐구(조선).—2001,(3).—36
- 실학사상가들의 자기것에 대한 존중사상[저널]/최원철//철학탐구(조선).— 2001,(3).—37-38
- 묵가의 인식론과 그 제한성[저널]/김철만//철학탐구(조선).—2001,(3).—38-39
- 고대,중세 인디아철학에서 제기된 세계에 대한 견해의 특징[저널]/리영남//철학 탐구(조선).—2001,(3).—40

- 인간증오로 일관된 부르죠아인도주의[저널]/송민철//철학탐구(조선).—2001,(3).—41-42
- 사회관리에서 제기되는 심리적문제[저널]/안명옥//철학탐구(조선).—2001,(3).—43-46
- 포이에르바흐의 헤겔철학비판에 대한 평가[저널]/박정철//철학탐구(조선).—2001,(3).—47-48
- 개념확정에서 문맥이 주는 영향[저널]/방춘실//철학탐구(조선).—2001,(3).—49
- 개조활동은 자주성을 실현하기 위한 주체의 창조적운동[저널]/장영애//철학탐구(조선).—2001,(4).—2-3
- 인식에서 종자는 사람들의 인식활동을 추동하는 힘[저널]/오기종//철학탐구(조선).—2001,(4).—3-4
- 사회발전에서 정치가 노는 역할[저널]/리현철//철학탐구(조선).—2001,(4).—5-6
- 단결과 협력은 사람들의 생존방식[저널]/백광철//철학탐구(조선).—2001,(4).—7-8
- 사상사업은 고도의 창조적인 사업[저널]/김성남//철학탐구(조선).—2001,(4).—9-10
- 사회주의사상은 온 사회의 사상적일색화의 기초[저널]/김경환//철학탐구(조선).—2001,(4).—11-12
- 사회주의수호정신의 특징[저널]/김패//철학탐구(조선).—2001,(4).—13-15
- 혁명위업계승의 기본내용[저널]/김희일//철학탐구(조선).—2001,(4).—16-17
- 혁명투쟁의 본질과 내용[저널]/강련희//철학탐구(조선).—2001,(4).—18-19
- 인간심리의 본질과 특징[저널]/리재순//철학탐구(조선).—2001,(4).—19-21
- 근로인민대중의 역할에 기초한 혁명의 전략과 전술[저널]/리동조//철학탐구(조선).—2001,(4).—22-24
- 우리 인민의 민족적감정의 중요내용[저널]/림현기//철학탐구(조선).—2001,(4).—25-26
- 인민의 사랑과 지지는 혁명가가 향유할수 있는 행복을 측정하는 절대적기준[저널]/김일순//철학탐구(조선).—2001,(4).—27-29
- 선을 옹호하고 지향하는것은 사회적인간의 본성적요구[저널]/김천일//철학탐구(조선).—2001,(4).—30-31
- 인민대중의 미적지향과 요구에 맞는 미창조의 기본요구[저널]/김명철//철학탐구(조선).—2001,(4).—32-33

- 가설의 설정과 검증에서 제기되는 론리적문제[저널]/조순옥//철학탐구(조선).―2001,(4).―34-35
- 동학의 계급적기초[저널]/정창학//철학탐구(조선).―2001,(4).― 36-37
- 정도전의 세계의 가인식성에 대한 견해[저널]/김수영//철학탐구(조선).―2001,(4).―37-39
- 사회주의실현의 방도에 관한 공상적사회주의자들의 견해와 그 제한성[저널]/윤광일//철학탐구(조선).―2001,(4).―39-40
- 포이에르바흐의 륜리적견해와 그 제한성[저널]/박정철//철학탐구(조선).―2001,(4).―41-42
- 부르죠아의회제의 반동성[저널]/강남수//철학탐구(조선).―2001,(4).―43-44
- 실험계획법의 특성과 심리연구에서 그 리용[저널]/김광혁//철학탐구(조선).―2001,(4).―45-46
- 데모크리토스의 론리적견해와 그 제한성[저널]/전윤철//철학탐구(조선).―2001,(4).―46-47
- <국제관계비사상화>론의 반동성[저널]/차선일//철학탐구(조선).―2001,(4).―47-48
- <인간학적유물론>의 치명적인 약점과 본질적인 제한성[저널]/일명//철학탐구(조선).―2001,(4).―표지3면
- 경애하는 김정일동지는 최고의 권위를 지니신 혁명의 위대한 령도자[저널]/박응식//철학탐구(조선).―2002,(1).―2-4
- 경애하는 김정일동지는 위대한 명언들로 인민들에게 참된 삶의 길을 밝혀 주시는 사상리론의 영재이시다[저널]/안승주//철학탐구(조선).―2002,(1).―5-7
- 위대한 령도자 김정일동지의 명제해설[저널]/리창훈//철학탐구(조선).―2002,(1).―8-9
- 4대제일주의는 주체의 숨결로 약동하는 사회주의조선의 기상[저널]/김혁모//철학탐구(조선).―2002,(1).―9-11
- 선군의 원리는 주체사상을 바탕으로 하고있는 원리[저널]/최성학//철학탐구(조선).―2002,(1).―2-13
- 주체철학은 인간의 운명개척의 가장 옳바른 길을 밝힌 철학[저널]/길영철//철학탐구(조선).―2002,(1).―14-16
- 주체철학의 근본원리는 가장 과학적이며 혁명적인 원리[저널]/홍영삼//철학탐구

(조선).―2002,(1).―17-19

- 사람의 리익으로부터 출발하여 세계를 대하는 관점과 립장[저널]/최성일//철학 탐구(조선).―2002,(1).―20-21
- 사람의 자주적인 사상의식과 창조적능력은 사회의 발전수준을 규정하는 결정 적요인[저널]/정철만//철학탐구(조선).―2002,(1).―22-23
- 대개조사업의 력사적순차성에 대한 주체적리해[저널]/하명옥//철학탐구(조선).― 2002,(1).―24-26
- 사회주의를 신념화하는것은 사회주의위업을 옹호고수하고 끝까지 완성하기 위 한 선차적요구[저널]/리춘길//철학탐구(조선).―2002,(1).―27-28
- 사회주의사회의 사상문화생활의 중요특징[저널]/김우용//철학탐구(조선).― 2002,(1).―29-31
- 사회주의문화를 발전시키는것은 제국주의자들의 사상문화침투를 막기 위한 중 요한 조건[저널]/윤영광//철학탐구(조선).―2002,(1).―31-32
- 계급발생의 사회력사적조건[저널]/서성일//철학탐구(조선).―2002,(1).―33-34
- 위대한 수령을 모시는것은 값있고 보람있는 삶의 결정적담보[저널]/리창훈//철학 탐구(조선).―2002,(1).―35-36
- 우리 인민의 민족적자존심[저널]/황용철//철학탐구(조선).―2002,(1).―37-38
- 혁명적사랑은 열정의 샘,창조의 원동력이며 생활을 아름답게 물들이는 염색소 [저널]/하영애//철학탐구(조선).―2002,(1).―38-40
- 가정은 과학적인식의 중요한 론리적수법[저널]/조순옥//철학탐구(조선).―2002,(1). ―40-41
- 관찰의 본질적특징과 인식에서 그 역할[저널]/류화순//철학탐구(조선).―2002,(1). ―41-43
- 에피쿠로스의 론리적견해와 그 제한성[저널]/전윤철//철학탐구(조선).―2002,(1). ―44-45
- <시민사회>론의 반동성[저널]/장철민철학탐구(조선).―2002,(1).― 46-47
- <제자백가>철학에서 제기된 륜리도덕적견해의 제한성[저널]/김철만//철학탐구 (조선0.―2002,(1).―47-48
- 위대한 수령 김일성동지는 20세기를 대표하는 절세의 위인[저널]/박정철//철학 탐구(조선).―2002,(2).―2-4

- 경애하는 김정일동지는 인류력사에서 가장 위대한 천하제일 명장이시다[저널]/ 문영일//철학탐구(조선).―2002,(2).―5-6
- 위대한 령도자 김정일동지는 수령중심론의 창시자,철저한 구현자이시다[저널]/ 백은경//철학탐구(조선).―2002,(2).―7-9
- 위대한 김정일동지의 세련된 령도는 우리 인민이 혁명적락관주의를 지니게 하는 근본요인[저널]/렴재연//철학탐구(조선).―2002,(2).― 10-11
- 총대는 곧 국력[저널]/진문정//철학탐구(조선).―2002,(2).―12-14
- 주체철학이 밝힌 사회의 본질에 대한 리론의 독창성[저널]/윤용남//철학탐구(조선).―2002,(2).―15-16
- 인민대중의 목적의식적활동의 강화는 사회적운동의 고유한 합법칙성이 전면적으로 관철되도록 하는 기본요인[저널]/원충국//철학탐구(조선).―2002,(2).―17-18
- 혁명적수령관을 핵으로 하는 인생관확립은 자주시대혁명발전의 필수적요구[저널]/강경수//철학탐구(조선).―2002,(2).―19-20
- 수령과 운명을 같이하는 삶의 본질에 대한 주체적리해[저널]/최영호//철학탐구(조선).―2002,(2).―21-22
- 사회정치적생명은 영생하는 생명[저널]/김영보//철학탐구(조선).―2002,(2).―23-24
- 정치생활은 사회생활에서 결정적의의를 가지는 분야[저널]/리명성//철학탐구(조선).―2002,(2).―24-25
- 혁명과 건설에서 원칙성과 령활성을 결합하는것은 로동계급의 당의 혁명적령도예술[저널]/리정철//철학탐구(조선).―2002,(2).―25-27
- 사회주의에 대한 확고한 신념은 강성대국건설의 근본요구[저널]/홍철진//철학탐구(조선).―2002,(2).―28-29
- 사상사업을 끊임없이 심화발전시켜나가는것은 사회주의위업의 승리를 위한 필수적요구[저널]/윤광일//철학탐구(조선).―2002,(2).―30-31
- 주체의 사회주의는 민족성이 높이 발양되는 애국애족의 사회주의[저널]/허영희//철학탐구(조선).―2002,(2).―32-33
- 혁명투쟁에서 동지애가 노는 역할[저널]/안명금//철학탐구(조선).―2002,(2).―34-35
- 조선민족 제일주의정신의 본질과 내용[저널]/리원봉//철학탐구(조선).―2002,(2).―35-37

- 혁명적분위기형성발전에 대한 주체적리해[저널]/김희성//철학탐구(조선).—2002,(2). —37-38
- 과학연구사업에서 견지하여야 할 원칙[저널]/리창훈//철학탐구(조선).—2002,(2). —39-40
- 사상사업에 대한 맑스주의적견해와 그 제한성[저널]/김란희//철학탐구(조선).— 2002,(2).—41-42
- 중세 인디아의 <신인명>론리에 대한 평가[저널]/리성환//철학탐구(조선).— 2002,(2).—42-43
- 부르죠아민주주의의 반인민적본질[저널]/김영수//철학탐구(조선).—2002,(2).—43-45
- 인식과 실천에서 추리를 잘하기 위한 방도[저널]/전철룡//철학탐구(조선).—2002, (2).—45-46
- 부르죠아패덕주의의 반동적본질[저널]/리종칠//철학탐구(조선).—2002,(2).—47-48
- 위대한 수령 김일성동지께서 이룩하신 불멸의 업적은 21세기 강성대국건설의 만년초석[저널]/한금실//철학탐구(조선).—2002,(3).—2-4
- 위대한 령도자 김정일동지께서 밝히신 혁명무력의 지위에 관한 독창적인 사상 [저널]/최순옥//.—철학탐구(조선).—2002,(3).—5-6
- 사람의 활동을 기본으로 하여 세계를 대하는 관점과 립장[저널]/최성일//철학탐 구(조선).—2002,(3).—7-8
- 인간의 발전에서 과학기술이 노는 역할[저널]/리창훈//철학탐구(조선).—2002,(3). —9-10
- 권위의 본질과 특징[저널]/김영길//철학탐구(조선).—2002,(3).—11-12
- 대중운동은 대중의 집체적힘에 의거하여 혁명과 건설을 다그치는 혁명적사업 방법[저널]/박춘심//철학탐구(조선).—2002,(3).—13-14
- 사회주의사회의 우월성과 위력은 사상의 우월성과 위력[저널]/김용화//철학탐구 (조선).—2002,(3).—15-16
- 의는 나라와 민족의 자주성을 철저히 옹호보장하는 사회주의[저널]/김광명//철 학탐구(조선).—2002,(3).—17-18
- 주의의 본질적내용[저널]/심철옥//철학탐구(조선).—2002,(3).—19-20
- 국가정권을 통한 정치생활에 대한 주체적리해[저널]/김혁모//철학탐구(조선).— 2002,(3).—21-22

- 오늘에 사는 참된 삶의 본질적내용[저널]/김옥화//철학탐구(조선).—2002,(3).—23-24
- 혁명적신념교양을 강화하는것은 사회주의위업을 옹호고수하고 완성하기 위한 근본요구[저널]/김철//철학탐구(조선).—2002,(3).— 25-26
- 혁명적동지애는 혁명의 추진력[저널]/구영철//철학탐구(조선).—2002,(3).—27-28
- 단결은 사랑과 믿음에 기초한 주체의 정치리념[저널]/량학철//철학탐구(조선).—2002,(3).—29-30
- 독자심리의 형성변화과정에 대한 주체적리해[저널]/윤향희//철학탐구(조선).—2002,(3).—31-32
- 심리실험법의 본질과 특징[저널]/리경일//철학탐구(조선).—2002,(3).—33-34
- 선과 악을 가르는 도덕적기준[저널]/김천일//철학탐구(조선).—2002,(3).—35-36
- 조선근세 <위정척사>론의 애국주의적성격[저널]/홍영일//철학탐구(조선).—2002,(3).—37-38
- 민족주의는 진보적인 사상[저널]/안영란//철학탐구(조선).—2002,(3).—39-40
- 사유법칙에 대한 아리스토텔레스의 견해와 그 제한성[저널]/량호철//철학탐구(조선).—2002,(3).—40-42
- 사회에서의 정치생활의 반동화[저널]/홍남철//철학탐구(조선).—2002,(3).—42-43
- <지식사회>론의 반동성[저널]/리해연//철학탐구(조선).—2002,(3).—44-45
- 민족성과 건축유산계승[저널]/강철호//철학탐구(조선).—2002,(3).—46
- 미국국회 <원외단>의 반동성[저널]/김정순//철학탐구(조선).—2002,(3).—47-48
- 경애하는 김정일동지는 21세기의 위대한 태양이시다[저널]/김정애//철학탐구(조선).—2002,(4).—2-3
- 항일의 녀성영웅 김정숙동지의 인생관은 주체의 인생관의 최고 정화[저널]/장영수//철학탐구(조선).—2002,(4).—4-5
- 주체사상은 인민대중의 자주적요구와 지향을 반영한 가장 혁명적인 사상[저널]/김혁모//철학탐구(조선).—2002,(4).—6-7
- 주체사상에서 쓰는 주체라는 용어에 대한 과학적리해[저널]/한정철//철학탐구(조선).—2002,(4).—8-9
- 인간의 창조적능력의 본질[저널]/리원영//철학탐구(조선).—2002,(4).—10
- 주체의 사회력사관의 독창성[저널]/윤용남//철학탐구(조선).—2002,(4).—11-12

- 사회주의는 인민대중의 리념[저널]/변정암//철학탐구(조선).―2002,(4).―13-14
- 사회주의사회에서 인민대중은 사회적재부의 창조자이며 향유자[저널]/박영//철학탐구(조선).―2002,(4).―15
- 일심단결은 혁명의 주체를 강화하고 그 역할을 높이는 기본요인[저널]/김용만//철학탐구(조선).―2002,(4).―16-17
- 집단주의는 집단의 자주적요구와 개인의 자주적요구를 가장 훌륭히 실현시키는 근본담보[저널]/성명재//철학탐구(조선).―2002,(4).― 18-19
- 사회주의사상은 인민대중을 자주적인 인간으로 키우는 위력한 무기[저널]/리옥희//철학탐구(조선).―2002,(4).―20-21
- 우리제도 제일주의정신의 본질[저널]/렴은진//철학탐구(조선).―2002,(4).―22-23
- 사회주의도덕건설에 관한 주체적리해[저널]/고영희//철학탐구(조선).―2002,(4).―24-25
- 주체사상이 밝힌 사회주의사회에서 정치와 도덕의 일치에 관한 사상의 과학성[저널]/강은희//철학탐구(조선).―2002,(4).―26-27
- 수령은 혁명적동지애의 중심[저널]/정성국//철학탐구(조선).―2002,(4).―28-29
- 혁명적동지애는 사회정치적생명을 빛내이며 값높은 삶을 누리게 하는 중요한 요인[저널]/송윤희//철학탐구(조선).―2002,(4).―30-31
- 동지적사랑과 혁명적의리는 사회주의도덕의 기초[저널]/리영분//철학탐구(조선).―2002,(4).―31-32
- 사회주의사회에서 상하간례의도덕의 본질[저널]/김성일//철학탐구(조선).―2002,(4).―33
- 사상교양사업을 대상의 특성과 준비정도에 맞게 하는것은 그 성과의 주요담보[저널]/리춘상//철학탐구(조선).―2002,(4).―34-35
- 사회주의사회에서 결혼의 륜리도덕적의미[저널]/리순옥//철학탐구(조선).―2002,(4).―36
- 현시기 인간개조,사상개조사업에서 주되는 투쟁대상[저널]/리만렬//철학탐구(조선).―2002,(4).―37-38
- 국가활동에서 민주주의를 구현하는것은 사회주의정치생활발전의 기본방도[저널]/김성식//철학탐구(조선).―2002,(4).―39-40
- 리수광의 애국적인 군사적견해[저널]/리순범//철학탐구(조선).―2002,(4).―41-42

- 미제의 인종주의의 특징[저널]/안영란//철학탐구(조선).—2002,(4).—45-46
- 개념습득과정의 본질적특징[저널]/신현주//철학탐구(조선).—2002,(4).—47
- <정보사회>론의 반동성[저널]/리해연//철학탐구(조선).—2002,(4).—48
- 중세 우리 나라에서 기유물론철학사상과 그 제한성[저널]/신순철//철학탐구(조선).—2002,(4).—43-44
- 위대한 수령 김일성동지께서 천명하신 혁명의 주인다운 자각,승리의 신심에 관한 사상[저널]/함성철//철학탐구(조선).—2003,(1).—2-3
- 혁명적신념의 사상정신적원천[저널]/김철//철학탐구(조선).—2003,(1).—3
- 경애하는 김정일동지는 새 세기의 앞길을 밝혀주시는 사상리론의 위대한 영재이시다[저널]/송승진//철학탐구(조선).—2003,(1).—4-6
- 경애하는 김정일장군님께서 지니신 위대한 인간적풍모에 대한 매혹[저널]/문일영//철학탐구(조선).—2003,(1).—7-8
- 우리사상제일주의는 위대한 김정일동지 사상제일주의[저널]/서철남//철학탐구(조선).—2003,(1).—9-10
- 우리 당의 선군혁명사상은 가장 철저한 반제자주사상[저널]/최학근//철학탐구(조선).—2003,(1).—11-12
- 위대한 령도자 김정일동지의 숭고한 인민애의 기초[저널]/김명실//철학탐구(조선).—2003,(1).—13-14
- 주체사상은 인간의 존엄과 가치를 최상의 경지에 이르게 한 사상[저널]/김정균//철학탐구(조선).—2003,(1).—15-16
- 사상은 인간성격을 특징짓는 근본요인[저널]/문원일//철학탐구(조선).—2003,(1).—17-18
- 사상이 신념으로 되는 합법칙적과정[저널]/최동명//철학탐구(조선).—2003,(1).—19-20
- 지식발전의 합법칙성[저널]/한성일//철학탐구(조선).—2003,(1).—21-23
- 사회발전수준을 규정하는 결정적요인을 인민대중을 중심으로 찾는 방법론적원칙[저널]/정철만//철학탐구(조선).—2003,(1).—24-25
- 대개조사업을 통한 사회주의사회발전의 합법칙적과정[저널]/김홍철//철학탐구(조선).—2003,(1).—26-27
- 사회주의사회의 본질과 그 발전의 원동력[저널]/강철//철학탐구(조선).—2003,(1).

—28-29

- 군민일치의 미풍을 높이 발휘하는것은 우리 혁명의 주체를 강화하기 위한 중요한 담보[저널]/김기철//철학탐구.(조선).—2003,(1).—30-31
- 우리식 사회주의사회에서 발현되는 영웅적인것의 특징[저널]/방명심//철학탐구(조선).—2003,(1).—32-33
- 민족애와 민족자주정신은 가장 옳바른 민족단결의 기초[저널]/리명국//철학탐구(조선).—2003,(1).—34-36
- 아름다움에 대한 주체적리해의 독창성[저널]/문영희//철학탐구(조선).—2003,(1).—37-38
- 인간의 미적요구[저널]/류경남//철학탐구(조선).—2003,(1).—39-40
- 홍대용의 우주자연관과 그 진보성[저널]/박문성//철학탐구(조선).—2003,(1).41-42
- 상과 그 제한성[저널]/한명국//철학탐구(조선).—2003,(1).—43-44
- 실학파의 인식론의 진보성[저널]/박경희//철학탐구(조선).—2003,(1).—45-46
- 개념의 정의방식[저널]/정웅//철학탐구(조선).—2003,(1).—47-48
- 위대한 수령 김일성동지는 뛰여난 품격과 자질을 지니신 걸출한 위인[저널]/최충일//철학탐구(조선).—2003,(2).—2-4
- 위대한 수령 김일성동지는 한없는 사랑과 믿음으로 인민대중의 운명을 보살펴 주신 자애로운 어버이[저널]/박혁철//철학탐구(조선).—2003,(2).—5-6
- 세계에 대한 주체적견해[저널]/최광철//철학탐구(조선).—2003,(2).—7-8
- 사람을 개조하는 투쟁의 본질[저널]/로성혁//철학탐구(조선).—2003,(2).—9-10
- 사상론의 견지에서 본 인간의 능동적사고활동의 특성[저널]/신현주//철학탐구(조선).—2003,(2).—11-12
- 수령에 대한 절대적 숭배심의 본질[저널]/오기철//철학탐구(조선).—2003,(2).—13-15
- 령도자의 두리에 뭉친 일심단결은 혁명의 천하지대본[저널]/박진숙//철학탐구(조선).—2003,(2).—16-17
- 집단주의원칙을 철저히 구현하는것은 사회주의위업을 옹호고수하기 위한 중요한 요구[저널]/한은경//철학탐구(조선).—2003,(2).—18-20
- 선군시대의 문화는 자주적인간의 문화정서적요구를 완벽하게 실현시켜 주는 우월한 문화[저널]/조종천//철학탐구(조선).—2003,(2).—21-24

- 선군사상에 의한 혁명의 주력군문제의 새로운 해명[저널]/류제일//철학탐구(조선).―2003,(2).―25-27
- 혁명은 신념이고 의지이며 배짱[저널]/리성환//철학탐구(조선).―2003,(2).―28-30
- 혁명적 신념과 량심은 혁명가의 가치와 품격을 결정하는 근본요인[저널]/신광재//철학탐구(조선).―2003,(2).―31-32
- 정치적생명의 요구를 실현하는 생활은 가장 값높고 보람찬 생활[저널]/한태봉//철학탐구(조선).―2003,(2).―33-34
- 정치와 도덕의 호상관계에 관한 견해의 력사적고찰[저널]/강은희//철학탐구(조선).―2003,(2).―35-36
- 창조적열정과 사색은 인식의 성과를 담보하는 추동력[저널]/민병소//철학탐구(조선).―2003,(2).―37-38
- 세계를 인식하기 위한 능동적사유과정의 합법칙성에 대한 주체적리해[저널]/백영기//철학탐구(조선).―2003,(2).―39-41
- 과학연구활동에서 사상적요인의 역할[저널]/리응범//철학탐구(조선).―2003,(2).―42-43
- 원쑤들을 끝없이 증오하는것은 혁명가가 지녀야할 원칙적태도[저널]/한광철//철학탐구(조선).―2003,(2).―44-45
- 기호론리학발전의 특징[저널]/강정순//철학탐구(조선).―2003,(2).―46
- 발해시기의 불교철학에 대하여[저널]/한명환//철학탐구(조선).―2003,(2).―47-48
- 위대한 수령 김일성동지께서 이룩하신 혁명업적의 영원한 생활력[저널]/최성학//철학탐구(조선).―2003,(3).―2-3
- 경애하는 김정일동지는 인민군대를 혁명의 주력군으로 키우신 위대한 령장[저널]/리영식//철학탐구(조선).―2003,(3).―4-6
- 세계에 대한 주체적견해는 가장 혁명적인 철학적 견해[저널]/최광철//철학탐구(조선).―2003,(3).―7-8
- 사상은 사회주의의 생명이며 가장 위력한 무기[저널]/우향숙//철학탐구(조선).―2003,(3).―9-10
- 선군사상은 공화국의 륭성번영을 위한 백전백승의 기치[저널]/김혁모//철학탐구(조선).―2003,(3).―11-14
- 사상은 인간의 가치를 결정하는 요인[저널]/채성희//철학탐구(조선).―2003,(3).―

15-16

- 민족적해방과 계급적해방의 선후차성에 관한 주체적견해[저널]/조성환//철학탐구(조선).—2003,(3).—17-19
- 위대한 령도자 김정일동지의 숭고한 동지애는 인민군대를 혁명의 주력군으로 강화발전시키게 하는 정신도덕적원천[저널]/리려진//철학탐구(조선).—2003,(3).—20-21
- 자연을 개조하는 인간의 창조적활동에서 정보과학기술의 역할[저널]/김류권//철학탐구(조선).—2003,(3).—22-23
- 사회정치적생명체에 대한 주체적리해[저널]/서성일//철학탐구(조선).—2003,(3).—24-27
- 공민적의무의 륜리도덕적성격[저널]/김경숙//철학탐구(조선).—2003,(3).—2.8-29
- 혁명적량심의 본질에 대한 주체적리해[저널]/송택호//철학탐구(조선).—2003,(3).—30-32
- 선군시대 우리 인민의 주도적사상감정[저널]/김문석//철학탐구(조선).—2003,(3).—33-34
- 종자는 인식과정의 생명을 담보하는 기본요인[저널]/신영균//철학탐구(조선).—2003,(3).—35-37
- 실학과의 인식론의 제한성[저널]/박경희//철학탐구(조선).—2003,(3).—38-39
- 고대 기유물론사상과 <천부경>[저널]/오혁철//철학탐구(조선).—2003,(3).—40-41
- 사람의 본질을 외곡하는 현대부르죠아철학의 반동적견해와 그 해독성[저널]/윤영희//철학탐구(조선).—2003,(3).—42-44
- 전병훈철학의 2원론적성격[저널]/량만석//철학탐구(조선).—2003,(3).—45-48
- 경애하는 김일성동지는 주체의 당건설 사상과 리론을 창시하시고 체계화하신 위대한 수령[저널]/김용진//철학탐구(조선).—2003,(4).—2-4
- 조선로동당은 위대한 김정일동지의 당[저널]/최성욱//철학탐구(조선).—2003,(4).—5-7
- 경애하는 김정일장군님께서 지니신 자애로운 인정미에 대한 우리 인민의 매혹[저널]/문일영//철학탐구(조선).—2003,(4).—8-9
- 주체철학은 위대한 정치철학[저널]/박정철//철학탐구(조선).—2003,(4).—10-12
- 사람의 본질에 관한 문제는 계급적리해관계를 반영한 사회정치적문제[저널]/김

혁//철학탐구(조선).—2003,(4).—13-15

- 사람의 생명의 특성에 대한 주체적리해[저널]/백원복//철학탐구(조선).—2003,(4). —16-17
- 인민대중의 본질에 대한 주체적견해의 정당성[저널]/고성희//철학탐구(조선).— 2003,(4).—18-20
- 민족발전의 합법칙성에 대한 주체의 리론[저널]/김창원//철학탐구(조선).— 2003,(4).—21-23
- 민족주의에 대한 주체적리해[저널]/조성환//철학탐구(조선).—2003,(4).—24-25
- 혁명적동지애에 기초한 통일단결은 가장 공고하고 위력한 통일단결[저널]/김재 창//철학탐구(조선).—2003,(4).—26-27
- 인간에 대한 사랑은 집단주의의 기초[저널]/한은경//철학탐구(조선).—2003,(4).— 28-30
- 도덕관의 신념화의 특징[저널]/리재순//철학탐구(조선).—2003,(4).—31-33
- 사회주의도덕은 가장 우월한 도덕[저널]/림영일//철학탐구(조선).—2003,(4).— 34-35
- 우리 인민의 영웅주의형성발전과정의 특성[저널]/량영일//철학탐구(조선).—2003, (4).—36-37
- 인간의 언어생활과 언어심리학[저널]/안명옥//철학탐구(조선).—2003,(4).—38-40
- 실학파의 무신론사상의 진보성[저널]/독고미영//철학탐구(조선).—2003,(4)—.41-43
- 철학을 부정하는 실증주의의 <반형이상학론>의 반동성[저널]/문광철//철학탐구 (조선).—2003,(4).—44-45
- 베이콘의 귀납론리사상에 대한 평가[저널]/최호찬//철학탐구(조선).—2003,(4).— 47-48
- 미신의 반동적본질과 그 해독성[저널]/김형국//철학탐구(조선).—2003,(4).—46
- 위대한 령도자 김정일동지는 온 사회의 주체사상화 강령을 선포하신 위대한 사상리론가이시다[저널]/채성희//철학탐구(조선).—2004,(1).—2-5
- 오늘의 시대는 위대한 김정일동지의 현명한 령도밑에 주체혁명위업이 전면적 으로 완성되여나가는 영광스러운 시대[저널]/우성섭//철학탐구(조선).—2004,(1). —6-9
- 경애하는 김정일동지는 선군혁명의 위대한 향도자이시다[저널]/서성일//철학탐

구(조선).—2004,(1).—10-11

- 반제군사전선은 선군혁명의 기본전선[저널]/리창식//철학탐구(조선).—2004,(1).—12-13
- 우리 인민의 혁명적락관주의의 뿌리[저널]/리금옥//철학탐구(조선).—2004,(1).—14-15
- 세계에 대한 주체적견해의 우월성[저널]/김보중//철학탐구(조선).—2004,(1).—16-17
- 인민대중의 창조적활동의 특성[저널]/김경희//철학탐구(조선).—2004,(1).—18-20
- 주체사상이 밝힌 사상개조의 합법칙적과정[저널]/허철수//철학탐구(조선).—2004,(1).—21-23
- 사회주의의 고유한 사상정신적기초[저널]/리명복//철학탐구(조선).—2004,(1).—24-25
- 강성대국건설의 활로를 열어나갈수 있게 한 근본비결[저널]/강현재//철학탐구(조선).—2004,(1).—26-29
- 선군시대에 새롭게 밝혀진 주체혁명위업완성의 주력군에 관한 사상[저널]/리영섭//철학탐구(조선).—2004,(1).—30-32
- 공민적의무는 공민의 영예이며 량심이고 의리[저널]/방명숙//철학탐구(조선).—2004,(1).—33-34
- 집단에 이바지하는 삶의 주요특징[저널]/박광일//철학탐구(조선).—2004,(1).—35-36
- 건전하고 풍부한 정서는 자주적인간이 지녀야 할 중요한 정신적풍모[저널]/김일순//철학탐구(조선).—2004,(1).—37-38
- 개념들사이의 류종관계와 그의 적용[저널]/박광일//철학탐구(조선).—2004,(1).—39-40
- 리규보의 유물론의 력사적지위[저널]/박영태//철학탐구(조선).—2004,(1).—41-42
- 하늘신숭배사상과 선인사상에 대한 고찰[저널]/오혁철//철학탐구(조선)—2004,(1).—43-44
- 최승로의 무신론[저널]/강명흡//철학탐구(조선).—2004,(1).—45-46
- 희극적인것의 본질적특성[저널]/조성보//철학탐구(조선).—2004,(1).—47-48
- 경애하는 김일성동지는 자주시대의 지도사상을 마련하신 위대한 사상리론가[저

널]/림수일//철학탐구(조선).—2004,(2).—2-4

- 경애하는 김정일동지는 우리 당을 김일성동지의 당으로 강화발전시키신 위대한 령도자[저널]/류제일//철학탐구(조선).—2004,(2).—5-6
- 위대한 수령 김일성동지께서 항일혁명투쟁시기에 밝혀주신 혁명적지조에 관한 사상[저널]/정성철//철학탐구(조선).—2004,(2).—7-9
- 주체사상은 선군정치의 뿌리[저널]/김룡진//철학탐구(조선).—2004,(2).—10-13
- 선군정치는 시대와 혁명의 요구를 가장 정확히 반영한 과학적인 정치방식[저널]/일명//철학탐구(조선).—2004,(2).—14-16
- 주체철학이 밝힌 인간에 대한 철학적고찰의 과학적방법론[저널]/김광일//철학탐구(조선).—2004,(2).—17-19
- 세계에 대한 주체의 관점과 립장은 가장 혁명적인 관점과 립장[저널]/홍영삼//철학탐구(조선).—2004,(2).—20-21
- 철학적방법론의 본질[저널]/리강섭//철학탐구(조선).—2004,(2).—22-23
- 군인품성은 선군시대 인간의 정신도덕적품성의 높이[저널]/김경숙//철학탐구(조선).—2004,(2).—24-25
- 인간개조사업은 사회주의사회발전의 선차적요구[저널]/김동건//철학탐구(조선).—2004,(2).—26-27
- 3대개조사업발전의 합법칙성에 관한 주체적견해[저널]/우향숙//철학탐구(조선).—2004,(2).—28-30
- 사람위주의 사회주의는 사람에 대한 주체적관점과 립장에 기초한 과학적인 사회주의[저널]/한경진//철학탐구(조선).—2004,(2).—31-32
- 사회주의 본질은 집단주의[저널]/최광룡//철학탐구(조선).—2004,(2).—33-35
- 류형원의 진보적인 국방사상[저널]/김종훈//철학탐구(조선).—2004,(2).—36-38
- 최한기의 감성적인식과 리성적인식에 대한 견해[저널]/박경희//철학탐구(조선).—2004,(2).—39-41
- 17-19세기 인물성동이론에 반영된 사람의 본성문제[저널]/최원철//철학탐구(조선).—2004,(2).—42-43
- 동일법칙의 기본연구[저널]/김철현//철학탐구(조선).—2004,(2).—44-45
- 뻴로야르론리학사상과 그 제한성[저널]/최호찬//철학탐구(조선).—2004,(2). 46-48
- 김일성동지는 영원한 주체의 태양이시다[저널]/리정철//철학탐구(조선).—2004,(3).

—2-4

- 위대한 수령 김일성동지께서 혁명사상발전에 공헌하신 불멸의 업적[저널]/김향영//철학탐구(조선).—2004,(3).—5-7
- 사상의 철학적 기초[저널]/리영봉//철학탐구(조선).—2004,(3).—8-9
- 혁명의 수뇌부는 일심단결의 근본핵[저널]/전순애//철학탐구(조선).—2004,(3).—10-11
- 온 사회를 선군혁명사상으로 일색화하는것은 선군시대 사회주의위업수행의 합법칙적요구[저널]/리선녀//철학탐구(조선).—2004,(3).—12-13
- 선군정치는 우리식 사회주의의 생명선[저널]/리영섭//철학탐구(조선).—2004,(3).—14-16
- 선군정치는 혁명적군인정신을 근본바탕으로 하는 독창적이며 위력한 정치[저널]/리금희//철학탐구(조선).—2004,(3).—17-18
- 사회주의정치방식을 창조하는것은 사회주의제도가 선 다음 제기되는 중요한 력사적과제[저널]/정만호//철학탐구(조선).—2004,(3).—19-21
- 혁명의 본질에 대한 주체적견해의 독창성[저널]/리상준//철학탐구(조선).—2004,(3).—22-23
- 근로인민대중은 사회주의사회에서 과학기술발전의 담당자[저널]/박선녀//철학탐구(조선).—2004,(3).—24-25
- 실력은 곧 창조적능력[저널]/백원성//철학탐구(조선).—2004,(3).—26-28
- 도덕수양의 심리적특징[저널]/김희성//철학탐구(조선).—2004,(3).—29-31
- 례의도덕의 본질과 역할[저널]/김완선//철학탐구(조선).—2004,(3).—32-34
- 애국문화계몽사상가들의 사회 력사관확립의 출발점[저널]/허성진//철학탐구(조선).—2004,(3).—35-36
- 고구려의 애국적상무사상의 특징[저널]/윤종관//철학탐구(조선).—2004,(3).—37-38
- 범진의 유물론사상[저널]/최철진//철학탐구(조선).—2004,(3).—39-40
- 록크의 <인간지성론>의 기본사상과 그 제한성[저널]/강남수//철학탐구(조선).—2004,(3).— 42-44
- 리규보의 무신론사상[저널]/리명일//철학탐구(조선).—2004,(3).—45-46
- 사회생물학의 허황성[저널]/김금남//철학탐구(조선).—2004,(3).—47-48
- 아름다운것에 대한 체르늬쉡쓰끼의 견해와 그 제한성[저널]/김순영//철학탐구(조

선).—2004,(3).—41

- 위대한 령도자 김정일동지께서 밝혀주신 사회주의리념에 관한 사상은 가장 과학적이며 혁명적인 사상[저널]/황동철//철학탐구(조선).—2004,(4).—2-3
- 선군은 사회주의강성대국건설의 불패의 기치[저널]/리정철//철학탐구(조선).—2004,(4).—4-5
- 주체사상은 종자론의 세계관적기초[저널]/김영오//철학탐구(조선).—2004,(4).—6-7
- 자주성,창조성,의식성은 인간의 개성과 그의 활동과정을 통하여 발현되는 속성[저널]/김광일//철학탐구(조선).—2004,(4).—8-10
- 자주적인 사상의식의 본질[저널]/김성현//철학탐구(조선).—2004,(4).—11-12
- 사람위주의 원리에 기초한 세계발전의 합법칙성[저널]/연정술//철학탐구(조선).—2004,(4).—13-14
- 세계에 대한 주체적인 관점과 립장은 인식과 실천의 위력한 방법론적무기[저널]/김보중//철학탐구(조선).—2004,(4).—15-17
- 사람의 창조성을 규정하는 기본요인은 과학기술지식[저널]/홍영삼//철학탐구(조선)—2004,(4)—18-19
- 사회적관계에 대한 주체적리해[저널]/서성일//철학탐구(조선).—2004,(4).—20-22
- 착취사회는 개인주의에 기초한 사회[저널]/조금철//철학탐구(조선).—2004,(4).—23-25
- 사생결단의 투쟁관점은 계급투쟁에 대한 혁명적관점의 중요내용[저널]/최정민//철학탐구(조선).—2004,(4).—26-27
- 모든 사업에서 종자를 옳게 골라잡고 실리를 보장하는 원칙[저널]/김오성//철학탐구(조선).—2004,(4).—28-29
- 우리 인민의 우수한 민족적전통을 적극 살려나가는것은 민족성을 고수하기 위한 중요한 요구[저널]/김경숙//철학탐구(조선).—2004,(4).—30-31
- 아름답고 고상한 사상정신적풍모를 지닌 인간에 대한 매혹[저널]/문일영//철학탐구(조선).—2004,(4).—32-33
- 사상수양의 본질과 특성[저널]/김희성//철학탐구(조선).—2004,(4).—34-35
- 과학적인식에서 리용되는 기호의 특징[저널]/장광현//철학탐구(조선).—2004,(4).—36-38

- 근세 개화사상,애국계몽사상에 의한 실학사상의 계승발전[저널]/정성철//철학탐구(조선).—2004,(4).—39-42
- 리준의 반봉건,반침략애국사상[저널]/허성진//철학탐구(조선).—2004,(4).—43-44
- 최한기의 추리에 대한 견해[저널]/김춘숙//철학탐구(조선).—2004,(4).—45-46
- 데까르뜨의 사상과 그 제한성[저널]/정심//철학탐구(조선).—2004,(4).—47-48
- 위대한 령도자 김정일동지께서 선군정치를 펼치신것은 특출한 력사적공적[저널]/서성일//철학탐구(조선).—2005,(1).—2-3
- 김정일동지는 동지애의 철학으로 우리 혁명을 승리에로 이끄시는 희세의 위인이시다[저널]/문일영//철학탐구(조선).—2005,(1).—4-5
- 경애하는 김정일동지께서 펼치신 선군정치는 인민군대를 혁명의 주력군으로 내세운 위대한 사회주의 정치방식[저널]/김봉수//철학탐구(조선).—2005,(1).—6-7
- 선군정치는 혁명적동지애의 원리를 구현한 정치방식[저널]/김오성//철학탐구(조선).—2005,(1).—8-9
- 선군정치는 철학적사색으로 정화된 정치[저널]/최성욱//철학탐구(조선).—2005,(1).—10-11
- 혁명의 수뇌부를 근본핵으로 하는 일심단결은 선군혁명의 최강의 무기[저널]/정도일//철학탐구(조선).—2005,(1).—12-13
- 당,군,청의 일심단결을 강화하는것은 혁명의 주체의 위력을 높이기 위한 중요한 담보[저널]/박주관//철학탐구(조선).—2005,(1).— 14-16
- 수령에 대한 충실성을 깊이 간직하도록 하는것은 사회주의도덕교양의 중심[저널]/김정순//철학탐구(조선).—2005,(1).—17-18
- 혁명적락관주의는 혁명의 성패를 좌우하는 중요한 요인[저널]/리철수//철학탐구(조선).—2005,(1).—19-20
- 혁명적의리에 기초한 혁명대오의 통일단결은 가장 공고하고 위력한 통일단결[저널]/김철만//철학탐구(조선).—2005,(1).—21-22
- 주체철학이 밝혀주는 인간의 운명개척의 근본방도[저널]/김광일//철학탐구(조선).—2005,(1).—23-25
- 철학의 근본문제에 대한 새로운 해명[저널]/최순옥//철학탐구(조선).—2005,(1).—26-27
- 사람은 세계에서 가장 귀중한 존재[저널]/채성희//철학탐구(조선).—2005,(1).—

28-29
- 유모아의 미학적 본질과 그 특징[저널]/김명철//철학탐구(조선).—2005,(1).—30-31
- 사회관리에서 기대심리의 응용[저널]/안명옥//철학탐구(조선).—2005,(1).—32-34
- 우리 나라 근대사상가들의 주체에 대한 견해[저널]/김성혁//철학탐구(조선).—2005,(1).—35-36
- 리조시기 선인사상의 진보적성격[저널]/최철남//철학탐구(조선).—2005,(1).—37-38
- 홍대용의 인식론[저널]/최영순//철학탐구(조선)—2005,(1).—39-40
- 동방철학사에서 인간의 발전에 관한 주요사상[저널]/고창선//철학탐구(조선).—2005,(1).—41-42
- 고대그리스의 인간철학과 그 제한성[저널]/김혜경//철학탐구(조선).—2005,(1).—43-44
- 주사와 빈사의 론리적관계에 따르는 단순판단의 정확성[저널]/량승남//철학탐구(조선).—2005,(1).—45-46
- 사유의 규정성에 대한 리해[저널]/김철현//철학탐구(조선).—2005,(1).—47-48
- 경애하는 김일성동지는 탁월한 선군령도로 우리 혁명의 백전백승을 안아오신 위대한 수령이시다[저널]/최학근//철학탐구(조선).—2005,(2).—2-5
- 위대한 수령 김일성동지는 군사중시사상을 창조하시고 일관하게 견지하신 탁월한 사상리론가이시다[저널]/문성세//철학탐구(조선).—2005,(2).—6-8
- 우리 당 선군정치의 기초를 마련하신 위대한 수령 김일성동지의 불멸의 업적[저널]/진승근//철학탐구(조선).—2005,(2).—9-10
- 주체의 선군사상에 의한 사회주의의 생명선에 관한 문제의 독창적해명[저널]/최광룡//철학탐구(조선).—2005,(2).—11-12
- 선군사상을 신념화하는것은 우리 당의 선군정치를 충성으로 받들어나가는데서 나서는 중요요구[저널]/김경희//철학탐구(조선).—2005,(2).—13-14
- 인민군대식은 선군시대의 위력한 창조방식[저널]/리문일//철학탐구(조선).—2005,(2).—15-16
- 우리식 사회주의는 정보산업을 빨리 발전시켜나갈수 있게 하는 우월한 사회[저널]/우성섭//철학탐구(조선).—2005,(2).—17-18

- 조선민족의 정신도덕적우수성의 본질에 대한 리해[저널]/김수란//철학탐구(조선).—2005,(2).—19-20
- 주체철학의 근본원리는 사람과 세계와의 관계문제에 해답을 준 독창적인 원리[저널]/리영식//철학탐구(조선).—2005,(2).—21-22
- 인민대중은 가치평가의 주체[저널]/리정현//철학탐구(조선).—2005,(2).—23-25
- 계급투쟁의 본질[저널]/리창식//철학탐구(조선).—2005,(2).—25-27
- 자연과 사회의 개조를 통하여 인민대중의 지위와 힘이 장성하는 합법칙적과정[저널]/김정혁//철학탐구(조선).—2005,(2).—28-29
- 재능형성발전의 합법칙적 과정[저널]/홍준식//철학탐구(조선).—2005,(2).—30-31
- 홍대용의 애국주의사상[저널]/최영순//철학탐구(조선).—2005,(2).—32-33
- 김시습의 무신론사상[저널]/김수영//철학탐구(조선).—2005,(2).—34-35
- 장유의 유물론사상[저널]/리순범//철학탐구(조선).—2005,(2).—36-37
- 권근의 관념론적자연관[저널]/오혁철//철학탐구(조선).—2005,(2).—38-39
- 미의 본질에 대한 맑스주의적 견해와 그 제한성[저널]/김명철//철학탐구(조선).—2005,(2).—40-41
- 유럽철학사에서 인간의 발전에 관한 사상[저널]/고창선//철학탐구(조선).—2005,(2).—42-44
- 루쏘의 계몽주의사상과 그 제한성[저널]/정심//철학탐구(조선).—2005,(2).—45-46
- 현대부르죠아 <정보사회론>의 반동적본질[저널]/로승일//철학탐구(조선).2005,(2).—47-48
- 주체사상과 독창적인 선군의 원리[저널]/윤상선//철학탐구(조선).—2005,(2).—표지3면
- 경애하는 수령 김일성동지는 선군의 기치밑에 전진하는 공화국의 영광스러운 력사를 펼쳐주신 위대한 애국자이시다[저널]/우향숙//철학탐구(조선).—2005,(3).—2-4
- 위대한 수령 김일성동지께서 이룩하신 불멸의 건국업적은 공화국의 륭성번영을 위한 튼튼한 담보[저널]/최충일//철학탐구(조선).—2005,(3).—5-7
- 경애하는 김정일동지께서 밝히신 혁명적동지애가 우리 당의 정치철학이라는 사상의 위대성[저널]/최성욱//철학탐구(조선).—2005,(3).—8-9
- 주체철학이 밝힌 사회적운동의 자주적이며 창조적이며 의식적인 특성에 대한

리해[저널]/고형선//철학탐구(조선).―2005,(3).―10-11
- 사람의 발전의 사회력사적성격[저널]/고창선//철학탐구(조선).―2005,(3).―12-13
- 자주성을 규정하는 결정적요인은 자주적인 사상의식[저널]/홍영삼//철학탐구(조선).―2005,(3).―14-15
- 혁명의 수뇌부보위는 우리 당과 군대와 인민의 첫째가는 임무[저널]/차선일//철학탐구(조선).―2005,(3).―16-17
- 선군정치는 사상론을 구현한 정치[저널]/김춘식//철학탐구(조선).―2005,(3).―18-19
- 선군혁명로선은 나라와 민족의 자주적발전의 길을 밝혀주는 혁명로선[저널]/로승일//철학탐구(조선).―2005,(3).―19-20
- 혁명적군인정신은 위대한 선군시대를 상징하고 대표하는 숭고한 혁명정신[저널]/김춘남//철학탐구(조선).―2005,(3).―21-22
- 군사선행의 원칙의 정당성[저널]/최철옥//철학탐구(조선).―2005,(3).―23-24
- 군사중시로선은 사회주의를 지키고 성과적으로 건설하기 위한 정당한 로선[저널]/문성세//철학탐구(조선).―2005,(3).―24-26
- 혁명적군인품성은 강성대국건설자가 지녀야 할 고상한 사상정신적풍모[저널]/리봉수//철학탐구(조선).―2005,(3).―27-28
- 사람을 귀중히 여기고 인간을 사랑하는 미풍은 우리 사회발전의 강력한 추동력[저널]/고유성//철학탐구(조선).―2005,(3).―29-30
- 포부와 리상을 가지는것은 행복한 생활을 창조하기 위한 필수적요구[저널]/김일순//철학탐구(조선).―2005,(3).―31-32
- 주체미학이 새롭게 밝힌 미의 기준에 관한 사상의 정당성과 과학성[저널]/리태숙//철학탐구(조선).―2005,(3).―33-35
- 도덕적습성형성에서 나서는 심리학적문제[저널]/신은섭//철학탐구(조선).―2005,(3).―35-36
- 고려시기 불교전파의 특징[저널]/박순애//철학탐구(조선).―2005,(3).―37-38
- 리돈화의 사회력사에 대한 견해와 그 제한성[저널]/리철웅//철학탐구(조선).―2005,(3).―38-40
- 리수광의 철학적견해[저널]/리동학//철학탐구(조선).―2005,(3).―41-42
- 근세 서방철학에서 세계의 본질에 대한 리해와 그 제한[저널]/성정심//철학탐구

(조선).—2005,(3).—43-44

- 권근의 철학사상[저널]/리영옥//철학탐구(조선).—2005,(3).—45-46
- 김초,박초의 배불론[저널]/김영길//철학탐구(조선).—2005,(3).—46-48
- 음양5행설[저널]/일명//철학탐구(조선).—2005,(3).—3
- 위대한 수령 김일성동지께서 우리 당을 창건하신것은 주체형의 사회집권당건 설의 새 기원을 열어놓으신 력사적사변[저널]/신영남//철학탐구(조선).—2005,(4). —2-4
- 세계에 대한 주체적인 관점과 립장은 가장 혁명적인 관람과 립장[저널]/류제일 //철학탐구(조선).—2005,(4).—5-7
- 사회적존재라는데로부터 출발하는것은 인간고찰의 중요한 방법론적원칙[저널]/ 허성규//철학탐구(조선).—2005,(4).—8-9
- 사람의 본질에 관한 문제는 계급적리해관계를 반영한 사회정치적문제[저널]/리 영봉//철학탐구(조선).—2005,(4).—10-11
- 주체의 주동적인 작용과 역할에 의한 사회법칙의 작용[저널]/문영옥//철학탐구 (조선).—2005,(4).—12-13
- 육체적생명보다 사회정치적생명을 더 귀중히 여기는것은 사람의 본성적 요구 [저널]/최광룡//철학탐구(조선).—2005,(4).—14-15,36
- 민족주의의 본질과 진보성[저널]/김덕유//철학탐구(조선).—2005,(4).—16-18
- 온 사회에 사회주의도덕관을 확립하는것은 사회주의공고발전의 근본담보[저 널]/김경숙//철학탐구(조선).—2005,(4).—19-20
- 혁명적군인문화의 중요특징[저널]/조종천//철학탐구(조선).—2005,(4).—21-22
- 사상문화분야에서 계급투쟁을 힘있게 벌리는것은 사회주의위업수행의 필수적 요구[저널]/김원식//철학탐구(조선).—2005,(4).—23-25
- 례절문화의 확립이 사회와 그 발전에서 노는 역할[저널]/김병화//철학탐구(조선). —2005,(4).—26-27
- 과학연구사업에서 창조적사고능력이 노는 역할[저널]/최충일//철학탐구(조선).— 2005,(4).—28-29
- 재능의 본질[저널]/홍준식//철학탐구(조선).—2005,(4).—32-33
- 인민민주주의의 본질과 특징[저널]/현웅삼/선).—2005,(4).—34-36
- 애국문화계몽사상가들의 문화개혁사상과 그 제한성[저널]/리은경//철학탐구(조

선).―2005,(4).―37-38,41

- 비극적인것에 대한 맑스주의적견해와 그 제한성[저널]/정영희//철학탐구(조선). ―2005,(4).―39-41
- 토인비의 인간에 대한 견해의 반동성[저널]/리영옥//철학탐구(조선).―2005,(4).― 42-43
- 원효의 론리사상[저널]/최호찬//철학탐구(조선).―2005,(4).―44
- 신채호의 사회력사관[저널]/한원철//철학탐구(조선).―2005,(4).―45-47
- 범주[저널]/정웅//철학탐구(조선).―2005,(4).―48
- <화엄일승법계도>의 의미[저널]/한명환//철학탐구(조선).―2005,(4).―49
- 정보과학기술은 인간의 창조적능력을 증대시키는 힘있는 추동력[저널]/김영민// 철학탐구(조선).―2005,(4).―30-31
- 위대한 령도자 김정일동지께서 높이 추켜드신 선군의 기치는 운명개척을 위한 불멸의 기치[저널]/박성혁//철학탐구(조선).―2006,(1) .―2-3
- 김일성민족의 정신도덕적재부는 우리 민족의 가장 값높은 혁명유산[저널]/리광 우//철학탐구(조선).―2006,(1).―4-6
- 사람에 대한 철학적 고찰의 출발점[저널]/홍영삼//철학탐구(조선).―2006,(1).― 7-8
- 인민대중을 힘있는 존재로 키우는것은 사회발전의 합법칙적요구[저널]/김영진/ 선).―2006,(1)―9-10
- 로동계급의 계급의식의 형성발전[저널]/장은숙//철학탐구(조선).―2006,(1).―11-12
- 사회주의위업수행에서 민족들의 발전과정[저널]/박봉문//철학탐구(조선).―2006, (1).―13-14
- 혁명적군인정신은 선군시대 사람들이 따라배워야 할 정신[저널]/강철//철학탐구 (조선).―2006,(1).―15-16
- 참다운 민족주의에 대한 주체적리해[저널]/리송수//철학탐구(조선).―2006,(1).― 17-18
- 기적은 인민들이 준 필연[저널]/리성철//철학탐구(조선).―2006,(1).―19-21
- 혁명적인 문화정서생활은 선군시대 자주적인간의 참다운 생활[저널]/조종천//철 학탐구(조선).―2006,(1).―22-23
- 강성대국과 인류도덕[저널]/리춘상//철학탐구(조선).―2006,(1).―24

- 과학연구활동에서 창조적상상력이 노는 역할[저널]/서태선//철학탐구(조선).—2006,(1).—25-26
- 관계판단과 그 론리적요구[저널]/리용석//철학탐구(조선).—2006,(1).—27-29
- 언어교제환경속에서의 판단연구[저널]/리윤철//철학탐구(조선).—2006,(1).—30-31
- 우리 나라 근대사상가들이 제기한 국가론의 의의와 그 제한성[저널]/유림//철학탐구(조선).—2006,(1).—32-33
- 리규보의 <경농>사상[저널]/정도일//철학탐구(조선).—2006,(1).—34-35
- 우리 민족이 고대일본의 초기 불교철학발전에 준 영향[저널]/한명환//철학탐구(조선).—2006,(1).—36-37
- 고대중국의 덕치사상과 그 반동성[저널]/장일경//철학탐구(조선).—2006,(1).—38-40
- 현대 부르죠아사회력사관의 반동성[저널]/최철웅//철학탐구(조선).—2006,(1).—41-43
- 서경덕이 밝힌 세계의 시원 및 운동에 관한 견해[저널]/변정암//철학탐구(조선).—2006,(1).—44-45
- 박은식의 사회력사관[저널]/박춘란//철학탐구(조선).—2006,(1).—46-48
- 선군시대[저널]/지동히//철학탐구(조선).—2006,(1).—표지2면.
- 위대한 수령 김일성동지께서 회고록 <세기와 더불어>에서 밝히신 선군혁명사상의 시점[저널]/리영봉//철학탐구(조선).—2006,(2).— 2-3,14
- 우리 수령제일주의정신[저널]/김보증//철학탐구(조선).—2006,(2).—4-5
- 혁명적군인정신은 선군시대 우리 인민들이 지녀야 할 숭고한 혁명정신[저널]/강남수//철학탐구(조선).—2006,(2)
- 혁명의 주력군문제를 새롭게 밝힌 선군사상의 독창성과 위대성[저널]/전하철/선).—2006,(2).—7-8
- 자주성,창조성,의식성은 사람이 사회적관계를 맺고 활동하는 사회력사적과정에 형성되고 발전[저널]/[익명]탐구(조선).—2006,(2).—9-11
- 자주적요구는 자주성에 기초한 사회적인간의 본성적요구[저널]/류제일//철학탐구(조선).—2006,(2).—12-14
- 사상진지를 공고히 하는것은 사회주의의 불패성의 확고한 담보[저널]/리영섭//철학탐구(조선).—2006,(2).—15-16,21

- 사회주의적애국주의교양을 강화하는것은 우리 혁명의 새로운 발전단계의 중요요구[저널]/강현재//철학탐구(조선).—2006,(2).—17-19
- 항일혁명투사들이 지녔던 조국에 대한 사랑은 조국애의 최고정화[저널]/박정남//철학탐구(조선).—2006,(2).—20-21
- 인류도덕교양에서 나서는 몇가지 문제[저널]/김경숙//철학탐구(조선).—2006,(2).—22-24,27
- 민족적전통을 적극 살려나가는것은 민족성고수의 필수적요구[저널]/방용필//철학탐구(조선).—2006,(2).—25-27
- 건축미창조의 주체[저널]/박명남//철학탐구(조선).—2006,(2).—28-29,31
- 사고의 본질과 특징[저널]/최충일//철학탐구(조선).—2006,(2).—30-31
- 우리 나라 중세인신론발전의 일반적특징[저널]/리덕남//철학탐구(조선).—2006,(2).—32-34,45
- 리익의 사회력사관의 진보성과 제한성[저널]/리택수//철학탐구(조선).—2006,(2).—35-36
- 세계의 전반적련관에 관한 헤겔의 견해와 그 제한성[저널]/정심//철학탐구(조선).—2006,(2).—37-38
- 삶의 본질에 대한 토인비견해의 반동성[저널]/리영옥//철학탐구(조선).—2006,(2).—39-40
- 사회의 본질을 외곡하는 사회생물학의 반동성[저널]/김금남//철학탐구(조선).—2006,(2).—41-42
- 건축의 내용미[저널]/리성//철학탐구(조선).—2006,(2).—43-45
- 재능형성발전의 요인[저널]/홍준식//철학탐구(조선).—2006,(2).—46-47
- 18세기 계몽기 유럽에서 제창된 <인민민주주의리론>[저널]/김형국//철학탐구(조선).—2006,(2).—48
- 위대한 수령 김일성동지께서 창시하신 주체사상은 사람중심의 새로운 철학사상[저널]/리철웅//철학탐구(조선).—2006,(3).—2-3
- 위대한 령도자 김정일동지께서 펼치시는 우리 당의 선군정치는 사람들에게 값높은 삶을 안겨주는 정치[저널]/김정애//철학탐구(조선).—2006,(3).—4-5
- 주체사상이 밝힌 세계에 대한 새로운 견해[저널]/장은숙//철학탐구(조선).—2006,(3).—6-7

- 사람은 자주성,창조성,의식성을 가진 사회적존재[저널]/김명철//철학탐구(조선). —2006,(3).—8-10
- 사람은 자주성을 가진 존재,자주적인 사회적존재[저널]/김철혁//철학탐구(조선). —2006,(3).—11-12
- 주체철학의 근본원리는 세계에서 사람이 차지하는 지위와 역할을 밝힌 사람중심의 철학적원리[저널]/김동건//철학탐구(조선).—2006,(3).—13,16
- 자주적립장은 혁명과 건설에서 지켜야 할 근본립장[저널]/한광철//철학탐구(조선).—2006,(3).—14-16
- 총대철학은 총대를 중심에 놓고 혁명운동의 합법칙성을 밝힌 독창적인 철학[저널]/서성일//철학탐구(조선).—2006,(3).—17-19
- 사회정치적자주성을 실현하는것은 인민대중의 자주성을 위한 투쟁에서 선차적으로 나서는 문제[저널]/리금옥//철학탐구(조선).—2006,(3).—20-21
- 인민대중은 혁명과 건설의 주인이며 결정적력량[저널]/리영봉//철학탐구(조선). —2006,(3).—22-23
- 선군시대 사회주의문화건설은 강성대국건설의 중요목표[저널]/조종천//철학탐구(조선).—2006,(3).—24-26
- 뜨거운 인간들이 하는것이 선군[저널]/김경숙//철학탐구(조선).—2006,(3).— 27-29
- 사회주의강성대국건설에서 우리 인민들이 지녀야 할 혁명적신념[저널]/박길성//철학탐구(조선).—2006,(3).—28-29
- 인민적도덕유산의 본질에 대한 리해[저널]/김수란//철학탐구(조선).--2006,(3).—30-31
- 혁명적동지애는 곧 혁명[저널]/김룡진//철학탐구(조선).—2006,(3).—32-33.37
- 과거 조선민족의 천자관에 대하여[저널]/변정암//철학탐구(조선).—2006,(3).—34-37
- 기정진철학의 신비주의적,숙명론적성격[저널]/최원철//철학탐구(조선).—2006,(3). —38-43
- 철학의 고유한 사명을 부정하는 부르죠아 <과학철학>의 반동성[저널]/차용현//철학탐구(조선).—2006,(3)3.—9-40,45
- 미국식 <민주주의>전파책동의 반동적본질[저널]/양철남//철학탐구(조선).—2006, (3).—41-43

- 류추적방법과 그 응용[저널]/최호찬//철학탐구(조선).─2006,(3).─44-45
- 날로 더욱 반동화되여가고있는 현대부르죠아철학의 최근동향[저널]/김주철//철학탐구(조선).─2006,(3).─46,48
- 위대한 령도자 김정일동지의 현명한 령도에 의한 선군시대 평등과 동지적사랑의 원리구현[저널]/홍영일//철학탐구(조선).─2006,(4).─2-4,7
- 사람의 발전은 사회발전의 기초[저널]/류제일//철학탐구(조선).─2006,(4).─5-7
- 인민대중의 창조적힘을 키우는것은 그들의 창조적역할을 높이기 위한 선결조건[저널]/우성섭//철학탐구(조선).─2006,(4).─8-9
- 사상의식은 혁명과 건설에서 노는 사람들의 역할을 규제하는 결정적요인[저널]/허광섭/(조선).─2006,(4).─10-11,15
- 사회개조,자연개조,인간개조는 인민대중의 자주성을 위한 투쟁의 력사적 과업[저널]/림수일//철학탐구(조선).─2006,(4).─12-15
- 집단주의의 본질[저널]/한연히//철학탐구(조선).─2006,(4).─16-18,21
- 혁명적동지애형성발전의 합법칙성[저널]/김광일//철학탐구(조선).─2006,(4).─19-21
- 우리 나라 사회주의의 본질적우월성[저널]/김재창//철학탐구(조선).─2006,(4).─22-23,25
- 군력강화는 국력강화에서 기본[저널]/김무렬//철학탐구(조선).─2006,(4).─24-25
- 생활환경을 선군시대의 요구에 맞게 문화적으로 꾸리는것은 숭고한 애국사업[저널]/한금실//철학탐구(조선).─2006,(4).─26-27
- 량심과 의리는 사람들을 자각적이고 아름다운 행동에로 추동하는 정신적힘의 원천[저널]/최재길//철학탐구(조선).─2006,(4).─28-29,31
- 제국주의의 사상문화적침투의 반동성과 해독성[저널]/우향숙//철학탐구(조선).─2006,(4).─30-31
- 동학의 <지기>설에 대하여[저널]/량만석//철학탐구(조선).─2006,(4).─32-34,44
- 리이의 륜리사상[저널]/변정암//철학탐구(조선).─2006,(4).─35-38,47
- 조선중세철학사에서 종교관념론적인성론과 그것이 사회발전에 미친 해독적영향[저널]/한성록//철학탐구(조선).─2006,(4).─39-41
- 민족주의와 국제주의의 호상관계에 관한 맑스주의적견해와 그 제한성[저널]/권효남//철학탐구(조선).─2006,(4).─42-44
- 심리연구에서 자료의 수집과 분류[저널]/박정철//철학탐구(조선).─2006,(4).─

45-47
- 대현의 론리사상[저널]/최호찬//철학탐구(조선).—2006,(4).—48
- 위대한 령도자 김정일동지께서 심화발전시키신 선군사상에 의한 주체의 령도방법[저널]/강현재//철학탐구(조선).—2007,(1).—2-47
- 위대한 령도자 김정일동지께서 밝혀주신 혁명적동지애의 본질[저널]/하영애//철학탐구(조선).—2007,(1).—5-7
- 자주성을 지키는것은 사회적인간의 절대적요구이며 기본권리[저널]/김룡진//철학탐구(조선).—2007,(1).—8-11
- 인간개조는 본질에 있어서 사상개조[저널]/박명남//철학탐구(조선).—2007,(1).—12-14
- 창조적립장은 혁명과 건설에서 의거하여야 할 근본방법[저널]/림철//철학탐구(조선).—2007,(1).—15-16
- 사상의식은 사람의 가치를 평가하는 척도[저널]/림철호//철학탐구(조선).—2007,(1).—17-18,25
- 혁명적군인정신은 위대한 선군시대를 대표하는 혁명정신[저널]/방명숙//철학탐구(조선).—2007,(1).—19-21
- 혁명운동에서 지도문제는 본질에 있어서 인민대중에 대한 당과 수령의 령도문제[저널]/림수일//철학탐구(조선).—2007,(1).—22-25
- 혁명승리에 대한 신념은 혁명가들의 생명[저널]/리영철//철학탐구(조선).—2007,(1).—26-27
- 혁명적량심은 혁명하는 사람의 생명[저널]/김완선//철학탐구(조선).—2007,(1).—28-30
- 영웅적인 삶은 인간의 자주적이며 창조적인 본성에 맞는 값높은 삶/김영희//철학탐구(조선).—2007,(1).—31-32
- 집단주의적생활은 인간완성의 담보[저널]/한연히//철학탐구(조선).—2007,(1).—33-34
- 민족주의에 대한 리해에서 제기되는 몇가지 문제[저널]/전미영//철학탐구(조선).—2007,(1).—35-37
- 자력갱생,간고분투의 혁명정신의 본질[저널]/공영수//철학탐구(조선).—2007,(1).—38-39
- 환경을 아름답게 꾸리는것은 시대발전의 요구[저널]/한금실//철학탐구(조선).—2007,(1).—40,46
- 리유충족법칙의 본질과 기본내용[저널]/김영호//철학탐구(조선).—2007,(1).—41-42

- 우리 나라 중세인성론에서의 유물론적요소[저널]/한성록//철학탐구(조선).─2007,(1).─43-44
- 학교에서 교육적교제의 본질[저널]/조광철//철학탐구(조선).─2007,(1).─45-46
- 개념과 다의어[저널]/문혜경//철학탐구(조선).─2007,(1).─47-48
- 수령 결사옹위정신[저널]/최성희//철학탐구(조선).─2007,(1).─49
- 경애하는 김일성동지는 만민을 안아주고 이끌어주시는 위대한 태양[저널]/김경숙//철학탐구(조선).─2007,(2).─2-4
- 선군사상창시의 사회력사적조건[저널]/서성일//철학탐구(조선).─2007,(2).─5-7
- 우리 당의 선군정치는 철학적사색으로 정화된 정치[저널]/유병호//철학탐구(조선).─2007,(2).─8-9
- 혁명은 총대에 의하여 개척되고 전진하며 완성된다는것은 선군사상이 밝힌 독창적인 선군혁명원리[저널]/김호경//철학탐구(조선).─2007,(2).─10-11
- 주체철학이 새롭게 내세운 중요한 철학적과제[저널]/홍영삼//철학탐구(조선).─2007,(2).─12-13
- 사람은 사회적집단속에서만 자기 운명을 개척해나갈수 있는 사회적존재[저널]/김보중//철학탐구(조선).─2007,(2).─14-15,18
- 창조적립장을 지키는것은 혁명운동을 승리로 이끌어나가기 위한 필수적 조건[저널]/진승근//철학탐구(조선).─2007,(2).─16-18
- 주체철학의 기본개념으로서의 인간개조사업[저널]/류제일//철학탐구(조선).─2007,(2).─19-21
- 주체사상이 밝힌 혁명과 건설에서 녀성들이 차지하는 지위와 역할에 관한 사상[저널]/김경애//철학탐구(조선).─2007,(2).─22-23-26
- 인식과 개조의 호상관계에 대한 주체적리해[저널]/리금송//철학탐구(조선).─2007,(2).─24-26
- 애국애족은 사회주의와 민족주의의 련합의 사상적기초[저널]/채광룡//철학탐구(조선).─2007,(2).─27-28-30
- 인식능력의 발전과정에 대한 주체적리해[저널]/황인철//철학탐구(조선).─2007,(2).─29-30
- 항일유격대식 생활양식의 특성[저널]/김순희//철학탐구(조선).─2007,(2).─31
- 자유에 대한 주체적리해[저널]/김완선//철학탐구(조선).─2007,(2).─32-34

- 개성심리에 대한 일반적리해[저널]/박철호//철학탐구(조선).—2007,(2).—35,41
- 귀납적방법의 본질과 역할[저널]/류화순//철학탐구(조선).—2007,(2).—36-38
- 고대유럽의 무신론사상과 그 제한성[저널]/원충국//철학탐구(조선).—2007,(2).— 39-41
- 부르죠아민주주의 주요 사조들의 반동성[저널]/최철웅//철학탐구(조선).—2007, (2).—42-43
- 고구려인민들속에서 높이 발양된 애국륜리[저널]/김수란//철학탐구(조선).—2007, (2).—44-45
- 교육적교제의 심리적특징[저널]/조광철//철학탐구(조선).—2007,(2).—46-47
- 심리연구에서 정량적자료분석[저널]/박정철//철학탐구(조선).—2007,(2).—47
- 사회주의와 민족주의의 호상관계에 관한 선행리론과 그 제한성[저널]/채룡//철 학탐구(조선).—2007,(2).—48
- 경애하는 수령 김일성동지는 인민에 대한 뜨거운 사랑과 믿음을 천품으로 지 니신 위대한 인간[저널]/김룡범//철학탐구(조선).—2007,(3).—2-4
- 위대한 수령 김일성동지의 회고록 <세기와 더불어>에 반영된 혁명군대의 정치 사상적우월성의 본질적내용[저널]/조순희//철학탐구(조선).—2007,(3).—5-6
- 위대한 김정일동지는 시대와 혁명발전의 요구에 맞게 주체사상을 심화발전시 키신 사상리론의 영재이시다[저널]/주창일//철학탐구(조선).—2007,(3).—7-8,12
- 선군정치는 강성대국건설의 승리의 기치[저널]/김미란//철학탐구(조선).—2007,(3).— 9-10
- 사람은 세계에서 유일한 사회적존재[저널]/홍영삼//철학탐구(조선).—2007,(3).—11-12
- 사람은 창조성을 가진 존재,창조적인 사회적존재[저널]/연정술//철학탐구(조선). —2007,(3).—13-14
- 자주적인 사상의식의 본질[저널]/최순옥//철학탐구(조선).—2007,(3).—15-16
- 사회력사적운동은 자연과 사회를 개조하고 변혁하는 인민대중의 창조적운동[저 널]/우성섭//철학탐구(조선).—2007,(3).—17-19
- 주체철학과 맑스주의철학과의 관계에서 계승성과 독창성[저널]/표광근//철학탐 구(조선).—2007,(3).—20-21
- 사회주의사회에서 주체의 주동적인 작용과 역할에 의한 사회법칙의 순조로운 작용[저널]/문영옥//철학탐구(조선).—2007,(3).—21-22-38

- 군대와 인민의 동지적단결의 강화는 선군시대 사회주의위업승리의 담보[저널]/ 윤문철//철학탐구(조선).─2007,(3).─23-24
- 동지적례의도덕의 중요내용[저널]/박성호//철학탐구(조선).─2007,(3).─25-26
- 주체혁명위업수행에서 혁명전통이 차지하는 지위와 역할[저널]/김호철//철학탐구 (조선).─2007,(3).─27-28
- 자주의 기치는 나라와 민족의 존엄을 지키기 위한 필수적요구[저널]/배명선//철 학탐구(조선).─2007,(3).─29-30
- 조선혁명은 신념으로 개척되고 전진하며 완성되는 혁명[저널]/리광삼//철학탐구 (조선).─2007,(3).─31-33
- 사회주의사회발전과 그 운명을 규정하는 결정적요인[저널]/김룡진//철학탐구(조 선).─2007,(3).─34-36
- 류비추리의 본질[저널]/로정철//철학탐구(조선).─2007,(3).─37-38
- 개화사상의 발생은 19세기후반기 우리 나라 사회발전의 합법칙적요구[저널]/지 일신//철학탐구(조선).─2007,(3).─39-40
- 부르죠아<과학철학>이 개악되여온 변천과정과 오늘의 파국적인 실태[저널]/차 용현//철학탐구(조선).─2007,(3).─41-42-48
- 판단에 대한 칸트의 견해와 그 제한성[저널]/최호찬//철학탐구(조선).─2007,(3). ─43-44
- 개념과 동의어[저널]/문혜경//철학탐구(조선).─2007,(3).─45
- 플라톤과 모어의 사회적리상에 대한 대비적고찰[저널]/김영희//철학탐구(조선).─ 2007,(3).─46-48
- 수령의 혁명사상의 영원불멸은 수령영생위업의 근본[저널]/송민철//철학탐구(조 선).─2007,(4).─2-3
- 수령은 인민대중의 통일단결의 중심[저널]/리창훈//철학탐구(조선).─2007,(4).─4,7
- 주체철학의 근본문제는 가장 과학적인 철학적문제[저널]/홍영삼//철학탐구(조 선).─2007,(4).─5-7
- 주체철학이 밝힌 사회적존재에 대한 옳바른 견해와 관점[저널]/전기철//철학탐 구(조선).─2007,(4).─8,15
- 세계의 변화발전에서 주동적인 작용을 하는것은 사람의 적극적인 활동[저널]/ 차선일//철학탐구(조선).─2007,(4).─9-11

- 사상의식과 문화의 호상관계에 관한 주체적리해[저널]/조종천//철학탐구(조선).
  —2007,(4).—12-15
- 집단주의적생명관의 본질적내용[저널]/강현숙//철학탐구(조선).—2007,(4).—16-18-20
- 사회주의에 대한 원리적인식은 사회주의를 옹호고수하기 위한 중요요구[저널]/
  안농재//철학탐구(조선).—2007,(4).—19-20
- 인민군대는 우리 사회에서 혁명적기질과 전투력이 가장 높은 위력한 사회적집
  단[저널]/김철영//철학탐구(조선).—2007,(4).—21-25
- 우리 당의 선군정치는 혁명적동지애의 사상을 빛나게 구현한 정치[저널]/리현
  철//철학탐구(조선).—2007,(4).—26-27
- 혁명적신념은 선군혁명위업승리를 다그치는 확고한 담보[저널]/강은주//철학탐
  구(조선).—2007,(4).—28-30
- 량심은 도덕과 의리를 규제하는 도덕의식[저널]/연정술//철학탐구(조선).—
  2007,(4).—31-32,34
- 사상미학적견해의 본질[저널]/김일순//철학탐구(조선).—2007,(4).—33-34
- 제3자배제법칙의 본질과 역할[저널]/리금철//철학탐구(조선).—2007,(4).—35-36
- 실학파륜리사상의 진보성과 제한성[저널]/박국철//철학탐구(조선).—2007,(4).—37-39
- 민족주의에 대한 선행고전가들의 견해와 그 제한성[저널]/권효남//철학탐구(조
  선).—2007,(4).—40-41,44
- 주체에 대한 현대부르죠아철학의 반동적본질[저널]/김철웅//철학탐구(조선).—
  2007,(4).—42-44
- 리론과 실천의 결합관계[저널]/박경숙//철학탐구(조선).—2007,(4).—45,47
- 론증의 형식상타당성에 대한 리해[저널]/리정//철학탐구(조선).—2007,(4).—46-47
- 심리연구에서 통계적가설의 리용문제[저널]/박정철//철학탐구(조선).—2007,(4).—48
- 혁명적인 구호[저널]/리명심//철학탐구(조선).—2007,(4).—표지 3면
- 경애하는 김정일동지는 선군의 위력으로 부강조국건설을 승리에로 이끄시는
  절세의 애국자[저널]/홍영삼//철학탐구(조선).—2008,(1).— 2-4
- 주체철학은 철학적문제들을 새롭게 제기한 독창적인 철학[저널]/박철호//철학탐
  구(조선).—2008,(1).—4-6
- 사람의 자주성,창조성,의식성의 발전은 사회발전의 력사적행정을 규정하는 결
  정적요인[저널]/방순옥//철학탐구(조선).—2008,(1).—7-9

- 주체의 운동은 주체의 주동적인 작용과정[저널]/최봉철//철학탐구(조선).—2008,(1).—10-11
- 주체철학의 중요개념으로서의 사람의 운명[저널]/계광현//철학탐구(조선).—2008,(1).—12-14
- 사람의 생명의 본질과 삶의 가치에 대한 관점과 립장[저널]/조철남//철학탐구(조선).—2008,(1).—15
- 혁명실천의 요구로부터 출발하여 철학적문제를 탐구할데 대한 사상의 리론적기초[저널]/신현철//철학탐구(조선).—2008,(1).—16-18
- 사회제도가 합리적으로 개변되는데 따르는 주체의 주동적 작용과 역할의 강화발전[저널]/황명철//철학탐구(조선).—2008,(1).—19-21
- 혁명의 수뇌부는 사회주의운명[저널]/김만철//철학탐구(조선).—2008,(1).—22-23
- 사회주의강성대국건설은 선군정치의 목적[저널]/리경선//철학탐구(조선).—2008,(1).—24-25
- 사회주의에 대한 신념은 선군시대 혁명가들의 생명[저널]/한명철//철학탐구(조선).—2008,(1).—26-27
- 사회주의교양을 강화하는것은 사회주의위업수행의 중요한 담보[저널]/최승철//철학탐구(조선).—2008,(1).—28-29
- 혁명적수양의 본질[저널]/김희성//철학탐구(조선).—2008,(1).—33
- 혁명과 건설을 자기식으로 할데 대한 사상의 본질[저널]/유태훈//철 학 탐구(조선).—2008,(1).—32-33
- 선군시대 일군들이 사업과 생활에서 락천가가 될데 대한 사상의 본질과 그 리론적기초[저널]/김경철//철학탐구(조선).—2008,(1).—34-35
- 일군들이 의도덕을 지키는데서 모범이 되기 위한 요구[저널]/리철남//철학탐구(조선).—2008,(1).—36
- 모순배제법칙과 3자배제법칙의 공통점과 차이점[저널]/김영주//철학탐구(조선).—2008,(1).—37-38
- 우리 나라 고대 선인사상의 사회계급적기초에 대한 고찰[저널]/천성호//철학탐구(조선).—2008년,(1호).—39-41
- 종래철학의 근본문제와 그 제한성[저널]/표광근//철학탐구(조선).—2008,(1).—42-45
- 통계적방법의 본질[저널]/손일룡//철학탐구(조선).—2008,(1).—44-5

- 장재의 <태허즉기> 사상연구[저널]/김인경//철학탐구(조선).—2008,(1).—46-48
- 위대한 수령 김일성동지는 사회주의조선의 시조이시며 인민대중의 자주위업과 더불어 영생하시는 주체의 태양이시다[저널]/김룡진//철학탐구(조선).—2008,(2).—2-3
- 사회적존재의 참다운 의미[저널]/정기철//철학탐구(조선).—2008,(2).—4-5
- 인민대중에 대한 주체적견해의 독창성[저널]/길영철//철학탐구(조선).—2008,(2).—6-7
- 선군정치는 주체사상에 기초한 정치[저널]/김철혁//철학탐구(조선).—2008,(2).—8-10
- 총대철학의 독창성[저널]/서성일//철학탐구(조선).—2008,(2).—11-13
- 군대와 인민의 정신력을 발동하는것은 부강조국건설에서 기본[저널]/김경숙//철학탐구(조선).—2008,(2).—14-16
- 우리 인민의 정신력의 근본바탕[저널]/채희원//철학탐구(조선).—2008,(2).—17-18
- 주체사상의 근본원리는 통일전선리론의 사상리론적기초[저널]/남희웅//철학탐구(조선).—2008,(2).—19-21
- 사회주의사상은 사회주의사회발전의 추동력[저널]/황룡주//철학탐구(조선).—2008,(2).—22-23
- 주체의 인생관은 참다운 인생관[저널]/심철옥//철학탐구(조선).—2008,(2).—24-25
- 행복에 대한 주체적리해[저널]/김영남//철학탐구(조선).—2008,(2).—26-27
- 선군정치는 인민대중에게 자주적인 정치생활을 마련해주는 우월한 정치방식[저널]/우향숙//철학탐구(조선).—2008,(2).—28-29
- 강력한 군사력은 혁명과 건설에서 주체성과 민족성을 고수하기 위한 담보[저널]/고영학/선).—2008,(2).—30-32
- 인민군대를 본보기로 하여 혁명대오를 정예화할데 대한 사상[저널]/허성숙//철학탐구(조선).—2008,(2).—33-34
- 애국심은 부강조국건설의 추동력[저널]/김성실//철학탐구(조선).—2008,(2).—34-35
- 계급의식은 사회주의수호정신의 핵[저널]/김광일//철학탐구(조선).—2008,(2).—36-37
- 창조적령감의 심리적특징[저널]/최충일//철학탐구(조선).—2008,(2).—38-39
- 집단주의는 사회주의수호정신의 근본바탕[저널]/손영수//철학탐구(조선).—2008,(2)—40-41
- 유길준의 교육계몽사상[저널]/박춘란//철학탐구(조선).—2008,(2).—42-43
- 사회주의가 <전체주의>,<병영식>,<행정명령식>이라는 비난은 제국주의자들의

반사회주의 전략의 산물[저널]/서명철//철학탐구(조선).—2008,(2).—44-46

- 혁명과 건설에서 주동을 틀어쥐고나간다는것의 의미[저널]/김정만//철학탐구(조선).—2008,(2).—47
- 인간에 대한 진화론 고찰방법의 반동성[저널]/김호철//철학탐구(조선).—2008,(2).—48
- 우리의 사회주의는 인민의 운명이고 미래[저널]/김미란//철학탐구(조선).—2008,(2).—표지3면
- 경애하는 김정일동지는 선군혁명령도로 사회주의문화건설에서 혁명적전환을 일으키신 위대한 령도자이시다[저널]/표권//철학탐구(조선).—2008,(3)
- 김일성민족의 민족성에서 핵은 수령에 대한 충실성[저널]/최광현//철학탐구(조선).—2008,(3).—3-4
- 우리 공화국의 일심단결의 공고발전과 그 불패의 위력[저널]/박사,부교수,김경숙//철학탐구(조선).—2008,(3).—5-6
- 주체철학은 철학사연구의 가장 과학적인 방법론적지침[저널]/김주철//철학탐구(조선).—2008,(3).—7-9
- 사회의 기본구성요소에 대한 주체적리해[저널]/라룡기//철학탐구(조선).—2008,(3)
- 자주적이며 창조적인 생활은 사람의 값높은 삶[저널]/전경수//철학탐구(조선).—2008,(3).—11-13
- 문화와 정치,경제의 호상관계에 관한 주체적리해[저널]/조종천//철학탐구(조선).—2008,(3).—14-17
- 참다운 사회주의의 본질과 특징[저널]/원천일//철학탐구(조선).—2008,(3).—18-19
- 우리식 사회주의는 인민대중의 절대적인 지지와 신뢰를 받는 불패의 사회주의[저널]/김승준//철학탐구(조선).—2008,(3).—20
- 선군혁명원칙의 사상리론적기초[저널]/윤경수//철학탐구(조선).—2008,(3).—21-22
- 선군시대 혁명의 주체는 가장 공고하고 높은 형태의 통일단결[저널]/박승일//철학탐구(조선).—2008,(3).—23
- 동지들사이의 사랑은 곧 단결[저널]/김형국//철학탐구(조선).—2008,(3).—24-25
- 인민에 대한 사랑은 선군정치의 핵[저널]/하영애//철학탐구(조선).—2008,(3).—26
- 선군정치는 부강조국건설의 담보[저널]/박일룡//철학탐구(조선).—2008,(3).—27
- 조국보위는 최대의 애국[저널]/한정만//철학탐구(조선).—2008,(3).—28-29
- 오늘의 총진군은 사상의 총진군[저널]/류제일//철학탐구(조선).—2008,(3).—30-31

- 사상개조사업,정치사업선행은 인민대중의 주인다운 자각을 높이기 위한 원칙적요구[저널]/한철//철학탐구(조선).―2008,(3).―32-33
- 사회주의수호정신을 지니는것은 제국주의자들의 반동적책동을 짓부시기 위한 근본담보[저널]/송학세//철학탐구(조선).―2008,(3).―34-36
- 값높은 정신도덕적유산은 사회주의 위업완성의 필수적요구[저널]/정근모//철학탐구(조선).―2008,(3).―37
- 리조후반기 기일원론 철학사상[저널]/리현성//철학탐구(조선).―2008,(3).―40-42
- 사회의 <실증적연구>에 대한 초기 부르죠아사회학의 반동성[저널]/김상빈//철학탐구(조선).―2008,(3).―43-45
- 공통성과 차이성[저널]/로정철//철학탐구(조선).―2008,(3).―46-47
- 사람이 자주성,창조성,의식성을 가지게 되는 출발점[저널]/김영남//철학탐구(조선).―2008,(3).―48
- 위대한 수령 김일성동지께서 사회주의기초건설시기에 심화발전시키신 선군혁명사상[저널]/리종철//철학탐구(조선).―2008,(4).―2-3
- 항일의 녀성영웅 김정숙동지께서 지니신 륜리도덕적풍모의 인생관적기초[저널]/신광일//철학탐구(조선).―2008,(4).―4-5
- 당과 수령의 현명한 령도는 우리식 사회주의의 위력의 원천[저널]/황영순//철학탐구(조선).―2008,(4).―6-7
- 주체철학은 선행철학과 근본적으로 다른 독창적인 철학[저널]/김영남//철학탐구(조선).―2008,(4)
- 주체의 주동적작용과 역할은 사회발전의 근본요인[저널]/류제일//철학탐구(조선).―2008,(4).―9-10
- 주체사상이 밝힌 군사사상의 본질적특징[저널]/허성숙//철학탐구(조선).―2008,(4).―11,13
- 주체사상은 최고의 애국주의[저널]/로춘혁//철학탐구(조선).―2008,(4).―11-12
- 정신력의 본질[저널]/림필남//철학탐구(조선).―2008,(4).―14-15
- 집단주의적생명관의 본질[저널]/고유성//철학탐구(조선).―2008,(4).―16-17
- 혁명의 수뇌부를 결사옹위하는것은 사회주의의 운명과 관련되는 근본문제[저널]/전은옥//철학탐구(조선).―2008,(4).―18-19
- 우리 사회주의는 주체사상을 생명으로 하는 사회주의[저널]/로춘광//철학탐구(조

선).—2008,(4).—20

- 주체사상이 밝힌 우리식 사회주의의 독특성[저널]/김영일//철학탐구(조선).—2008,(4).—21-22
- 우리식 사회주의의 생명선에 대한 주체적리해[저널]/변정범//철학탐구(조선).—2008,(4).—23-24
- 혁명적군인정신은 선군시대 일심단결을 강화하는 위력한 사상정신적무기[저널]/김정삼//철학탐구(조선).—2008,(4).—24-25
- 혁명적군인정신을 삶과 투쟁의 신조로 삼을데 대한 사상의 생활력[저널]/안기호//철학탐구(조선).—2008,(4).—26-27
- 조국에 대한 교양을 혁명전통교양과 밀접히 결부하여 진행할데 대한 사상[저널]/우정식//철학탐구(조선).—2008,(4).—28
- 혁명적락관주의교양은 부강조국건설에서 혁명적대고조를 일으키기 위한 중요담보[저널]/림정원//철학탐구(조선).—2008,(4).—29,34
- 창조와 건설에서 지식은 최대의 재부[저널]/김철혁//철학탐구(조선).—2008,(4).—30-31
- 시대에 대한 주체적리해[저널]/지동희//철학탐구(조선).—2008,(4).—32-34
- 례의도덕을 잘 지키는것은 우리 민족의 고유한 미풍[저널]/윤선희//철학탐구(조선).—2008,(4).—35
- 창조적사고방법으로서의 련상적사고법에 대한 리해[저널]/김강철//철학탐구(조선).—2008,(4).—36
- 기술미학의 기능[저널]/김형선//철학탐구(조선).—2008,(4).—37-39
- 내용과 형식의 통일에 관한 김시습의 변증법적견해[저널]/김수영//철학탐구(조선).—2008,(4).—40
- <선>에 원천을 둔 동학사상의 제한성[저널]/최용길//철학탐구.—2008,(4).—41-42
- 그리스노예소유자사회의 쇠퇴기(헬레니즘) 론리적견해와 그 제한성[저널]/최호찬//철학탐구(조선).—2008,(4)—43-45
- 인간의 본질에 대한 맑스주의적견해의 제한성[저널]/박응식//철학탐구(조선).—2008,(4).—46-47
- 1950년대의 투쟁정신[저널]/리정철//철학탐구(조선).—2008,(4).—48
- 미국식 <민주주의>[저널]/리광명//철학탐구(조선).—2008,(4).—표지3면
- 위대한 령도자 김정일동지께서 밝히신 참다운 민족주의의 본질적특성에 관한

사상[저널]/한영남//철학탐구(조선).—2009,(1).—2-4
- 수령의 혁명위업은 영생하는 인민대중의 자주위업[저널]/송민철//철학탐구(조선).
  —2009,(1).5-6
- 일심단결은 우리의 위대한 대고조력사의 기본추동력[저널]/김혁모//철학탐구(조선).—2009,(1).—7-9
- 주체철학에 대하는 관점과 립장은 우리 당의 사상에 대한 관점과 립장[저널]/최광철//철학탐구(조선).—2009,(1).—10-11
- 주체사상이 사회력사관발전에서 이룩한 근본적인 전환[저널]/윤태식//철학탐구(조선).—2009,(1).— 12-13
- 자주성은 사람의 생명[저널]/김은경//철학탐구(조선).—2009,(1).—14-15
- 선군사상의 뿌리[저널]/김영훈//철학탐구(조선).—2009,(1).—16-18
- 혁명적군인정신은 선군시대 인간개조의 힘있는 사상정신적무기[저널]/류석무//철학탐구(조선).—2009,(1).—19-20
- 선군시대 우리 혁명의 일신단결의 중요내용[저널]/김영남//철학탐구(조선).—2009,(1).—21
- 인민군대는 혁명의 법칙이 나오는 사회정치적집단[저널]/리일영//철학탐구(조선).—2009,(1).—22-23
- 주체사상은 우리 인민의 민족성을 더욱 강하게 키우게 하는 위대한 사상[저널]/현광혁//철학탐구(조선).—2009,(1).—24-25
- 민족의 우수성은 곧 수령의 위대성[저널]/리일남//철학탐구(조선).—2009,(1).—26-27
- 민족의 징표에 대한 주체적리해[저널]/윤영남//철학탐구(조선).—2009,(1).—28
- 사회주의계급진지강화에서 나서는 중요한 문제[저널]/지용철//철학탐구(조선)—2009,(1).—29-30
- 사회정치적생명체에서 인간관계의 특징[저널]/홍규식//철학탐구(조선).—2009,(1).—31-32
- 인민대중의 강한 정신력은 국력중의 제일국력[저널]/박남철//철학탐구(조선).—2009,(1).—33
- 사상교양사업을 강화하는것은 우리식 사회주의를 고수하고 빛내여나가기 위한 근본담보[저널]/리철남//철학탐구(조선).—2009,(1).—34
- 백두의 혁명정신의 기본내용[저널]/박동현//철학탐구(조선).—2009,(1).—35-36

- 부강조국은 사회주의 애국주의정신을 원동력으로 하여 건설되는 주체의 사회주의강국[저널]/리창훈//철학탐구(조선).―2009,(1).― 37-38
- 영웅적인 삶은 인민대중의 혁명위업을 위하여 투쟁하는 삶[저널]/김영희//철학탐구(조선).―2009,(1).―39-40
- 미인식의 주체[저널]/서광웅//철학탐구(조선).―2009,(1).―41
- 지식은 창조적능력에서 기본[저널]/고광일//철학탐구(조선).―2009,(1).―42
- 박은식의 교육계몽사상의 애국적성격[저널]/박명길//철학탐구(조선).―2009,(1).―43-44
- 탈맑스주의의 반동성[저널]/리영옥//철학탐구(조선).―2009,(1).―45
- 제국주의자들이 떠드는 사상의 <자유>의 반동성[저널]/리명호//철학탐구(조선).―2009,(1).―46-47
- 개념과 동음이의어[저널]/문혜경//철학탐구(조선).―2009,(1).―48
- 계급의식[저널]/조순원//철학탐구(조선).―2009,(1).―5
- 조선민족제일주의정신[저널]/최명준//철학탐구(조선).―2009,(1).―9
- 력사의 주체[저널]/백승혁//철학탐구(조선).―2009,(1).―표지3
- 우리의 위업은 위대한 수령 김일성동지의 위업[저널]/김룡진//철학탐구(조선).―2009,(2).―2-3
- 위대한 수령 김일성동지의 회고록 <세기와 더불어>에 반영된 혁명적신념에 관한 사상[저널]/조순희//철학탐구(조선).―2009,(2).
- 인민성은 위대한 령도자 김정일동지께서 제시하신 구호의 특징[저널]/리명심//철학탐구(조선).―2009,(2).
- 주체사상은 자주성을 핵으로 하는 자주사상[저널]/박인철//철학탐구(조선).―2009,(2).―6-7
- 자기 수령에 대한 충실성은 김일성민족의 가장 숭고한 풍모[저널]/김경숙//철학탐구(조선).―2009,(2).
- 혁명의 수뇌부결사용위는 당과 군대와 인민이 첫째가는 의무[저널]/홍영봉//철학탐구(조선).―2009,(2).―9-10
- 수령은 당과 군대와 인민의 도덕의리적단결의 중심[저널]/백설향//철학 탐구(조선).―2009,(2).
- 사회주의강성대국건설에서 기본은 사람들의 정신력[저널]/김완선//철학탐구(조선).―2009,(2).―12-14

- 선군사상은 우리 군대와 인민을 정신력의 강자로 키우는 사상정신적량식[저널]/배국식//철학탐구(조선).—2009,(2).—15-16
- 군민대단결은 군대와 인민의 정신력을 최대로 발동시키고 분출시키는 원동력[저널]/변정범//철학탐구(조선).—2009,(2).—17-18
- 조선민족제일주의정신은 애국적헌신성을 발양시키는 정신도덕적추동력[저널]/김은경//철학탐구(조선).—2009,(2).—19-20
- 우리나라 사회주의는 인민대중중심의 참다운 사회주의[저널]/김송운//철학탐구(조선).—2009,(2).—21-23
- 선군사상은 총대를 기본으로 하여 혁명운동의 합법칙성을 밝힌 사상[저널]/오순희//철학탐구(조선).—2009,(2).—24-25
- 선군사상은 혁명의 주체를 비상히 강화해나갈수 있는 길을 밝힌 위대한 혁명사상[저널]/김진수//철학탐구(조선).—2009,(2).— 26-28
- 선군정치는 일심단결의 혁명철학에 의거하여 불패의 위력을 떨치는 정치[저널]/장명진//철학탐구(조선).—2009,(2).—29
- 민심은 일심단결의 천하지대본[저널]/김영남//철학탐구(조선).—2009,(2).—30
- 선군혁명로선은 부강조국건설의 기본전략로선[저널]/박일룡//철학탐구(조선).—2009,(2).—31
- 강성대국건설을 자체의 힘으로 해나가는데서 나서는 기본요구[저널]/신강화//철학탐구(조선).—2009,(2).—32
- 선군정치는 가장 인민적인 정치방식[저널]/박미영//철학탐구(조선).—2009,(2).—33
- 로동에 대한 교양의 본질적내용[저널]/홍남철//철학탐구(조선).—2009,(2).—35
- 혁명투쟁의 합법칙성으로 교양하는것은 사회성원들을 선군의 기치높이 억세게 싸워나가게 하기 위한 확고한 담보[저널]/윤철형//철학탐구(조선).—2009,(2).—6-37
- 영웅적인 삶은 헌신적투쟁으로 위훈을 창조하는 삶[저널]/김영희//철학탐구(조선).—2009,(2).—38-39
- 사람의 주동적인 작용과 역할은 환경미창조의 근본요인[저널]/한금실//철학탐구(조선).—2009,(2).—40-41
- 과학기술지식은 창조성을 규정하는 기본요인[저널]/김길향//철학탐구(조선).—2009,(2).—42

- 미에 대한 맑스주의적견해와 그 제한성[저널]/강희철//철학탐구(조선).—2009,(2). —43-44
- 포이에르바흐의 인간론과 그 제한성[저널]/박웅식//철학탐구(조선).—2009,(2).—45-46
- 주체사상이 밝힌 전쟁의 성격[저널]/허성숙//철학탐구(조선).—2009,(2).—47
- 사상의식,정신력[저널]/최하일,백영일//철학탐구(조선).—2009,(2).—48
- 민족문제[저널]/박성운//철학탐구(조선).—2009,(2).—표지3면
- 경애하는 김일성동지는 사회주의위업의 전진과 더불어 민족이 룽성번영할수 있는 길을 열어주신 위대한 수령이시다[저널]/강현재//철학탐구(조선).—2009,(3).—2-4
- 위대한 령도자 김정일동지께서 선군장정의 길에서 창조하신 혁명적사업방법의 본질적특징[저널]/김철//철학탐구(조선).—2009,(3).—5
- 위대한 수령 김일성동지에 대한 무한한 충실성은 경애하는 김정일동지께서 제시하신 투쟁구호들의 본질적특징[저널]/리명심//철학탐구(조선).—2009,(3).—6-7
- 혁명적수령관은   영웅적투쟁정신의   근본바탕[저널]/김영희//철학탐구(조선).— 2009,(3).—8-9
- 주체철학은 인류철학사상발전의 가장 높은 단계의 철학[저널]/라룡기//철학탐구(조선).—2009,(3).—10-11
- 주체사상은 사회주의를 새로운 과학적기초우에 올려세운 위대한 사상[저널]/황용학//철학탐구(조선).—2009,(3).—12-13
- 사람은 의식성을 가진 존재,의식적인 사회적존재[저널]/연정술//철학탐구(조선). —2009,(3).—14-15
- 주체의 주동적작용과 역할에 의한 사회법칙의 인식과 리용[저널]/문영옥//철학탐구(조선).—2009,(3).—16
- 수령결사옹위의 위대한 전통을 빛내여나가는것은 부강조국건설의 확고한 담보[저널]/리만석//철학탐구(조선).—2009,(3).—18
- 선군사상은 주체사상의 지도적원칙을 구현하고있는 우리 민족의 지도적지침[저널]/박성운//철학탐구(조선).—2009,(3).—19
- 혁명의 본질에 대한 주체적견해[저널]/리광삼//철학탐구(조선).—2009,(3).—20-21
- 주체의 사업방법은 주인으로서의 립장을 지키고 역할을 다하게 하는 사업방법[저널]/리영섭/선).—2009,(3).—22
- 집단주의의 사회계급적기초[저널]/최성희//철학탐구(조선).—2009,(3).—23-24

- 사회주의이자 주체이고 선군[저널]/지동희//철학탐구(조선).—2009,(3).—25-26
- 우리가 가는 길은 영원한 주체의 길,선군의 길[저널]/박경숙//철학 탐구(조선). —2009,(3).—27
- 래일을 위한 오늘에 사는 인생관에 구현된 혁명가들의 숭고한 사상정신/김정철 //철학탐구(조선).—2009,(3).—28
- 혁명적락관주의의 기초[저널]/강형민//철학탐구(조선).—2009,(3).—29
- 선군사상은 새로운 혁명적 대고조의 전투적기치[저널]/홍영삼[저널]/철학탐구(조선).—2009,(3).—32-33
- 애국심은 부강조국건설을 창조적으로 떠밀고나가게 하는 정신력[저널]/김성실// 철학탐구(조선).—2009,(3).—30-31
- 오늘의 새로운 혁명적대고조는 자력갱생의 총진군[저널]/리철룡//철학탐구(조선).—2009,(3).—34
- 선군혁명총진군은 우리 혁명발전의 새로운 높은 단계의 전인민적운동[저널]/탁정덕//철학탐구(조선).—2009,(3).—35-36
- 당적,계급적 원칙을 지키는것은 정책적대를 세우는데서 기본[저널]/함경일//철학 탐구(조선).—2009,(3).—37
- 반제투쟁에서 견지하여야 할 원칙적립장의 내용[저널]/조형복//철학탐구(조선).—2009,(3).—38-39
- 기질에 대한 주체적리해[저널]/안만히//철학탐구(조선).—2009,(3).—40-41
- 조광조의 사회개혁사상[저널]/김수영//철학탐구(조선).—2009,(3).—42-43
- 교제에서 감수자의 심리적체험[저널]/홍준식//철학탐구(조선).—2009,(3).—44-45
- 문제해결을 위한 사고의 단계[저널]/김금철//철학탐구(조선).—2009,(3).—48
- 계급적원칙[저널]/함설경//철학탐구(조선).—2009,(3).—표지3면
- 고대로마의 론리적견해[저널]/최호찬//철학탐구(조선).—2009,(3).—46-47
- 위대한 수령 김일성동지께서 회고록 <세기와 더불어>에서 밝혀주신 혁명적동지애에 관한 사상[저널]/조순희//철학탐구(조선).—2009,(4).—2-3
- 우리 나라 반일민족해방운동의 탁월한 지도자이신 김형직선생님께서 밝히신 인재육성에 관한 사상[저널]/김준일//철학탐구(조선).—2009,(4).—4-5
- 혁명의 수뇌부는 당과 군대와 인민을 하나로 묶어세우는 단결의 중심[저널]/박용호//철학탐구(조선).—2009,(4).—6

- 천만군민의 대단결은 선국혁명위업수행의 제일무기[저널]/리영록//철학탐구(조선).—2009,(4).—7-8
- 사람은 집단주의를 본성적요구로 하는 사회적존재[저널]/손영수//철학탐구(조선).—2009,(4).—9-10
- 자주적인 사상의식의 본질적내용[저널]/박근용//철학탐구(조선).—2009,(4).—11
- 사회발전과정의 본질적특징에 대한 주체적리해[저널]/류재일//철학탐구(조선).—2009,(4).—12-13
- 고상한 도덕품성을 지니도록 하는것은 사회주의를 공고발전시키기 위한 중요요구[저널]/윤명숙//철학탐구(조선).—2009,(4).—14
- 선군령도방법은 주체의 령도방법의 빛나는 계승발전[저널]/류승렬//철학탐구(조선).—2009,(4).—5-16
- 주체사상이 새롭게 밝힌 실정에 맞게 하는 방법의 본질[저널]/박금천//철학탐구(조선).—2009,(4).—17
- 례의도덕은 사람들의 인품과 문화수준을 평가하는 중요한 척도[저널]/강철//철학탐구(조선).—2009,(4).—18-19
- 사회주의강성대국건설과정은 우리 인민의 도덕적리상의 실현과정[저널]/문광철//철학탐구(조선).—2009,(4).—20-21
- 군대는 당이고 국가이며 인민이라는것은 독창적인 선군의 원리[저널]/김영호//철학탐구(조선).—2009,(4).—22-23
- 총대철학의 원리를 체득시키기 위한 교양의 중요내용[저널]/최룡수//철학탐구(조선).—2009,(4).—24
- 민심을 틀어쥐고 사람과의 사업을 잘하는것은 혁명대오의 일심단결을 강화하기 위한 필수적요구[저널]/김경숙//철학탐구(조선).—2009,(4).—25-26
- 백두의 혁명정신은 우리 인민의 강의한 정신력의 시원[저널]/리경민//철학탐구(조선).—2009,(4).—27-28
- 인민을 자주의식으로 무장시키는것은 인민에 대한 최대의 사랑[저널]/김영남//철학탐구(조선).—2009,(4).—29-30
- 삶의 마지막마무리까지 충실하게 결속짓겠다는 각오를 가지고 사는것은 정치적생명의 귀중히 간직하고 영원히 빛내이기 위한 담보[저널]/전영복//철학탐구(조선).—2009,(4).—31

- 선군시대 사상교양사업의 중요내용[저널]/김홍철//철학탐구(조선).—2009,(4).—32-33
- 우리 시대 애국심의 본질적내용[저널]/김승중//철학탐구(조선).—2009,(4).—34-35
- 사회주의계급진지를 강화하는것은 선군시대 혁명발전의 절박한 요구[저널]/김진수//철학탐구(조선).—2009,(4).—36
- 창조활동의 동기에 대한 심리학적리해[저널]/최충일//철학탐구(조선).—2009,(4).—37-38
- 동학의 <인내천>사상과 그 범신론적특성[저널]/조원국//철학탐구(조선).—2009,(4).—39-40
- 선행시기에 제기된 진보적구호들과 그 제한성[저널]/리명심//철학탐구(조선).—2009,(4).—41-42
- 14-16세기 서유럽에서 제기된 인간론과 그 제한성[저널]/허경수//철학탐구(조선).—2009,(4).—43-44
- 의지의 본질[저널]/김경수//철학탐구(조선).—2009,(4).—45-46
- 신인철학의 우주자연에 대한 견해[저널]/김선희//철학탐구(조선).—2009,(4).—47-48
- 신념[저널]/일명//철학탐구(조선).—2009,(4).—30
- 인격[저널]/일명//철학탐구(조선).—2009,(4).—33
- 선군시대혁명의 주체[저널]/일명//철학탐구(조선).—2009,(4).—표지3면
- 경애하는 김정일동지는 선군의 위력으로 사회주의수호전을 승리에로 이끄시는 위대한 령도자[저널]/리금희//철학탐구(조선).—2010,(1).—2
- 우리 나라 반일민족해방운동의 탁월한 지도자 김형직선생님께서 지니신 애국주의사상의 근본특징[저널]/김일룡//철학탐구(조선).—2010,(1).—4
- 수령의 령도는 인민군대가 혁명의 주력군으로서의 사명과 역할을 훌륭히 수행할수 있게 하는 결정적요인[저널]/탁정덕//철학탐구(조선).—2010,(1).—7
- 주체철학은 인민대중의 의지로 전환되는 인민적인 철학[저널]/박철룡//철학탐구(조선).—2010,(1).—9
- 3대개조사업발전의 합법칙성에 관한 주체적리해[저널]/전원찬//철학탐구(조선).—2010,(1).—13
- 인식의 주체는 사람[저널]/손봉남//철학탐구(조선).—2010,(1).—15

- 선군혁명령도는 사회생활의 모든 분야를 혁명적으로 개조변혁하는 만능의 보검[저널]/박남수//철학탐구(조선).—2010,(1).—16
- 인민대중의 정신력을 발동하는것은 사회주의위업수행의 생명선[저널]/리광일//철학탐구(조선).—2010,(1).—18
- 주체사상이 밝힌 사회주의적사상개조의 특징[저널]/남혁//철학탐구(조선).—2010,(1).—21
- 선군시대혁명의 주체는 혁명의 주체발전의 새로운 높은 단계[저널]/김명복//철학탐구(조선).—2010,(1).—23
- 선군사상은 사회주의강성대국건설의 필승의 보검/홍일명//철학탐구(조선).—2010,(1).—26
- 백두의 혁명정신은 우리 혁명의 지나온 년대들에 높이 발휘된 투쟁정신의 시원[저널]/왕혁//철학탐구(조선).—2010,(1).—28
- 혁명과 건설에서 계급성과 민족성을 결합시킬데 대한 사상의 본질[저널]/리경천//철학탐구(조선).—2010,(1).—30
- 집단을 위하여 헌신하는것은 사람의 가장 값높은 삶[저널]/리세건//철학탐구(조선).—2010,(1).—32
- 혁명군대의 핵심적이며 주도적인 역할은 선군시대 사회주의사회관계발전의 근본담보[저널]/김정철//철학탐구(조선).—2010,(1).—33
- 혁명적원칙을 견지하는것은 우리식 사회주의를 옹호고수하고 빛내 이기 위한 근본요구[저널]/김덕만//철학탐구(조선).—2010,(1).—35
- 총대중시는 사상중시의 담보[저널]/한만승//철학탐구(조선).—2010,(1).—37
- 인민대중의 자주성을 완전히 실현하는데서 혁명군대가 노는 결정적 역할[저널]/김남송//철학탐구(조선).—2010,(1).—38
- 일군들이 주체의 령도예술을 소유하는것은 사회주의강성대국건설의 성과적수행을 위한 중요담보[저널]/전류민//철학탐구(조선).—2010,(1).—40
- 혁명적수양의 심리적 계기[저널]/김희성//철학탐구(조선).—2010,(1).—42
- 제국주의사상문화적침투를 철저히 막는것은 사회주의강성대국건설에서 우리 인 민의 정신력을 높이기 위한 중요요구[저널]/오상준//철학탐구(조선).—2010,(1).— 43
- 동학이 제기한 <사인여친> 사상과 그 제한성[저널]/정창학//철학탐구(조선).—2010,(1).—45

- 인간의 미창조황동을 규정하는 중요요인[저널]/강희철//철학탐구(조선).─2010,(1).─46
- 혁명의 주력군에 관한 맑스주의리론의 제한성[저널]/김덕현//철학탐구(조선).─2010,(1).─48
- 혁명적 군인 문화[저널]/리명심//철학탐구(조선).─2010,(1).─표지 3면
- 김일성민족의 제일가는 정신력은 일심단결의 정신력[저널]/박운학//철학탐구(조선).─2010,(2).─2
- 민족적자존심은 생명과 같이 귀중한 정신/김혁모//철학탐구(조선).─2010,(2).─4
- 혁명의 수뇌부를 결사옹위하는것은 당과 수령에 대한 충실성의 근본요구[저널]/원금철//철학탐구(조선).─2010,(2).─6
- 수령의 령도는 정신력의 형성에 작용하는 결정적요인[저널]/백영일//철학탐구(조선).─2010,(2).─7
- 주체철학의 기본원리해설을 사회적운동의 고유한 합법칙성을 해명하는데로 지향시킬데 대한 사상의 본질[저널]/김진명//철학탐구(조선).─2010,(2).─9
- 사람의 본질적특성을 해명하는것은 인간의 운명개척의 길을 과학적으로 밝히기 위한 기초적인 문제[저널]/황영일//철학탐구(조선).─2010,(2).─12
- 선군시대는 숭고한 정신세계를 지닌 인간들의 대부대를 창조하는 위대한 시대[저널]/현남//철학탐구(조선).─2010,(2).─14
- 온 사회에 군인품성을 일반화하는것은 선군시대 인간개조의 합법칙적과정[저널]/김영길//철학탐구(조선).─2010,(2).─15
- 일심단결에 관한 주체의 리론의 사상적기초[저널]/백설향//철학탐구(조선).─2010,(2).─17
- 민족자존의 정신력의 본질[저널]/김명국//철학탐구(조선).─2010,(2).─19
- 혁명적의지는 선군시대 인간들이 필수적으로 지녀야 할 중요한 자질[저널]/조은별//철학탐구(조선).─2010,(2).─20
- 진정한 사회주의자,진정한 민족주의자는 참다운 애국자[저널]/김기선//철학탐구(조선).─2010,(2).─22
- 자본주의제도에 대한 립장과 태도는 혁명적립장과 반혁명적립장을 가르는 기본척도[저널]/리철민//철학탐구(조선).─2010,(2).─24
- 민심을 틀어쥐고 사람과의 사업을 잘하는것은 일군들의 중요한 사업작풍[저널]/손창길//철학탐구(조선).─2010,(2).─26

- 일군들이 조국과 혁명을 받드는 뿌리가 될데 대한 사상의 본질적내용[저널]/양명옥//철학탐구(조선).―2010,(2).―28
- 미적인것과 실용적인것의 옳은 결합은 환경미창조의 주요원칙[저널]/한금실//철학탐구(조선).―2010,(2).―31
- 3자배제법칙의 객관적기초[저널]/오택성//철학탐구(조선).―2010,(2).―33
- 개성발달의 본질에 대한 주체적리해[저널]/김현화//철학탐구(조선).―2010,(2).―35
- 한 나라에서 사회주의승리의 가능성에 관한 레닌의 견해와 그 제한성[저널]/김문봉//철학탐구(조선).―2010,(2).―37
- 문예부흥시기 인문주의에서 제기된 인간에 대한 견해와 그 제한성[저널]/허경수//철학탐구(조선).―2010,(2).―38
- 근대 유럽의 전통론리학사상에 대한 평가[저널]/최호찬//철학탐구(조선).―2010,(2).―40
- 사회력사발전과정의 본질을 외곡하는 <경제성장단계론>의 반동성[저널]/리득수//철학탐구(조선).―2010,(2).― 42
- 개념의 종류와 그 응용[저널]/박광일//철학탐구(조선).―2010,(2).―45
- 고대조선의 민족주의사상인   <단군겨레>사상[저널]/최동철//철학탐구(조선).―2010,(2).―48
- 정치사업[저널]/허영필//철학탐구(조선).―2010,(2).―27
- 완강성[저널]/안철호//철학탐구(조선).―2010,(2).―47
- 우리 나라 반일민족해방운동의 탁월한 지도자이신 김형직선생님께서 밝히신 동지획득에 관한 사상[저널]/박옥주//철학탐구(조선).―2010,(3).―2
- 수령영생신념은 주체형의 혁명가의 사상정신적특질[저널]/리철수//철학탐구(조선).―2010,(3).―4
- 주체사상은 곧 이민위천의 사상[저널]/김형국//철학탐구(조선).―2010,(3).―6
- 사회적운동의 고유한 합법칙성의 작용을 규제하는 근본요인[저널]/강영남//철학탐구(조선).―2010,(3).―8
- 자주적인 사상의식은 사회발전을 힘있게 추동하는 기본요인[저널]/권남희//철학탐구(조선).―2010,(3).―10
- 인류력사는 자주성을 위한 인민대중의 투쟁의 력사[저널]/김철국//철학탐구(조선).―2010,(3).―12

- 집단주의는 사회적존재인 사람의 본성적요구[저널]/석화//철학탐구(조선).—2010, (3).—14
- 선군정치는 총대철학에 기초하고있는 정치방식[저널]/김명규//철학탐구(조선).—2010,(3).—16
- 선군정치는 사회주의군사강국의 위력을 높여나갈수 있게 하는 근본담보[저널]/조상식//철학탐구(조선).—2010,(3).—19
- 군력은 제일국력[저널]/채중석//철학탐구(조선).—2010,(3).—21
- 인민군대는 우리 사회의 도덕의리적단결의 본보기[저널]/정광길//철학탐구(조선).—2010,(3).—22
- 선군은 참다운 사회주의의 길[저널]/김룡//철학탐구(조선).—2010,(3).—23
- 선군정치는 혁명적원칙성과 창조성,령활성을 결합시킨 주체의 령도예술[저널]/최성혁//철학탐구(조선).—2010,(3).—25
- 혁명군대의 사상정신과 투쟁기풍의 본질[저널]/조광원//철학탐구(조선).—2010,(3).—26
- 문화건설이 강국이 되는것은 부강조국건설의 필수적요구[저널]/한명선//철학탐구(조선).—2010,(3).—27
- 원대한 포부와 비상한 창조정신을 지니고 투쟁하는것은 대고조시대의 참된 애국자가 되기 위한 중요요구[저널]/방연아//철학탐구(조선).—2010,(3).—28
- 사회주의강성대국건설에서 기본[저널]/최종철//철학탐구(조선).—2010,(3).—30
- 환경미의 중요내용[저널]/한금실//철학탐구(조선).—2010,(3).—31
- 과학적상상력의 본질적특징[저널]/최충일//철학탐구(조선).—2010,(3).—33
- 교재의 기본수단[저널]/신철준//철학탐구(조선).—2010,(3).—35
- 사상교양사업을 감정파의 사업으로 전환하는것은 사업성과를 위한 중요담보[저널]/리기철//철학탐구(조선).—2010,(3).—36
- 서경덕의 우주생성에 대한 견해[저널]/변정암//철학탐구(조선).—2010,(3).—37
- 류린석의 사회정치적견해[저널]/김성국//철학탐구(조선).—2010,(3).—39
- 사회주의와 민족주의의 관계에 대한 선행리론의 제한성[저널]/김이환//철학탐구(조선).—2010,(3).—41
- <계급협조론>은 사람을 계급의식과 혁명의식이 마비된 사상정치적불구자로 만드는 악랄한 사상적도구[저널]/한병철//철학탐구(조선).—2010,(3).—43
- 사회에 대한 구조-기능주의적견해의 반동성[저널]/홍영진//철학탐구(조선).—2010,

(3).—45

- 판단과 다의문[저널]/최호찬//철학탐구(조선).—2010,(3).—46
- 교제의 심리적효과성을 높이기 위한 중요요구[저널]/로은혜//철학탐구(조선).—2010,(3).—48
- 기억에서 새김[저널]/박원학//철학탐구(조선).—2010,(3).—표지3면
- 주체사상은 무엇이 불가능하다면 그것은 조선말이 아니라는 담력와 배짱의 사상적기초[저널]/한광호//철학탐구(조선).—2010,(4).—2
- 력사의 주체에 관한 문제는 주체사관의 기초적인 문제[저널]/지은주//철학탐구(조선).—2010,(4).—4
- 사회발전의 력사적행정을 규정하는 기본요인[저널]/김학영//철학탐구(조선).—2010,(4).—6
- 사람의 활동은 주동적작용에 의하여 이루어지는 활동[저널]/최순옥//철학탐구(조선).—2010,(4).—8
- 주체사상은 신념과 의지의 강자들을 키우는 생명수[저널]/박혜숙//철학탐구(조선).—2010,(4).—10
- 사회개조사업발전에 작용하는 요인에 대한 주체적리해[저널]/김혁모//철학탐구(조선).—2010,(4).—12
- 자연의 주인으로 살려는 요구는 자연개조발전의 기본요인[저널]/박호남//철학탐구(조선).—2010,(4).—14
- 사회주의의 기초는 인민[저널]/홍영삼//철학탐구(조선).—2010,(4).—17
- 선군시대 인간들의 높은 창조정신의 본질적특징[저널]/김금철//철학탐구(조선).—2010,(4).—19
- 영웅성의 본질에 대한 주체적리해[저널]/백광천//철학탐구(조선).—2010,(4).—20
- 인민대중의 강한 정신력은 국력중의 제일국력[저널]/김광남//철학탐구(조선).—2010,(4).—21
- 고난의 행군,강행군 시기 우리 인민들속에서 발휘된 정신도덕적풍모의 중요내용[저널]/김대준//철학탐구(조선).—2010,(4).—23
- 사상사업에서 전환을 일으키기 위하여 나서는 중요요구[저널]/전성철//철학탐구(조선).—2010,(4).—25
- 사회주의문화제도는 사람들의 문화적요구를 충족시켜주는 우월한 제도[저널]/

리영일//철학탐구(조선).—2010,(4).—26
- 우리 인민이 지닌 민족적자존심의 근본특징[저널]/김경혜//철학탐구(조선).—2010,(4).—28
- 사람들의 지식수준을 높이는것은 새로운 혁명적대고조를 힘있게 추동하는 중요 담보[저널]/김봉덕//철학탐구(조선).—2010,(4).—29
- 자력갱생의 혁명정신은 강성대국건설을 위한 혁명적대고조의 위력한 추동력[저널]/박선희//철학탐구(조선).—2010,(4).—31
- 도덕적완성은 인간완성의 확고한 담보[저널]/김경숙//철학탐구(조선).—2010,(4).—32
- 주체의 건축미학사상은 가장 혁명적인 건축미학사랑[저널]/김혜선//철학탐구(조선).—2010,(4).—34
- 우리 당의 과학기술중시로선의 기본요구[저널]/한성실//철학탐구(조선).—2010,(4).—36
- 인간심리발전의 본질과 요인[저널]/강혜림//철학탐구(조선).—2010,(4).—37
- 판단의 부정에 대한 일반적리해[저널]/박광일//철학탐구(조선).—2010,(4).—38
- 부르죠아민족주의의 반동성[저널]/김이환//철학탐구(조선).—2010,(4).—40
- 사회주의적민주주의와 부르죠아민주주의의 질적차이에 대한 리해[저널]/김룡진//철학탐구(조선).—2010,(4).—42
- 인식과 실천의 과학적방법론을 리해하는데서 나서는 몇가지 문제[저널]/리철//철학탐구(조선).—2010,(4).—44
- 과학기술발전은 국력강화의 담보[저널]/한광혁//철학탐구(조선).—2010,(4).—45
- 안창호의 <자아인격혁신론>[저널]/김명수//철학탐구(조선).—2010,(4).—46
- 혁명적군중관[저널]/주정훈/선).—2010,(4).—48
- 자력갱생,간고분투의 정신력[저널]/리영일//철학탐구(조선).—2010,(4).—48
- 위대한 수령 김일성동지에 의한 공산주의와 민족주의,공산주의자와 민족주의자의 관계의 빛나는 리론적해설[저널]/리현철//철학탐구(조선).—2011,(1).—2-3.
- 혁명은 인민에 대한 최대의 사랑[저널]/김옥주//철학탐구(조선).—2011,(1).—4-5.
- 혁명의 주체를 강화하고 그 역할을 높여나가는것은 사회주의건설을 성과적으로 추진하기 위한 근본방도[저널]/신성진//철학탐구(조선).—2011,(1).—6-7.
- 주체사상은 우리 인민의 무비의 정신력의 근본바탕[저널]/김미란//철학탐구(조선).—2011,(1).—8,16.

- 일심단결의 정신은 선군조선의 위대한 정신력의 최고정화[저널]/김정심//철학탐구(조선).―2011,(1).―9-10.
- 자연을 개조하는 사람의 창조적능력의 발전에 대한 주체적리해[저널]/박호남//철학탐구(조선).―2011,(1).―11-13.
- 혁명과 건설에서 나서는 모든 문제를 사상사업을 더욱 진공적으로 벌려 풀어나가는것은 우리 당의 투쟁방식[저널]/리옥//철학탐구(조선).―2011,(1).―14-16.
- 끊임없는 사색과 연구는 옳은 방법론확립의 중요요구[저널]/백성남//철학탐구(조선).―2011,(1).―17,20.
- 과학적인식활동에서 창조적사고능력이 노는 역할[저널]/서국철//철학탐구(조선).―2011,(1).―18-20.
- 신념은 인생의 가치를 규정하는 기본핵[저널]/정철식//철학탐구(조선).―2011,(1).―21-22.
- 조국을 받드는 뿌리가 되는것은 선군시대 혁명가들이 지녀야 할 인생관[저널]/백영이//철학탐구(조선).―2011,(1).―23-24,26.
- 오늘의 혁명적대고조는 선군대고조[저널]/방연아//철학탐구(조선).―2011,(1).―25-26.
- 군인가족들의 고상한 정신세계와 혁명적인 투쟁기풍을 따라 배우는데서 나서는 중요요구[저널]/김정철//철학탐구(조선).―2011,(1).―27
- 사회교양기관들의 기능과 역할을 높이는데서 나서는 중요한 문제[저널]/차영빈//철학탐구(조선).―2011,(1).―28-29.
- 우리 당의 인재중시사상의 정당성[저널]/김철수//철학탐구(조선).―2011,(1).―30-31.
- 주체사상이 밝힌 주체성과 국제주의의 호상관계문제[저널]/전영식//철학탐구(조선).―2011,(1).―32,33,35.
- 반제투쟁은 사회주의수호의 필수적요구[저널]/유문성//철학탐구(조선).―2011,(1).―34-35.
- 사상문화전선에서 혁명적대고조의 봉화를 지펴올리기 위한 중요요구[저널]/박운학//철학탐구(조선).―2011,(1)―36,38.
- 사대주의의 본질에 대한 주체적 리해[저널]/원학철//철학탐구(조선).―2011,(1).―37-38.
- 확고한 계급적원칙,혁명적원칙을 견지하는것은 사회주의교양사업에서 나서는

중요한 문제[저널]/리광철//철학탐구(조선).—2011,(1).—39,41.

- 안창호의 <민족인격완성론>비판[저널]/김명수//철학탐구(조선).—2011,(1).—40-41.
- 혁명승리의 요인에 대한 맑스주의적 견해와 제한성[저널]/김순희//철학탐구(조선).—2011,(1).—42-43.
- <계급협조론>의 반동적본질과 해독성[저널]/한병철//철학탐구(조선).—2011,(1).—44-45.
- 계급해방사상으로서의 계급적인간소외론과 맑스주의의 형성[저널]/김문봉//철학탐구(조선).—2011,(1).—46-48.
- 위대한 수령 김일성동지의 후손답게 투쟁하며 창조하는것은 일군들과 근로자들의 혁명적의리[저널]/김정철//철학탐구(조선).—2011,(2).—2-3
- 선군정치는 경애하는 김정일동지의 신념과 의지,정치실력이 구현된 정치방식[저널]/김승하//철학탐구(조선).—2011,(2).—4
- 주체사상은 자주성을 핵으로 하는 자주사상[저널]/김명국//철학탐구(조선).—2011,(2).—5-6
- 주체사상이 밝힌 사람의 존재방식에 대한 리해[저널]/한성애//철학탐구(조선).—2011,(2).—7-8
- 인민대중의 자주적요구는 사회적운동의 원인[저널]/리재숙//철학탐구(조선).—2011,(2).—9-10
- 주체사상은 사회주의원칙의 기초[저널]/김명국//철학탐구(조선).—2011,(2).—11-12
- 혁명의 기본법칙에 대한 주체적리해[저널]/김룡철//철학탐구(조선).—2011,(2).—13-14
- 일심단결의 정신력의 본질[저널]/고혁철//철학탐구(조선).—2011,(2).—15
- 로동관을 인생관과 결합시킬데 대한 사상의 본질[저널]/김동관//철학탐구(조선).—2011,(2).—16-17
- 우리 군대와 인민의 정신력의 형성발전과정[저널]/백영일//철학탐구(조선).—2011,(2).—18-19
- 민족자존의 정신력은 강성대국건설위업수행에서 높이 발휘하여야 할 정신력[저널]/박국철//철학탐구(조선).—2011,(2).—20-21
- 보람찬 투쟁속에서의 행복에 대한 주체적견해[저널]/조원선//철학탐구(조선).—2011,(2).—22-23
- 참다운 인간생활은 인간의 본성적요구를 실현해나가는 가장 보람차고 행복한

생활[저널]/전평관//철학탐구(조선).─2011,(2).─24-25

• 주체의 사회주의사상이 밝힌 사회주의사회의 본질적우월성[저널]/김철경//철학
탐구(조선).─2011,(2).─26

• 강력한 군사력은 우리 식 사회주의정치체제의 공고성을 담보하는 중요요인[저
널]/정충상//철학탐구(조선).─2011,(2).─27-29

• 민족적긍지와 자부심[저널]/리광수//철학탐구(조선).─2011,(2).─29

• 주체성을 견지하고 민족성을 살리는것은 민족문제를 성과적으로 해결하기 위
한 원칙적요구[저널]/전명길//철학탐구(조선).─2011,(2).─30-31

• 주체사상이 밝힌 국제주의에 관한 독창적리론[저널]/김창수//철학탐구(조선).─
2011,(2).─32-33

• 문학예술적소양의 본질[저널]/황호석//철학탐구(조선).─2011,(2).─34

• 조선녀성의 고유한 미덕,미풍의 본질적내용[저널]/김광현//철학탐구(조선)   .
─2011,(2).─35

• 사회생활의 모든 분야에서 낡은것을 없애는것은 사회주의강성대국건설의 필수
적요구[저널]/오상준//철학탐구(조선).─2011,(2).─36-37

• 판단과 동의문[저널]/리윤철//철학탐구(조선).─2011,(2).─38

• 안중근의 반일애국사상[저널]/리명철//철학탐구(조선).─2011,(2).─39-41

• 사회력사의 주체에 대한 헤겔 <력사철학>의 관념론적 외곡과 그 반동성[저널]/
김란희//철학탐구(조선).─2011,(2).─42-43

• 습성에 대한 리해[저널]/주용섭//철학탐구(조선).─2011,(2).─44

• 프랑스부르죠아혁명의 리론적기초를 마련한 앨배씨위스의 사회환경론과 그 제
한성[저널]/김현국//철학탐구(조선).─2011,(2).─45-46

• 선군시대 혁명의 주체[저널]/김형국//철학탐구(조선).─2011,(2).─46

• 동물적자유를 설교하는 실존주의의 반동[저널]/장정현//철학탐구(조선).─2011,(2).
─47-48

• 고려민주련방공화국 창립방안[저널]/리종국//철학탐구(조선).─2011,(2).─표지 3면

• 우리 사회주의위업의 계승은 위대한 수령 김일성동지의 혁명사상의 계승[저
널]/왕문욱/선).─2011,(3).─2-3

• 결사과절은 혁명의 수뇌부 결사옹위의 기본요구[저널]/박명섭//철학탐구(조선).
─2011,(3).─4

- 이민위천은 우리 당의 정치철학[저널]/최천권//철학탐구(조선).—2011,(3).—5-6
- 세계의 개조발전에 관한 주체의 리론[저널]/김화종//철학탐구(조선).—2011,(3).—7-10
- 주체철학이 해명한 철학의 가치를 평가하는 기본징표[저널]/홍영삼//철학탐구(조선).—2011,(3).—9-10
- 공격정신을 높이 발휘하는것은 현실발전의 절박한 요구[저널]/림정철//철학탐구(조선).—2011,(3).—11-13
- 3대개조사업의 력사적순차성에 대한 리해[저널]/리원국//철학탐구(조선).2011,(3).—12-13
- 선군사상은 창조와 혁신의 위력한 사상리론적무기[저널]/정인혁//철학탐구(조선).—2011,(3).—14
- 선군정치는 가장 위력하고 존엄높은 자주의 정치방식[저널]/원주혁//철학탐구(조선).—2011,(3).—15
- 선군사상은 나라와 민족의 자주적발전을 담보하는 위력한 사상[저널]/홍혜명//철학탐구(조선).—2011,(3).—16-17
- 선군사상에 구현된 창조적립장[저널]/김철진//철학탐구(조선).—2011,(3).— 18
- 3대혁명력량은 주체혁명위업의 위력한 추진력[저널]승혜영//철학탐구(조선).—2011,(3).—21-22
- 사회주의의 우월성을 높이 발양시켜나갈수 있게 하는 근본담보[저널]/김명국//철학탐구(조선).—2011,(3).—23-35
- 사회주의사상문화진지를 수호하는것은 사회주의의 운명을 좌우하는 근본문제[저널]/리련희//철학탐구(조선).—2011,(3).—24-25
- 무엇이 불가능하다면 그것은 조선말이 아니라는 담력과 배짱의 본질[저널]/한광호//철학탐구(조선).—2011,(3).—26-27
- 사회정치적자주성의 옹호고수는 사회주의강성대국을 건설하는데서 사활적인 문제[저널]/김창호//철학탐구(조선).—2011,(3).—28-29
- 민족성을 고수하고 살려나가는것은 민족문제해결의 필수적요구[저널]/김혜영//철학탐구(조선).—2011,(3).—30-31
- 자력갱생은 강성대국건설에서 높이 들고나가야 할 투쟁의 기치[저널]/한호준//철학탐구(조선).—2011,(3).—32-33

- 계속혁신,계속전진의 혁명정신의 본질[저널]/박철우//철학탐구(조선).—2011,(3).—34-35
- 인간심리의 력사적발전[저널]/강혜림//철학탐구(조선).—2011,(3).—36
- 론리적오유의 본질[저널]/유향선//철학탐구(조선).—2011,(3).—37
- 중세기 기일원론철학의 인식심리사상[저널]/리정섭//철학탐구(조선).—2011,(3).—38-39
- <기측체의>에 반영된 최한기의 변증법사상[저널]/정철웅//철학탐구(조선).— 2011,(3).—40-41
- 혁명에 대한 맑스주의적리해의 제한성[저널]/리원철//철학탐구(조선).—2011,(3). —42-43
- 수령결사옹위정신[저널]/림금주//철학탐구(조선).—2011,(3).—43
- 정보의 단기기억으로부터 장기기억에로의 이행에 대한 신경심리학적리해[저 널]/서광혁//철학탐구(조선).—2011,(3).—44
- 홍대용의 북학사상[저널]/김경애//철학탐구(조선).—2011,(3).—45 -46
- 행동주의심리학발생의 근원[저널]/최청미//철학탐구(조선).—2011,(3).—47-48
- 위대한 수령 김일성동지는 자주적인 정치조직건설의 새로운 길을 개척하신 희 세의 정치원로이시다[저널]/한석봉//철학탐구(조선)—2011,(4).—2-3
- 경애하는 김정일동지는 우리 당을 로숙하고 세련된 당으로 강화발전시키신 위 대한 령도자이시다[저널]/표권//철학탐구(조선).—2011,(4).—3-5
- 수령에 대한 충실성은 혁명적신념으로 간직된 충실성[저널]/림철//철학탐구(조 선).—2011,(4).—5-6
- 주체철학을 대하는 문제는 당의 사상에 대한 관점,립장과 관련된 문제[저널]/ 최충심//철학탐구(조선).—2011,(4).—6-8
- 인간개조사업발전에 작용하는 요인에 대한 주체적리해[저널]/김혁모//철학탐구 (조선).—2011,(4).—8-10
- 인간의 활동은 세계를 개조해나가는 활동[저널]/박성철//철학탐구(조선).— 2011,(4).—10-11
- 3대개조는 사회발전의 필수적요구[저널]/강성남//철학탐구(조선).—2011,(4).—11-13
- 단결과 협력은 사람의 고유한 생존방식[저널]/한철//철학탐구(조선).—2011,(4).—13-14
- 인민대중의 강한 정신력은 국력중의 제일국력[저널]/전경수//철학탐구(조선).— 2011,(4).—15-16
- 사회주의사상의 유일적지배를 실현하는것은 사회주의를 고수하고 발전시키기

위한 중요한 원칙[저널]/김명국//철학탐구(조선).—2011,(4).—16-17

- 선군정치는 주체성과 민족성을 고수하는데서 의거하여야 할 기본정치방식[저널]/림청산//철학탐구(조선).—2011,(4).—18-19
- 오늘의 총공격전은 인민생활향상을 위한 대진군의 계속이며 새로운 높은 단계[저널]/진문정//철학탐구(조선).—2011,(4).—19-21
- 사상교양사업을 사회주의위업수행의 생명선으로 틀어쥐고나갈데 대한 사상의 본질[저널]/리철남//철학탐구(조선).—2011,(4).—21-23
- 사회주의는 민족의 참다운 부강번영이 이룩되는 가장 우월한 사회[저널]/진철//철학탐구(조선).—2011,(4).—23-24
- 민족적자존심은 나라와 민족의 륭성번영을 담보하는 정신적원동력[저널]/김성일//철학탐구(조선).—2011,(4).—24-26
- 사상문화전선에서 새로운 혁명적대고조의 봉화를 세차게 지펴올리기 위한 중요요구[저널]/강옥/선).—2011,(4).—26-28
- 실천능력의 기본내용[저널]/김동재//철학탐구(조선).—2011,(4).—28-29
- 믿음에 보답하려는것은 인간의 본성[저널]/김정애//철학탐구(조선).—2011,(4).—29-30
- 정열은 위대한 창조의 원천[저널]/송정혁//철학탐구(조선).—2011,(4).31-32
- 사회주의도덕을 구현하는데서 나서는 중요요구[저널]/김일순//철학탐구(조선).—2011,(4).—32-34
- 아름다운것을 지향하는것은 인간의 본성[저널]/김성희//철학탐구(조선).—2011,(4).—34-35
- 환경미창조는 사회주의강성국가건설의 필수적요구[저널]/한금실//철학탐구(조선).—2011,(4).—35-36
- 모순배제법칙의 본질[저널]/오택성//철학탐구(조선).—2011,(4).—37-38
- 사물현상의 특징을 밝히는 론리적방법과 그 응용[저널]/최호찬//철학탐구(조선).—2011,(4).—38-40
- 청년기수양의 특징[저널]/김희성//철학탐구(조선).—2011,(4).—40-41
- 조선근대계몽사상가들이 제기한 유교비판론의 진보성과 제한성[저널]/리상욱//철학탐구(조선).—2011,(4).—42-43
- 사회현상연구에 통계적방법을 적용하는데서 지켜야 할 원칙[저널]/최진혁//철학탐구(조선).—2011,(4).—44-45

- 사물현상들의 련관과 차이를 밝히는 론리적방법[저널]/윤혜영//철학탐구(조선).
  —2011,(4).—45-46
- 칸트의 정치사상과 그 제한성[저널]/리태철//철학탐구(조선).—2011,(4).—47-48
- 위대한 수령 김일성동지를 주체의 태양으로 영원히 높이 받들어모시는 우리
  인민의 숭고한 도덕의리[저널]/박성일//철학탐구(조선).—2012,(1).—2-3
- 위대한 수령 김일성동지의 당인 조선로동당의 혁명령도의 특징[저널]/표권//철
  학탐구(조선).—2012,(1).—3-5
- 위대한 령도자 김정일동지께서 밝히신 혁명적군인 문화를 전형으로 하는 선군
  문화건설로선[저널]/윤정미//철학탐구(조선).—2012,(1).—5-6
- 경애하는 김정은동지의 현명한 령도는 주체혁명위업을 빛나게 계승완성할수
  있는 근본담보[저널]/김혁모//철학탐구(조선).—2012,(1).—7-8
- 백두의 혁명정신의 사상적기초[저널]/진문정//철학탐구(조선).—2012,(1).—9-10
- 사상강국건설은 강성국가건설에서 기본[저널]/최승일//철학탐구(조선).—2012,(1).
  —11-12
- 사람에 대한 관점과 립장은 사상과 리론,로선과 정책의 과학성과 정당성을 규
  정하는 기준[저널]/김남철//철학탐구(조선).—2012,(1).—12-13
- 인민대중의 리익은 리론의 가치를 규정하는 중요한 요인[저널]/전영애//철학탐
  구(조선).—2012,(1).—14-15
- 자주적인 사상의식은 사람이 자주적이며 창조적인 존재로 되게 하는 결정적요
  인[저널]/방혜련//철학탐구(조선).—2012,(1).—16-17
- 선군정치는 주체성과 민족성을 고수하여야 할 시대와 혁명발전의 요구를 반영
  하여나온 정치방식[저널]/림청산//철학탐구(조선).—2012,(1).—17-18
- 군대는 곧 당이고 국가이며 인민[저널]/김금숙//철학탐구(조선).—2012,(1).—19-20
- 우리식 사회주의는 선군으로 위용떨치는 불패의 사회주의[저널]/김철경//철학탐
  구(조선).—2012,(1).—20-22
- 인민대중의 지향과 요구는 모든 사회현상의 진리성을 가르는 기준[저널]/리주
  복//철학탐구(조선).—2012,(1).—22-24
- 선군시대 인간들의 숭고한 미래관을 지니고 투쟁하는것은 사회주의강성국가건
  설의 필수적요구[저널]/리철호//철학탐구(조선).—2012,(1).—24-25
- 주체의 원칙,자주로선을 견지하는것은 사회주의위업수행의 본성적요구[저널]/김

수영//철학탐구(조선).—2012,(1).—25-26
- 자력갱생은 자주적인간이 지녀야 할 고귀한 정신[저널]/박국철//철학탐구(조선). —2012,(1).—26-27
- 현대적과학기술에 기초한 자력갱생은 오늘의 혁명적대고조시대가 요구하는 자력갱생[저널]/박명건//철학탐구(조선).—2012,(1).—28-29
- 이민위천의 사상은 가장 숭고한 애민정신[저널]/김건일//철학탐구(조선).— 2012,(1).—29-31
- 민족적자존심현성의 기초[저널]/김영호//철학탐구(조선).—2012,(1).—31-32
- 혁명적락관주의는 혁명가의 고유한 사상정신적특질[저널]/리원철//철학탐구(조선).—2012,(1).—32-33
- 혁명적인 문화정서생활은 선군시대 자주적인간의 참다운 생활[저널]/손영수//철학탐구(조선).—2012,(1).—34-35
- 주체의 사회주의위업완성의 근본담보[저널]/라현국//철학탐구(조선).—2012,(1).—35-36
- 지식은 자연과 사회를 개조변혁하기 위한 힘있는 무기[저널]/한동건//철학탐구(조선).—2012,(1).—36-38
- 청년과학자대군은 민족번영의 추동력[저널]/김국형//철학탐구(조선).—2012,(1).—38-39
- 집단주의는 가장 아름다운 미덕[저널]/리동인//철학탐구(조선).—2012,(1).—39-40
- 취미와 기호에 맞게 사람과의 사업을 하기 위한 심리학적요구[저널]/김소향//철학탐구(조선).—2012,(1).—40-42
- 비형식론리의 발생[저널]/박광일//철학탐구(조선).—2012,(1).—42-43
- 성미의 본질과 류형[저널]/우정혁//철학탐구(조선).2012,(1).—43-44
- 왕충이 제기한 인식론적 견해[저널]/김학룡//철학탐구(조선).—2012,(1).—45-46
- 자주성은 사람의 생명[저널]/강련숙//철학탐구(조선).—2012,(1).—46-47
- 혁명적대고조에 대한 리해[저널]/리명실//철학탐구(조선).—2012,(1).— 47-48
- 인권의 담당자[저널]/림성철//철학탐구(조선).—2012,(1).—48
- 3대혁명붉은기쟁취운동[저널]/리기영//철학탐구(조선).—2012,(1).—49
- 위대한 수령 김일성동지의 혁명력사는 선군혁명령도의 력사[저널]/우성섭//철학탐구(조선).—2012,(2).—2-3
- 위대한 김일성동지의 후손답게 투쟁하며 창조하는것은 선군혁명투사들의 일본새[저널]/김현철//철학탐구(조선).—2012,(2).—4

- 경애하는 김정은동지의 유일적령도체계를 철저히 세우는것은 당과 군대와 인민의 일심단결을 백방으로 강화하기 위한 근본담보[저널]/오천일//철학탐구(조선).—2012,(2).—5-6
- 주체철학이 밝힌 세계에 대한 관점과 립장의 독창성[저널]/박명남//철학탐구(조선).—2012,(2).—7-8
- 사람의 본질적속성의 사회력사적형성발전에 대한 주체적리해[저널]/리명수//철학탐구(조선).—2012,(2).—8-9
- 지도사상은 민족의 위대성을 규정하는 결정적요인[저널]/리원철//철학탐구(조선).—2012,(2).—10-11
- 사회주의사상진지를 튼튼히 다져나가는데서 기본[저널]/강선화//철학탐구(조선).—2012,(2).—11-12
- 인민대중의 자주적요구와 리익을 철저히 옹호하고 구현해나가는것은 사회주의건설에서 일관하게 견지하여야 할 근본원칙[저널]/김인국//철학탐구(조선).—2012,(2).—12-13
- 사람들의 사상정신생활에서 문화의 역할[저널]/조종철//철학탐구(조선).2012,(2).—13-15
- 주체성과 민족성을 고수하고 구현하는것은 조국통일위업실현의 근본담보[저널]/박명국//철학탐구(조선).—2012,(2).—15-16
- 사회주의경쟁운동은 새로운 대고조진군의 위대한 수단[저널]/리명철//철학탐구(조선).—2012,(2).—17-18
- 우리식 사회주의는 혁명의 수뇌부를 중심으로 하여 굳게 단결된 가장 위력한 사회주의[저널]/최순옥//철학탐구(조선).—2012,(2).—18-19
- 사회주의는 매개 민족의 문명하고 힘있는 민족으로의 발전을 보장하는 우월한 사회[저널]/강현재//철학탐구(조선).—2012,(2).—20-21
- 선군은 사회주의의 운명이며 미래[저널]/리홍수//철학탐구(조선).—2012,(2).—22-23
- 총대는 경제강국건설의 확고한 담보[저널]/류정혁//철학탐구(조선).—2012,(2).—23-24
- 사회주의를 지키는것을 도덕적의무로 간직하는것은 사회주의위업을 옹호하고 끊임없이 빛내여나가기 위한 중요한 담보[저널]/현태식//철학탐구(조선).—2012,(2).—25-26

- 이민위천의 사상을 신념으로 간직한 인민의 참된 심부름군으로 되는것은 일군들의 본분[저널]/김송근//철학탐구(조선).—2012,(2).—27
- 혁명적열의를 지니는것은 혁명가로서의 사명과 본분을 다하기 위한 중요한 담보[저널]/김설경//철학탐구(조선).—2012,(2).—28-29
- 가정화목의 심리적특성[저널]/원종환//철학탐구(조선).—2012,(2).—29-30
- 청년들속에서 사회주의도덕교양을 강화하는것은 선군시대의 중요한 요구[저널]/김정아//철학탐구(조선).—2012,(2).—30-31
- 사회제도의 미창조에서 나서는 미학적문제[저널]/한금실//철학탐구(조선).—2012,(2).—32-33
- 봉사성은 봉사일군들이 반드시 지녀야 할 중요한 품성[저널]/손송희//철학탐구(조선).—2012,(2).—33-35
- 부르죠아륜리학은 자본주의제도의 변호론[저널]/강철//철학탐구(조선).—2012,(2).—35-37
- 론증에서 분론증들의 련결방식[저널]/전학철//철학탐구(조선).—2012,(2).—37-38
- 론리학의 발전추세[저널]/박광일//철학탐구(조선).—2012,(2).—39-40
- 최한기의 개국론[저널]/박덕봉//철학탐구(조선).—2012,(2).—40-41
- 제국주의자들이 떠벌리는 <신자유주의론>의 변동성[저널]/김용대//철학탐구(조선).—2012,(2).—41-42
- 개념과 품사들사이의 관계[저널]/최호찬//철학탐구(조선).—2012,(2).—43-44
- 고대무신론의 특징과 제한성[저널]/리영남//철학탐구(조선).—2012,(2).—44-45
- 4분법에 의한 감정진단방법[저널]/김광협//철학탐구(조선).—2012,(2).—46-47
- 조선녀성의 심리형성발전에 작용하는 요인[저널]/리옥분//철학탐구(조선).—2012,(2).—47-48
- 사회주의법무생활[저널]/김철호//철학탐구(조선).—2012,(2).—48
- 위대한 수령 김일성동지의 회고록 <세기와 더불어>에 반영된 혁명적의리에 관한 사상[저널]/조순희//철학탐구(조선).—2012,(3).—2-3
- 위대한 령도자 김정일동지의 강의한 혁명적신념의 본질[저널]/전수옥//철학탐구(조선).—2012,(3).—3-4
- 위대한 김정일동지의 혁명업적과 유훈은 우리가 영원히 틀어쥐고 나가야 할 생명선이며 혁명의 만년재보[저널]/강현재//철학탐구(조선).—2012,(3).—4-6

- 위대한 령도자 김정일동지께서 밝히신 군사중시의 관점에서 당과 혁명대오를 강화할데 대한 사상[저널]/허성숙//철학탐구(조선).—2012,(3).—6-7
- 선군의 위력,일심단결의 위력은 위대한 김정일동지의 제일 유산[저널]/표권//철학탐구(조선).—2012,(3).—8-9
- 경애하는 김정은동지는 선군조선의 승리와 영광의 기치[저널]/양성철//철학탐구(조선).—2012,(3).—9-10
- 래일을 위한 오늘에 살데 대한 인생관은 혁명가들이 반드시 지녀야 할 숭고한 혁명적인생관[저널]/최광룡//철학탐구(조선).—2012,(3).—11-12
- 붓대철학은 우리 당의 독창적인 붓대중시 사상[저널]/최남철//철학탐구(조선).—2012,(3).—13-14
- 민심은 천심[저널]/최경호//철학탐구(조선).—2012,(3).—14-16
- 주체사상이 밝힌 혁명승리의 주체적요인을 주동적으로 마련하고 객관적조건을 적극적으로 성숙시켜나갈데 대한 사상[저널]/권학진//철학탐구(조선)—2012,(3). —16-17
- 주체사상이 밝힌 문화수준문제의 본질[저널]/남혜경//철학탐구(조선).—2012,(3).—18
- 수령,당,군대,인민의 일심단결은 우리식 사회주의정치체제의 공고성을 담보하는 중요요인[저널]/김경철//철학탐구(조선).—2012,(3).—19-20
- 선군혁명총진군은 사상의 총진군[저널]/리만수//철학탐구(조선).—2012,(3).—20-21
- 사회주의강성국가건설위업은 정신력을 기본무기로 하여 전진하는 불패의 위업[저널]/김학영//철학탐구(조선).—2012,(3).—21-22
- 혁명적군인정신은 인민군대의 혁명적성격을 고수할수 있게 하는 추동력[저널]/리성남//철학탐구(조선).—2012,(3).—22-24
- 일심단결은 우리 나라 사회주의제도의 공고성의 근본담보/리영애[저널]//철학탐구(조선).—2012,(3).—24-25
- 민족적자존심의 본질[저널]/김영호//철학탐구(조선).—2012,(3).—25-26
- 민족적자존심은 나라와 민족의 륭성번영을 담보하는 정신적원동력[저널]/김철혁//철학탐구(조선).—2012,(3).26-28
- 혁명적락관주의정신은 사회주의강성국가건설을 추동하는 정신적원동력[저널]/리영일//철학탐구(조선).—2012,(3).—28-29
- 민족문화전통을 옳게 계승발전시키는것은 사회주의위업의 본성적요구[저널]/유효근//철학탐구(조선)—2012,(3).—30-31

- 수령의 권위와 위신을 헐뜯는것은 현대사회 민주주의의 반동적본질에서 기본/ 전하철[저널]//철학탐구(조선).—2012,(3).—31-32
- 해설과 설복은 청년들과의 사업의 기본방법[저널]/김철수//철학탐구(조선).— 2012,(3).—32-33
- 환경륜리의 본질과 특징[저널]/장대국//철학탐구(조선).—2012,(3).—34-36
- 심리평가에 대한 리론적견해[저널]/김광협//철학탐구(조선).—2012,(3).—36-37
- 사회민주주의의 력사적변천과 현대수정주의의 반동성[저널]/리향미//철학탐구(조선).—2012,(3).—38-39
- 최제우의 반침략애국주의사상과 그 제한성[저널]/오천일//철학탐구(조선).—2012,(3).—39-41
- 장유의 인식에 대한 유물론적견해[저널]/장미남//철학탐구(조선).—2012,(3).—41
- 자연철학에 대한 일반적리해[저널]/리명수//철학탐구(조선).—2012,(3).—42-43
- 로동계급의 력사적사명에 대한 맑스주의창시자들의 견해와 그 제한성[저널]/강명철//철학탐구(조선).—2012,(3).—43-44
- 사람의 자주성을 규정하는 결정적요인은 자주적인 사상의식[저널]/변정범//철학탐구(조선).—2012,(3).—45-46
- 심리연구방법에서 질문서법의 류형/박영길//철학탐구(조선).—2012,(3).—46-47
- 조선녀성의 심리적특징[저널]/리옥분//철학탐구(조선).—2012,(3).—47-48
- 온 사회의 김일성-김정일주의화는 온 사회의 김일성주의화의 혁명적계승이며 새로운 높은 단계에로의 심화발전[저널]/손영수//철학탐구(조선).—2012,(4).—2-3
- 주의는 주체시대를 대표하는 위대한 혁명사상[저널]/오천일//철학탐구(조선).— 2012,(4).—4-5
- 경애하는 김정일동지는 위대한 수령님의 총대중시,군사중시 사상과 로선을 선군사상으로 정식화하신 탁월한 사상리론가[저널]/서성일//철학탐구(조선).— 2012,(4).—6-7
- 위대한 김정일동지께서 밝히신 당의 령도예술 건설리론의 중요특징[저널]/표권// 철학탐구(조선).—2012,(4).—8-9
- 인간의 발전은 자주의식과 창조적능력의 발전/김통일//철학탐구(조선).—2012,(4).—9-11
- 인간활동의 창조적성격[저널]/안철국//철학탐구(조선).—2012,(4).—11-12

- 선군정치는 사상을 기본으로 틀어쥐고나가는 위력한 사상중시의 정치[저널]/우성섭//철학탐구(조선).—2012,(4).—12-14
- 사회의 모든 성원들을 하나의 사상으로 무장시키는것은 사상의 일색화에서 기본[저널]/전경수//철학탐구(조선).—2012,(4).—14-15
- 주체성과 민족성을 고수하고 자주로선을 확고히 견지하는것은 나라와 민족의 자주권을 지키기 위한 중요한 담보[저널]/김영호//철학탐구(조선).—2012,(4).—16-17
- 백두의 혁명정신은 우리 인민의 강인한 정신력의 억센 뿌리[저널]/문성세//철학탐구(조선).—2012,(4).—17-18
- 신념과 의지,배짱은 혁명가의 사상정신적기질[저널]/최재길//철학탐구(조선).—2012,(4).—18-19
- 항일의 애국주의는 조국애의 최고정화[저널]/리무석//철학탐구(조선).—2012,(4).—19-21
- 정신력은 민족의 존엄을 빛내여주는 생명선[저널]/최원국//철학탐구(조선).—2012,(4).—21-22
- 사회주의정치의 근본원리의 본질적내용[저널]/엄경철//철학탐구(조선).—2012,(4).—22-24
- 인민에 대한 사랑은 선군정치의 핵[저널]/박경옥//철학탐구(조선).—2012,(4).—24-25
- 정보산업발전에서 우리식 사회주의가 가지는 결정적우월성[저널]/리평주//철학탐구(조선).—2012,(4).—25-26
- 민족적자존심은 자기의것에 대한 애착심과 잇닿아있는 사상감정[저널]/김영호//철학탐구(조선).—2012,(4).—27
- 자주적인 사상의식은 인간의 존엄과 가치를 담보하는 중요한 요인[저널]/김장용//철학탐구(조선).—2012,(4).—28-29
- 의식적활동에 대한 주체적리해[저널]/주승원//철학탐구(조선).—2012,(4).—29-30
- 객관적법칙의 주동적인식리용은 사회적운동의 합법칙적과정[저널]/한영환//철학탐구(조선).—2012,(4).—30-31
- 체육륜리의 본질/강철//철학탐구(조선).—2012,(4).—32-33
- 스트레스에 대한 일반적리해[저널]/조광철//철학탐구(조선).—2012,(4).—33-35
- 학습장애에 대한 일반적리해[저널]/박정철//철학탐구(조선).—2012,(4).—35-36
- 장지연의 애국주의사상[저널]/김철만//철학탐구(조선).—2012,(4).—36-37

- 민족소멸에 관한 선생한 로동계급의 리론과 제한성[저널]/리경림//철학탐구(조선).―2012,(4).―38-39
- 중세기 우리 나라에서 유물론적인식론이 철학발전에 미친 영향[저널]/리덕남//철학탐구(조선).―2012,(4).―39-41
- 고대중국의 무신론과 그 제한성[저널]/리영남//철학탐구(조선).―2012,(4).―41-43
- 문예부흥운동과 인문주의에 대한 과학적리해[저널]/정심//철학탐구(조선).―2012,(4).―43-44
- 과학기술발전에서 생산실천이 노는 역할[저널]/남은미//철학탐구(조선).―2012,(4).―45-46
- 조광조의 철학사상[저널]/김현철//철학탐구(조선).―2012,(4).―46-47
- 사회다원주의의 반동성[저널]/강옥//철학탐구(조선).―2012,(4).―48
- 방법[저널]/정웅//철학탐구(조선).―2012,(4).―49
- 위대한 김정일동지는 애국주의의 숭고한 모범을 창조하신 절세의 애국자[저널]/김일순//철학탐구(조선).―2013,(1).―2-3
- 경애하는 김정은동지는 비범한 군사적예지와 령군술을 지니신 백두산형의 장군[저널]/우성섭//철학탐구(조선).―2013,(1).―3-5
- 경애하는 김정은동지께서 주체혁명위업 계승완성의 확고한 담보를 마련하시기 위하여 이룩하신 불멸의 업적[저널]/김명철//철학탐구(조선).―2013,(1).―5-6
- 위대한 령도자 김정일동지의 불후의 고전적명작 <조선아 너를 빛내리>에 담겨진 수령의 혁명위업을 대를 이어 빛내여나갈데 대한 사상[저널]/지정길//철학탐구(조선).―2013,(1).―6-8
- 김정일애국주의는 수령중심의 조국관에 기초한 애국주의[저널]/김인철//철학탐구(조선).―2013,(1).―8-9
- 주체철학이 밝힌 인간의 운명개척의 근본방도[저널]/김정혁//철학탐구(조선).―2013,(1).―9-11
- 사람의 자주적활동은 자주성을 옹호하고 실현하기 위한 활동[저널]/로순철//철학탐구(조선).―2013,(1).―11-12
- 수령에 대한 매혹의 본질[저널]/문일영//철학탐구(조선).―2013,(1).―12-14
- 수령의 위대성은 혁명적인 사상정신을 지닌 민족의 위대성을 낳은 근본요인[저널]/백명철//철학탐구(조선).―2013,(1).―14-15

- 주체사상이 밝혀준 혁명의 근본원리의 독창성[저널]/연성삼//철학탐구(조선).—2013,(1).—16- 17
- 단숨에 정신의 본질적특징[저널]/홍철민//철학탐구(조선).—2013,(1).—17-18
- 혁명적락관주의는 사회주의강성국가건설의 승리를 앞당겨오는 정신적원동력[저널]/김원//철학탐구(조선).—2013,(1).—18-20
- 혁명적총관에 구현된 주체의 인생관[저널]/김인호//철학탐구(조선).—2013,(1).—20-21
- 선군정치는 수령님의 사회주의정치리념을 빛나게 실현한 사회주의기본정치식[저널]/정심//철학탐구(조선).—2013,(1).—21-23
- 자주,선군,사회주의는 우리 혁명의 백년대계의 전략[저널]/심경철//철학탐구(조선).—2013,(1).—23-24
- 혁명적군인정신을 적극 따라배우는것은 사회주의근로자로서의 영예를 고수하고 빛내이기 위한 중요한 요구[저널]/조금철//철학탐구(조선).—2013,(1).—24-25
- 사상과 실력으로 강성부흥의 길을 열어나갈데 대한 사상의 본질적내용[저널]/김명철//철학탐구(조선).—2013,(1).—26-27
- 우리 나라 사회주의는 사회생활의 모든 분야에서 우리 인민의 자주적요구를 철   저히 실현해주는 가장 우월한 사회제도[저널]/오천일//철학탐구(조선).—2013,(1).—27-29
- 대중운동의 본질[저널]/김성철//철학탐구(조선).—2013,(1).—29-30
- 사회주의는 인류사회발전의 력사적총화[저널]/김룡범//철학탐구(조선).—2013,(1).—30-32
- 전통륜리의 본질[저널]/조홍희//철학탐구(조선).—2013,(1).—32-33
- 국토관리사업은 자연개조의 필수적인 령역[저널]/김향금//철학탐구(조선).—2013,(1).—34-35
- 심리상담의 본질과 특징[저널]/박명남//철학탐구(조선).—2013,(1).—35-36
- 착상의 형성에 작용하는 심리적요인[저널]/박응식//철학탐구(조선).—2013,(1).—37-38
- 피복심리의 본질[저널]/김심일//철학탐구(조선).—2013,(1).—38-39
- 론증분석에 작용하는 요인[저널]/박광일//철학탐구(조선).—2013,(1).—39-40
- 애국주의와 사회주의의 호상관계에 관한 선생리론과 그 제한성[저널]/엄춘봉//철학탐구(조선).—2013,(1).—40-42

- 과학을 발전시킬데 대한 홍대용의 견해[저널]/리광//철학탐구(조선).―2013,(1).―42-43
- 포이에르바흐의 무신론과 그 제한성[저널]/리영남//철학탐구(조선).―2013,(1).―43-45
- 주체철학의 독창성과 우월성을 해설론증하는데서 나서는 방법론적기초[저널]/김정남//철학탐구(조선).―2013,(1).―45-46
- 론리적인 서술과 형상적인 서술의 차이[저널]/리명진//철학탐구(조선).―2013,(1).―46-47
- 주의력결핍 및 다동증(ADHD)에 대한 일반적리해[저널]/박정철//철학탐구(조선).―2013,(1).―48
- 위대한 김일성동지의 사상과 령도,풍모의 기초는 인민에 대한 사랑과 믿음[저널]/방호철//철학탐구(조선).―2013,(2).―2-3
- 경애하는 김정은동지께서 밝히신 민족의 존엄,나라의 자주권의 귀중성에 관한 사상리론과 그 정당성[저널]/김철혁//철학탐구(조선).―2013,(2).―3-5
- 김정일애국주의는 부강조국건설의 힘있는 원동력[저널]/리원철//철학탐구(조선).―2013,(2).―5-7
- 김일성민족의 높은 존엄은 김정일애국주의가 안아온 고귀한 결실[저널]/리명철//철학탐구(조선).―2013,(2).―7-8
- 김정일애국주의를 구현하는것은 사회주의강성국가건설위업을 실현해나가기 위한 매우 중요한 요구[저널]/허성숙//철학탐구(조선).―2013,(2).―9-10
- 오늘을 위한 오늘에 살지 말고 래일을 위한 오늘에 살라는 어버이장군님의 인생관을 닮는것은 혁명전사들의 마땅한 도덕의리[저널]/최광룡//철학탐구(조선).―2013,(2).―10-12
- 주체철학이 새롭게 해명한 철학의 사명[저널]/문일영//철학탐구(조선).―2013,(2).―12-13
- 사회적운동에 대한 주체적리해/김혁모//철학탐구(조선).―2013,(2).―14-15
- 사회발전과정은 인민대중의 자주성이 실현되여나가는 과정[저널]/리명성//철학탐구(조선).―2013,(2).―16-17
- 사회관계발전의 일반적합법칙성에 대한 주체적리해[저널]/승명수//철학탐구(조선).―2013,(2).―17-19

- 주체사상이 밝힌 혁명위업계승의 중요내용[저널]/려형준//철학탐구(조선).—2013,(2).—19-20
- 주체사상이 밝힌 사회주의정치의 근본원리의 혁명성[저널]/엄경철//철학탐구(조선).—2013,(2).—20-21
- 혁명의 수뇌부를 중심으로 하는 군대와 인민의 일심단결은 선군혁명위업완성의 천하지대본[저널]/최일현//철학탐구(조선).—2013,(2).—22
- 혁명대오의 일심단결을 백방으로 강화하는것은 강성국가건설의 최후승리를 위한 근본담보[저널]/한영진//철학탐구(조선).—2013,(2).—23
- 주체성과 민족성은 나라와 민족의 생명[저널]/리현성//철학탐구(조선).—2013,(2).—24-25
- 선군정치는 나라와 민족의 운명개척을 위한 민족적기치[저널]/심명철//철학탐구(조선).—2013,(2).—25-27
- 항일혁명투사들을 따라배우는것은 우리 인민의 정신력을 높이 발양시키기 위한 중요방도[저널]/홍근//철학탐구(조선).—2013,(2).—27-28
- 반제계급의식으로 무장하는것은 자주성을 실현하기 위한 투쟁의 기본요구[저널]/명철//철학탐구(조선).—2013,(2).—28-29
- 생눈길을 헤쳐나가는 심정으로 일해나갈데 대한 사상은 오늘의 시대와 혁명의 요구를 반영한 창조정신[저널]/백철송//철학탐구(조선).—2013,(2).—29-30
- 인민대중의 지향과 요구를 기준으로 사회현상을 대하는 관점과 립장[저널]/표광근//철학탐구(조선.—2013,(2).—30-32
- 민심을 틀어쥐고 사람과의 사업을 잘할데 대한 사상의 본질적내용[저널]/리철만//철학탐구(조선).—2013,(2).—33-34
- 생눈길을 헤쳐나가는 심정으로 일해나갈데 대한 사상은 오늘의 시대와 혁명의 요구를 반영한 창조정신[저널]/변정범//철학탐구(조선).—2013,(2).—34-35
- 사회주의관광봉사륜리의 역할[저널]/주경일//철학탐구(조선).—2013,(2).—35-36
- 격려의 방식에 대한 리해[저널]/홍선화//철학탐구(조선).—2013,(2).—37-38
- 위법심리의 본질적특성[저널]/전정식//철학탐구(조선).—2013,(2).—38-39
- 동학의 애국애민적성격[저널]/김영준//철학탐구(조선).—2013,(2).—40-41
- 사회발전단계를 외곡하는 경제성장단계론의 반동성[저널]/리득수//철학탐구(조선).—2013,(2).—41-42

- 혁명적군인품성의 특징[저널]/성찬수//철학탐구(조선).—2013,(2).—43
- 아름다운것을 지향하는 고상한 풍모를 지니도록 교양하는것은 우리 나라를 사회주의선경으로 꾸려나가기 위한 중요요구[저널]/황순희//철학탐구(조선).—2013,(2).—44-45
- 학교를 도와주는 사업은 후대들을 나라의 훌륭한 역군으로 키우기 위한 애국사업[저널]/한형권//철학탐구(조선).—2013,(2).—46-47
- 원인을 밝힌 론증에 대한 일반적분석방법[저널]/최주성//철학탐구(조선).—2013,(2).—47-48
- 위대한 수령 김일성동지께서 밝히신 사회발전에서 정의의 전쟁이 노는 역할에 관한 사상[저널]/김명철//철학탐구(조선).—2013,(3).—2-3
- 당원들을 참다운 김일성-김정일주의자로 준비시키는것은 당세포의 가장 중요한 과업[저널]/한보암//철학탐구(조선).—2013,(3).—4-5
- 김정일애국주의의 요구대로 살며 투쟁하는것은 선군시대 과학자들의 높은 창조적기풍발양의 중요한 담보[저널]/김원//철학탐구(조선).—2013,(3).—5-7
- 주체철학은 인민대중의 혁명투쟁에 이바지하는 참다운 혁명철학[저널]/홍영삼//철학탐구(조선).—2013,(3).—7-9
- 사회적재부에 대한 주체적리해/김혁모//철학탐구(조선).—2013,(3).—9-10
- 창조적능력발양의 합법칙성[저널]/김창현//철학탐구(조선).—2013,(3).—11-12
- 사회과학연구에서 견지하여야 할 원칙[저널]/류제일//철학탐구(조선).—2013,(3).—12-13
- 매개 민족이 자기의 고유한 생활과 력사를 자유롭게 창조 해나가 는것은 민족발전의 합법칙적 과정[저널]/백현철/철학탐구(조선).—2013,(3).—14-15
- 근로대중의 혁명적당과 국가의 유일적이며 중앙집권적인 지도에 의한 사회주의 사회의 민주주의의 불가분리의 보장[저널]/김기철//철학탐구(조선).—2013,(3).—15-17
- 인민대중의 역할을 높이는것은 전략전술의 위력을 결정하는 근본요인[저널]/리동조//철학탐구(조선).—2013,(3).—17-18
- 사회에 대한 통일적지도를 강화하는것은 사회주의사회발전의 중요요구[저널]/유명순//철학탐구(조선).—2013,(3).—18-20
- 혁명적 신념과 배짱은 선군정치실현의 사상정신적원천[저널]/김금숙//철학탐구(조선).—2013,(3).—20-21
- 항일혁명투사들의 생에 대한 혁명적관점,사상정신적기초[저널]/김은주//철학탐구

(조선).—2013,(3).—21-23

- 선군의 길은 국력을 백방으로 강화하는 불변진로[저널]/장정임//철학탐구(조선). —2013,(3).—23-25
- 자기 땅에 발을 붙일데 대한 사상의 본질[저널]/로현석//철학탐구(조선).—2013,(3).— 25-26
- 민족제일주의의 영예를 떨쳐나가는것은 우리식 사회주의를 더욱 강화발전시켜 나가는 길[저널]/최순결//철학탐구(조선).—2013,(3).—26-27
- 최첨단돌파사상의 정당성[저널]/손광철//철학탐구(조선).—2013,(3).—28-29
- 사회주의교육륜리의 본질적특징[저널]/김성률//철학탐구(조선).—2013,(3).—29-30
- 봉사륜리의 본질과 특징[저널]/강철//철학탐구(조선).—2013,(3).—30-32
- 주체의 체육륜리의 본질적특징[저널]/신광일//철학탐구(조선).—2013,(3).—32-34
- 자기의식의 본질[저널]/최설란//철학탐구(조선).—2013,(3).—34-35
- 자신심의 본질[저널]/리상혁//철학탐구(조선).—2013,(3).—35-36
- 창조적상상력의 본질[저널]/배경심//철학탐구(조선).—2013,(3).—36-38
- 격려와 기대감의 조성[저널]/홍선화//철학탐구(조선).—2013,(3).—38-39
- 조선근대반침략애국사상의 특징[저널]/오천일//철학탐구(조선).—2013,(3).—39-41
- 박은식의 사회개혁사상의 진보성[저널]/동영호//철학탐구(조선).—2013,(3).—41-43
- 현대부르죠아 <시민사회>론의 반동성[저널]/김덕철//철학탐구(조선).—2013,(3).—43-45
- 사회지표의 본질[저널]/김철혁//철학탐구(조선).—2013,(3).—45-46
- 리론적가설의 통계적가설[저널]/박정철//철학탐구(조선).—2013,(3).—46-47
- 왕건의 <인정> 사상[저널]/한철진//철학탐구(조선).—2013,(3).—47-48
- 위대한 김일성동지께서 우리 당을 당의 위업을 대를 이어 계승해나갈수 있도록 전망성있게 건설하신 불멸의 업적[저널]/정학철//철학탐구(조선).—2013,(4)—2-3
- 김일성-김정일주의는 본질에 있어서 인민대중제일주의[저널]/림춘관//철학탐구 (조선).—2013,(4).—4-5
- 우리 인민에 대한 절대적인 믿음은 김정일애국주의의 출발점[저널]/양혜영//철 학탐구(조선).—2013,(4).—5-7
- 주체사상이 밝힌 세계를 대하는 사람의 태도의 본질적내용/김영규//철학탐구(조 선).—2013,(4).—7-8
- 사회적운동으로서의 사람의 운동에 대한 새로운 해명[저널]/문일영//철학탐구(조

선).―2013,(4).―9-10

- 주체의 혁명관은 주체철학의 독자적인 구성부분[저널]/최금회//철학탐구(조선).
  ―2013,(4).―10-11
- 주체사상이 밝힌 수령에 대한 혁명적신념의 본질적내용[저널]/신광재//철학탐구
  (조선).―2013,(4).―11-13
- 수령영생은 혁명위업완성의 필수적요구[저널]/김명철//철학탐구(조선).―2013,(4).
  ―13-14
- 주체사상이 밝힌 적은 힘으로 큰 적을 타승할데 대한 사상과 그 정당성[저널]/
  하영호//철학탐구(조선).―2013,(4).―14-16
- 사회주의정치의 근본원리의 철학적기초/[저널]엄경철//철학탐구(조선).―2013,(4).
  ―16-17
- 선군정치는 우리 민족의 자주권과 존엄을 수호하기 위한 확고한 담보[저널]/리
  경림//철학탐구(조선).―2013,(4).―17-19
- 문화지식의 일반적 특징[저널]/안광철//철학탐구(조선).―2013,(4).―19-21
- 우리 민족의 정신도덕적우수성은 위대한 주체사상에 기초하고있는 가장 우월
  한 정신도덕적우수성[저널]/김수란//철학탐구(조선).―2013,(4).―21-23
- 당과 인민정권,군대는 다같이 우리 혁명투쟁의 중요한 무기[저널]/심명철//철학
  탐구(조선).―2013,(4).―23-24
- 민족의 자주성을 옹호고수하는것은 인민대중의 자주성을 실현하기 위하여 나
  서는 선차적요구[저널]/김해석//철학탐구(조선).―2013,(4).―25-26
- 사회과학연구에서 나서는 모든 문제들을 원리적으로 깊이있게 해명하는 것은 사
  회과학의 감화력과 실천력을 높이기 위한 중요요구[저널]/오연춘//철학탐구(조선).
  ―2013,(4).―26-27
- 과학적신념과 량심은 사회과학자들이 참된 지식인혁명가가 되기 위하여 갖추
  어야 할 중요징표[저널]/김경숙//철학탐구(조선).―2013,(4).―27-29
- 높은 창조적실천능력은 지식경제시대 과학자가 지녀야할 필수적인 자질[저널]/
  김원//철학탐구(조선).―2013,(4).―29-30
- 혁명적군인정신은 선군시대를 상징하고 대표하는 숭고한 혁명정신[저널]/허성
  숙//철학탐구(조선).―2013,(4).―30-32
- 동지애는 혁명가의 자질을 검증하는 시금석/김성률//철학탐구(조선).―2013,(4).

—32-33

- 우리 민족의 정신도덕적우수성을 그 형성발전의 요구에 맞게 빛내여나가기 위한 중요방도[저널]/김순철//철학탐구(조선).—2013,(4).—33-34
- 사회주의적로동은 투쟁속에서 참된 삶과 행복을 찾는 집단적이며 애국적인 로동[저널]/윤국철//철학탐구(조선).—2013,(4).—35-36
- 집단심리조종능력의 중요내용[저널]/리정림//철학탐구(조선).—2013,(4).—36-38
- 학습에서 흥미를 불러일으키기 위한 심리학적 문제[저널]/안철국//철학탐구(조선).—2013,(4).—38-39
- 우리 당의 사상리론의 독창성을 론증하는 방법[저널]/최호찬//철학탐구(조선).—2013,(4).—39-40
- 류추적방법에 대한 일반적리해[저널]/박광일//철학탐구(조선).—2013,(4).—40-41
- 김시습의 인식론사상이 우리 나라 중세유물론적인식론형성발전에서 차지하는 위치[저널]/김춘식//철학탐구(조선).—2013,(4).—42-43
- 리황의 격물치지설[저널]/김은송//철학탐구(조선).—2013,(4).—43-44
- 리상재의 철학사상[저널]/리충민//철학탐구(조선).—2013,(4).—44-45
- 데까르뜨의 륜리사상과 그 제한성[저널]/최충성//철학탐구(조선).—2013,(4).—45-46
- 타인심리조종의 본질[저널]/리광호//철학탐구(조선).—2013,(4).—47-48
- 심리조종의 발생발전[저널]/김윤일//철학탐구(조선).—2013,(4).—48
- 위대한 수령 김일성동지께서 현실과 예술의 미창조의 새로운 길을 밝혀주시여 이룩하신 불멸의 사상리론적업적[저널]/최석경//철학탐구(조선).—2014,(1).—2-3
- 김정은동지께서 밝히신 김정일애국주의를 실천활동에 구현하기 위한 사업을 잘할데 대한 사상의 본질[저널]/박영길//철학탐구(조선).—2014,(1).—3-5
- 김정일애국주의는 마식령 군인건설자들이 지닌 정신력의 근본핵[저널]/리영애//철학탐구(조선).—2014,(1).—5-6
- 천만군민의 정신력을 발동시키는것은 강성국가건설에서의 비약과 기적창조의 근본열쇠[저널]/한성철//철학탐구(조선).—2014,(1).—7-8
- 주체사상은 사회주의위업수행의 전력사적시대를 대표하는 백과전서적인 혁명사상[저널]/림신희//철학탐구(조선).—2014,(1).—9-10
- 세계의 면모에 대한 주체적리해[저널]/홍영삼//철학탐구(조선).—2014,(1).—10-12
- 주체사상은 인간의 운명개척의 길을 가장 정확히 밝혀주는 위대한 자주의 사

상[저널]/전국철//철학탐구(조선).—2014,(1).—12-13
- 당과 정권,군대를 수령의 당과 정권,군대로 강화 발전시켜나가는것은 혁명위업 수행의 기본요구[저널]/심명철//철학탐구(조선).—2014,(1).—13-15
- 수령결사옹위정신을 높이 발양하는것은 사회주의정치강국의 위용을 높이 떨치기 위한 중요방도[저널]/박경숙//철학탐구(조선).—2014,(1).—15-16
- 인민대중을 자주의식으로 무장시키는것은 그들에 대한 최대의 사랑[저널]/리진호//철학탐구(조선).—2014,(1).—17-18
- 혁명적당과 혁명대오의 일심단결 강화에서 혁명군대의 역할[저널]/최은철//철학탐구(조선).—2014,(1).—18-19
- 인간에 대한 사랑의 최고절정[저널]/리철민//철학탐구(조선).—2014,(1).—20-21
- 사상사업에 대한 정연한 지도체계를 확립하는것은 사상사업의 성과적보장을 위한 중요한 담보[저널]/차현영//철학탐구(조선).—2014,(1).—21-23
- 우리의 사회주의사회는 국제사회의민주화를 위하여 투쟁하는 진정한 민주주의사회[저널]/김기철//철학탐구(조선).—2014,(1).—23-24
- 현시기 과학기술을 빨리 발전시키는것은 인민대중의 창조적역할을 높이기 위한 중요한 요구[저널]/우성섭//철학탐구(조선).—2014,(1).—25-26
- 과학기술분야에서 최첨단돌파전을 힘있게 벌리는것은 지식경제강국건설의 중요한 요구[저널]/주옥//철학탐구(조선).—2014,(1).—26-28
- 집단을 위한 헌신으로 집단의 단결과 화목에 이바지하는것은 사람이 값높은 삶을 누리기 위한 중요요구[저널]/최종삼//철학탐구(조선).—2014,(1).—28-29
- 강성국가건설에서 녀성들의 역할[저널]/리옥분//철학탐구(조선).—2014,(1).—29-30
- 조국해방전쟁시기에 발휘된 우리 군대와 인민의 조국수호정신의 근본바탕[저널]/장일경//철학탐구(조선).—2014,(1).—30-32
- 과학기술륜리의 본질[저널]/조재웅//철학탐구(조선).—2014,(1).—32-33
- 도시환경미의 구성요소[저널]/김명철//철학탐구(조선).—2014,(1).—34-35
- 사상심리의 본질과 형성발전과정[저널]/김강철//철학탐구(조선).—2014,(1).—36-37
- 학습장애의 특징[저널]/안철국//철학탐구(조선).—2014,(1).—37-39
- 감정의 신경생리적기초[저널]/조광철//철학탐구(조선).—2014,(1).—39-40
- 비형식론리학의 본질과 특징에 대한 리해[저널]/박광일//철학탐구(조선).—2014,(1).—40-41

- 민족형성에 대한 선행한 로동계급의 리론과 그 제한성[저널]/리경림//철학탐구 (조선).—2014,(1).—42-43
- 고대 과학연구방법론과 그 특징[저널]/리금옥//철학탐구(조선).—2014,(1).—43-44
- 인간심리조종의 일반적인 과정[저널]/김윤일//철학탐구(조선).—2014,(1).—45-46
- 사회지표의 특징[저널]/김철혁//철학탐구(조선).—2014,(1).—47-48
- 위대한 김일성동지는 사회주의위업의 전진과 더불어 민족의 륭성번영을 이룩해나갈수 있는 사상리론적기초를 마련해주신 탁월한 수령[저널]/김현화//철학탐구(조선).—2014,(2).—2-3
- 위대한 김정일동지께서 김일성주의를 시대와 혁명발전의 요구에 맞게 발전풍부화시키신 특출한 업적[저널]/신룡건//철학탐구(조선).—2014,(2).—4-5
- 경애하는 김정은동지의 위대한 사상과 숭고한 정신을 심장깊이 간직하는것은 새로운 시대정신을 창조하는데서 나서는 기본요구[저널]/김수진//철학탐구(조선).—2014,(2).—5-7
- 경애하는 김정은동지께서 밝히신 선군조선의 존엄과 기상을 온 세상에 떨쳐나갈데 대한 사상의 본질적내용[저널]/동형모//철학탐구(조선).—2014,(2).—7-8
- 항일의 녀성영웅 김정숙동지께서 지니신 후대사랑의 숭고한 풍모의 기본내용[저널]/정금철//철학탐구(조선).—2014,(2).—9-10
- 김일성-김정일주의는 사회과학연구의 유일한 지침[저널]/리금옥//철학탐구(조선).—2014,(2).—10-11
- 수령의 영생은 수령의 업적의 영생[저널]/김명철//철학탐구(조선).—2014,(2).—12-13
- 주체철학이 밝힌 사람과 환경의 관계에 대한 옳바른 리해[저널]/전영순//철학탐구(조선).—2014,(2).—14-15
- 모든것을 결정하는 사람의 역할은 사람의 창조적본성의 발현[저널]/최영남//철학탐구(조선).—2014,(2).—15-17
- 집단주의적생활은 사람의 집단주의적요구를 실현해나가는 본성적인 생활[저널]/강명수//철학탐구(조선).—2014,(2).—17-18
- 주체사상은 우리 인민을 자주정신이 강한 인민으로 존엄떨쳐주는 사상[저널]/변학철//철학탐구(조선).—2014,(2).—19-20
- 선군사상은 혁명의 주체를 강화하기 위한 새로운 길을 밝힌 위대한 혁명사상[저널]/정인혁//철학탐구(조선).—2014,(2).—20-21

- 확고한 혁명적신념과 강한 의지는 인민대중이 사회주의위업수행에서 혁명적원칙,사회주의적원칙을 철저히 고수해나갈수 있게 하는 사상정신적원천[저널]/강련숙//철학탐구(조선).—2014,(2).—22-23
- 혁명적락관주의는 강성국가건설의 승리를 위한 근본요인[저널]/김룡진//철학탐구(조선).—2014,(2).—24-25
- 주체성은 사회주의의 본성[저널]/김철수//철학탐구(조선).—2014,(2).—25-26
- 사회주의강성국가건설과정은 자주의 길,선군의 길,사회주의길을 따라 곧바로 나아가는 과정[저널]/최순옥//철학탐구(조선).—2014,(2).—27-28
- 인민대중이 사회의 진정한 주인이 되기 위한 사회적조건[저널]/박용철//철학탐구(조선).—2014,(2).—29-30
- 사회의 모든 성원들을 도덕적으로 완성시키는것은 사회주의강성국가건설의 필수적요구/리영애//철학탐구(조선).—2014,(2).—30-31
- 참다운 애국은 나라와 민족의 자주권과 존엄에 대한 사랑[저널]/유병호//철학탐구(조선).—2014,(2).—32-33
- 사상교양사업을 현실과 결부하여 설득력있게 할데 대한 사상의 정당성[저널]/김은별//철학탐구(조선).—2014,(2).—33-34
- 론박에 대한 리해/박광일//철학탐구(조선).—2014,(2).—34-35
- 주의의 특성[저널]/박정철//철학탐구(조선).—2014,(2).—36-37
- 삼단론법의 기초규칙[저널]/장광현//철학탐구(조선).—2014,(2).—37-38
- 근대 동방철학사상의 특징으로서의 반침략 애국주의적 성격[저널]/김영준//철학탐구(조선).—2014,(2).—38-40
- 사람의 자주성을 진화론적으로 설명하는 현대부르죠아리론의 부당성[저널]/리현일//철학탐구(조선).—2014,(2).—40-41
- 인간에 대한 <신자유주의>적견해의 반동성[저널]/현노을//철학탐구(조선).—2014,(2).—41-43
- <계급협조론>의 반동적본질[저널]/홍혜명//철학탐구(조선).—2014,(2).—43-44
- <사회성생물>에 대한 부르죠아생물학주의적 견해의 부당성[저널]/김금남//철학탐구(조선).—2014,(2).—45-46
- 사회생물학이 제창하는 사회현상에 대한 진화론적분석방법의 반동성[저널]/리현일//철학탐구(조선).—2014,(2).—47-48

中国期刊

- 十六世纪初朝鲜卓越的唯物主义者徐敬德的哲学思想[期刊]/崔凤冀//哲学研究.—1957

- 评郑镇石、郑圣哲、金昌元合著的《朝鲜哲学史》[期刊]/榊利夫,刘绩生//世界哲学.—1962

- 朝鲜封建社会末期实学思想的集大成者——茶山丁若镛[期刊]/朱七星//延边大学学报(哲学社会科学版).—1979

- 论朴趾源的哲学思想[期刊]/朱七星//哲学研究.—1981

- 朝鲜杰出的唯物主义哲学家——徐敬德[期刊]/鲁学海//延边大学学报(社会科学版).—1982

- 朝鲜哲学史研究初步开展[集刊]/赖乔//中国哲学年鉴.—1982

- 朝鲜实学大师李瀷的哲学思想初探[期刊]/谢宝森//浙江学刊.—1983

- 程朱理学伦理思想在朝鲜的传播与影响[期刊]/李洪淳//东疆学刊.—1989

- 朝鲜儒学的特点及其作用——中朝两国儒学之比较[期刊]/崔龙水//孔子研究.—1990

- 从中国传统人生哲学在朝鲜的发展看李退溪的义利观[期刊]/周月琴//中州学刊.—1990

- 李退溪的心性论[期刊]/赵宗正//文史哲.—1990

- "四七论辩"与"经世致用"——朝鲜儒学与日本儒学小论[期刊]/鲁学海//社会科学战线.—1991

- 《韩国儒学史》评介[期刊]/槐里//孔子研究.—1991

- 朝鲜李朝后期实学的实质——立足于当时国家实际的现实性思考[期刊]/李佑成、姜日天//孔子研究.—1991

- 简论朝鲜两种性理学说[期刊]/徐远和//孔子研究.—1991

- 朴殷植的儒教求新论与阳明学思想[期刊]/魏常海//延边大学学报(哲学社会科学版).—1991

- 儒家思想东渐及朝鲜儒学的基本历程——朝鲜思想史散论(一)[期刊]/刘沛霖//解放军外语学院学报.—1991

- 儒学在朝鲜的传播与发展[期刊]/张敏//孔子研究.—1991
- 郑霞谷与朝鲜阳明学[期刊]/张克伟//晋阳学刊.—1991
- 东方哲学浅论[期刊]/任厚奎//四川大学学报(哲学社会科学版).—1992
- 韩国的儒教思想[期刊]/柳承国,贺剑城,李东哲//孔子研究.—1992
- 近代朝鲜哲学的发展[期刊]/曹民洪//哲学译丛.—1993
- 现代意义上的儒教国家——韩国——海东房学杂记[期刊]/槐里//孔子研究.—1993
- 中国对朝鲜思想文化的研究[期刊]/朱七星//延边大学学报(哲学社会科学版).—1993
- "中韩儒学研讨会"述要[期刊]/宗华//管子学刊.—1993
- 韩国社会的儒学[期刊]/彭林//当代韩国.—1994
- 栗谷哲学思想的时代特征[期刊]/李秀东//吉林大学社会科学学报.—1994
- 论李朝儒学与事大主义[期刊]/刘玉明//东岳论丛.—1994
- 新实学与新理念的探索——以韩国为中心[期刊]/尹丝淳//中国文化研究.—1994
- 义天与辽和高丽的佛教文化交流[期刊]/王巍//东北师范大学学报.—1994
- 中朝佛教文化交流大师高丽义天[期刊]/王巍,杜若//延边大学学报(哲学社会科学版).—1994
- 朝鲜实学思想的特点及其历史地位[期刊]/李秀东//东北亚论坛.—1995
- 韩国佛教的发展过程及其与中国的双向交流[期刊]/黄心川//中国文化研究.—1995
- 汉唐儒学在朝鲜的传播及其影响[期刊]/陈尚胜//文史知识.—1995
- 论朝鲜实学的思想渊源[期刊]/夏清瑕//海南大学学报(社会科学版).—1995
- 清代考据实学与金正喜的实学思想[期刊]/朱七星//延边大学学报(哲学社会科学版).—1995
- 儒学思想对韩国现代化的积极作用[期刊]/李敦球//当代韩国.—1995
- 现代韩国儒学研究现状及发展趋向述评[期刊]/周月琴//哲学动态.—1995
- 一个韩国学者的忠告:谨慎对待儒学的"潘多拉魔盒"——《儒学与现代化:中韩日儒学比较研究》述评[期刊]/陆象淦//国外社会科学.—1995
- 中国的韩国哲学研究概况及其特点[期刊]/朱七星//当代韩国.—1995
- 中韩性理学之互动[期刊]/张立文//中国哲学史.—1995
- 当代中国韩国学析略[集刊]/朱政惠//韩国研究论丛.—1996
- 韩国的儒教传统与现代文化的建构(1)[期刊]/金强一//延边大学学报(哲学社会科学版).—1996

- 韩中佛教交流小考[期刊]/李法山//中国佛教文化研究所.—1996
- 李退溪对儒家经学的继承、发展及其影响[期刊]/贾顺先//内蒙古师范大学学报(哲学社会科学版).—1996
- 儒学与当代韩国[期刊]/潘畅和//当代韩国.—1996
- 儒学在朝鲜的传播和影响[期刊]/林贤九//延边大学学报(哲学社会科学版)—1996
- 宋朝与高丽佛教文化交流述略[期刊]/顾宏义//西藏民族学院学报(社会科学版).—1996
- 现代韩国儒学的困惑与出路——从儒学在现代社会管理中的意义谈起[期刊]/周月琴//当代韩国.—1996
- 中、朝、日实学思想之比较[期刊]/朱七星//延边大学学报(哲学社会科学版).—1996
- ≪中国、朝鲜、日本传统哲学比较研究≫一书出版[期刊]/洁莹//延边大学学报(哲学社会科学版).—1996
- 丁茶山的美学观[期刊]/卢星华、紫荆//延边大学学报(哲学社会科学版).—1997
- 韩国儒学史研究的里程碑——≪韩国儒学思想史≫(五卷本)评介[期刊]/琴章泰//当代韩国.—1997
- 论韩国实学伦理思想的特点[期刊]/朱七星//当代韩国.—1997
- 儒学精神在韩国的弘扬[期刊]/钱佳燮//东北亚论坛.—1997
- 宋学与朝鲜性理学[期刊]/刘明钟//开封大学学报.—1997
- 退溪自然观所具的生态学意义[期刊]/尹丝淳//中国文化研究.—1997
- 知讷≪真心直说≫初探[期刊]/魏常海//韩国学论文集.—1997
- 韩国宗教文化略论[期刊]/金东勋//延边大学学报(哲学社会科学版).—1998
- 金沙溪≪丧礼备要≫与≪朱子家礼≫的朝鲜化[期刊]/彭林//中国文化研究.—1998
- 理学"衣钵海外传"的(欧阳玄)一位久被忽略的朱子学高丽传宗师[期刊]/衷尔钜//孔子研究.—1998
- 儒学在现代韩国[期刊]/楼宇烈//传统文化与现代化.—1998
- ≪新实学思想论——韩国思想的新视野≫评介[期刊]/金炯瓒//当代韩国.—1998
- 性理学在韩国的传入与发展[期刊]/任振镐//扬州大学学报(人文社会科学版).—1998
- 以星湖学派为中心的韩国实学思想与退溪学[期刊]/李钟虎//东岳论丛.—1998
- 中、朝、日道教思想之比较[期刊]/潘畅和//延边大学学报(哲学社会科学版).—1998
- 最近韩国的儒学研究动向与方法[期刊]/金德均//东岳论丛.—1998

- 从"理一分殊"到"气一分殊"的逻辑管窥[期刊]/孙兴彻//南京师范大学学报(社会科学版).—1999
- 简论东亚各国儒学的历史文化特色[期刊]/陈来//北京大学学报(哲学社会科学版).—1999
- 儒学与现代化关系的实际考察——谈韩国儒学在现代化进程中的作用与命运[期刊]/纪兴//中华文化论坛.—1999
- 儒学在朝鲜的发展及其特点[期刊]/李宜春//河南师范大学学报(哲学社会科学版).—1999
- 阳明心学、石门心学、霞谷心学的比较[期刊]/李甦平//孔子研究.—1999
- 朝鲜实学的"近代指向"及其现代研究的转换[期刊]/葛荣晋//江汉论坛.—2000
- 当代韩国哲学和宗教研究现状及其成就[期刊]/朱七星//当代韩国.—2000
- 东亚儒学核心价值观及其现代意义[期刊]/郭齐勇//孔子研究.—2000
- 韩国佛教的嬗变[集刊]/潘畅和//韩国研究论丛.—2000
- 李退溪伦理思想简论[期刊]/谈际尊//东南大学学报(哲学社会科学版).—2000
- 历史与现实:儒家文化对韩国的影响[期刊]/龚小峰//东南大学学报(哲学社会科学版).—2000
- 浅谈朝鲜实学思想与开化思想的继承性[期刊]/姜秀玉//东疆学刊.—2000
- 试论朱子学与李栗谷哲学[集刊]/洪军//韩国研究论丛.—2000
- 朝鲜李朝实学大家李瀷的经世致用思想[期刊]/衷尔钜//东方论坛.—2001
- 朝鲜朱子学的传播与思想倾向[期刊]/王国良//安徽大学学报(哲学社会科学版).—2001
- 邓小平理论与金日成主体思想之比较[期刊]/季丽新,王从江//理论探讨.—2001
- 多元文化与朝鲜实学[期刊]/葛荣晋//孔子研究.—2001
- 发展中的社会主义朝鲜[期刊]/杨玲玲//科学社会主义.—2001
- 汉籍在朝鲜的流传与研究——兼述儒学对朝鲜的影响[期刊]/栾兆玉//图书馆建设.—2001
- 李退溪先生的哲学思想与中医学[期刊]/段成功//长春中医学院学报.—2001
- 栗谷心性论之特色[期刊]/洪军//当代韩国.—2001
- 论程朱理学对朝鲜王朝的影响及作用[期刊]/何晓芳//满族研究.—2001
- 论韩国的三教和合——以花郎道为中心[期刊]/李甦平//当代韩国.—2001

- 论朱子学对韩半岛的历史文化贡献[期刊]/周月琴//中国文化研究.—2001
- 清代文化与朝鲜实学[期刊]/葛荣晋//中国文化研究.—2001
- 日韩儒家文化背景比较[期刊]/潘畅和//日本学刊.—2001
- 退溪与栗谷哲学异同点之比较[集刊]/洪军//韩国研究论丛.—2001
- 以"和诤"思想为中心看中韩传统思想与现代化[期刊]/魏常海//当代韩国.—2001
- 殖民统治下的韩国佛教[期刊]/何劲松//当代韩国.—2001
- 18世纪韩国哲学中出现的现代性问题——以朴齐家的实学思想为中心[期刊]/李哲承//当代韩国.—2002
- 道教与崔致远[期刊]/冯汉镛//文史杂志.—2002
- 东亚实学与东亚文化交流——《韩国实学思想史》首发式暨东亚实学讨论会侧记[期刊]/姜日天//哲学动态.—2002
- 古代朝鲜和日本朱子学特色比较[期刊]/潘畅和//哲学研究.—2002
- 洪州禅与韩国佛教[期刊]/蒋九愚//南京工业大学学报(社会科学版).—2002
- 论朝鲜朱子学与李栗谷哲学[期刊]/洪军//东疆学刊.—2002
- 论朝鲜主体社会主义的理论与实践[期刊]/季丽新,宋桂兰//哈尔滨市委党校学报.—2002
- 儒学与现代东亚价值观[期刊]/杨翰卿//中州学刊.—2002
- 中国儒家和道家数学文化哲学思想在朝鲜半岛的传播[期刊]/金昌录,金虎俊//高等理科教育.—2002
- 中韩气哲学比较研究——以张载和花潭为代表[期刊]/李甦平//当代韩国.—2002
- 朱子《小学》流衍海东考[期刊]/蔡雁彬//南京大学学报.—2002
- 朝鲜初期性理学的发展[期刊]/王丽//东北亚论坛.—2003
- 大道无国界仙学有来人——中韩道教交流寻踪撷萃[期刊]/刘嗣传//世界宗教文化.—2003
- 古代朝鲜朱子学道学精神及其论辩性特色[期刊]/潘畅和,金德子//东疆学刊.—2003
- 韩国儒家伦理的特点[期刊]/孙君恒//东疆学刊.—2003
- 近现代日本韩国的文化转型与儒学遭遇——以东西文化互动为背景看东亚模式[期刊]/刘宗贤//济南大学学报(社会科学版).—2003
- 孔子的人生哲学及其在韩国的影响[期刊]/李顺连//华中师范大学学报(人文社会科学版).—2003

- 论朝鲜性理学史上的三次论辩[期刊]/洪军,金今花//东疆学刊.—2003
- 论李滉对程朱"主敬"思想的扬弃[期刊]/金仁权//延边大学学报(社会科学版).—2003
- 明朝时期中国儒学对朝鲜的影响[期刊]/桑秋杰//长春师范学院学报(人文社会科学版).—2003
- 南冥学是韩国性理学之正宗[期刊]/高令印//厦门大学学报(哲学社会科学版).—2003
- 试论丁若镛对朱子学的批判[期刊]/韩英//当代韩国.—2003
- 退溪≪圣学十图≫与主敬思想[期刊]/金昌权,金仁权//临沂师范学院学报.—2003
- 新罗佛教神异故事小议[期刊]/黄大年//世界宗教文化.—2003
- "儒家文化圈"中的中韩日[期刊]/崔景明,赵秀兰//胜利油田党校学报.—2004
- 曹南冥对宋儒"心统性情"说之图式诠解[期刊]/刘学智//当代韩国.—2004
- 曹南冥图式的易学意义[期刊]/李似珍//周易研究.—2004
- 朝鲜"主体思想"考察[期刊]/武文军,贺永泉//兰州学刊.—2004
- 坚持主体社会主义的朝鲜[期刊]/姜跃//当代贵州.—2004
- 浅谈栗谷的四端七情论[期刊]/金源姬//孔子研究.—2004
- 唐五代时期道教在朝鲜的传播[期刊]/张泽洪//宗教学研究.—2004
- 退溪太极理气之说的理论特色[期刊]/金仁权,金昌权//杭州商学院学报.—2004
- 尤庵宋时烈性理学思想浅析[集刊]/洪军//韩国研究论丛.—2004
- 郑齐斗与朝鲜阳明思想体系的立言[期刊]/崔涛//延边大学学报(社会科学版).—2004
- 中韩儒学典籍的相互流通[集刊]/郑成宏//韩国研究论丛.—2004
- 朱熹与栗谷教育思想之比较[期刊]/洪军,金今花//当代韩国.—2004
- 茶山"性嗜好"人间观[期刊]/方浩范//浙江社会科学.—2005
- 朝鲜儒学的本土化与民族化历程[期刊]/梁宗华//中国哲学史.—2005
- 朝鲜实学派文学家朴趾源理想国思想矛盾探析[期刊]/全红//东疆学刊.—2005
- 佛教与东亚文化交流合作——以韩国大觉国师义天的国际活动为中心[期刊]/谢俊美//太原理工大学学报(社会科学版).—2005
- 高丽太祖的≪十训要≫和崔承老的≪时务二十八条≫[集刊]/李甦平//韩国研究论丛.—2005
- 海东朴世堂的老庄学[期刊]/强昱//中国道教.—2005
- 韩国公民教育中的儒学精神[期刊]/程增俊//阜阳师范学院学报(社会科学版).—2005
- 韩国实学的哲学基础[期刊]/李东欢//湖南大学学报(社会科学版).—2005

- 近百年来韩国儒学研究的特征[期刊]/张闰洙,潘畅和//东疆学刊.—2005
- "理"能否活动?——李退溪对朱子理气论的诠释[期刊]/李明辉//现代哲学.—2005
- 试论朝鲜李朝时期"孝"观念与儒教和佛教的关系[期刊]/成泽胜,金哲洙,朴灿奎//东疆学刊.—2005
- 试论朝鲜实学文化及其特点[期刊]/李英顺//东疆学刊.—2005
- 试论丁若镛的天理人欲思想[期刊]/方浩范//延边大学学报(社会科学版).—2005
- 试论李栗谷的理气观[期刊]/李甦平//东疆学刊.—2005
- 试述唐朝与新罗文化的交流及影响[期刊]/李英顺//东疆学刊.—2005
- 元晓"和诤"理论与义天"圆融"思想[期刊]/魏常海//东疆学刊.—2005
- 张载与徐敬德气论哲学之比较[期刊]/金哲洙,王国华//东疆学刊.—2005
- 郑齐斗思想绪论[集刊]/吴震//韩国研究论丛.—2005
- 中国古典气论对朝鲜徐敬德之影响[期刊]/曾振宇//史学月刊.—2005
- 中韩佛教文化交流的使者——义天大师[期刊]/王德朋//兰台世界.—2005
- 茶山四书经学的返古主义路径——兼论其与朱王之学的关系[期刊]/黄卓越//浙江社会科学.—2006
- 朝鲜时期儒学者对孟子"四端说"的阐释——以退溪、栗谷与茶山为中心[期刊]/邢丽菊//社会科学战线.—2006
- 朝鲜许筠求得李贽著作的过程[期刊]/朴现圭//海交史研究.—2006
- 朝鲜阳明学派的形成与东亚三国阳明学的定位[期刊]/钱明//浙江大学学报(人文社会科学版).—2006
- 高丽末朝鲜初儒佛论争——以郑道传的排佛论为中心[期刊]/吴京厚//西南民族大学学报(人文社科版).—2006
- 韩国儒教的历史和现状[期刊]/杜成辉//大理学院学报(社会科学版).—2006
- 简论徐敬德的理气观[期刊]/金哲洙,孙永建//延边大学学报(社会科学版).—2006
- 金正日军事为先思想的提出与运用[期刊]/吴海金,胡正燕//理论月刊.—2006
- 李牧隐理学思想简论[期刊]/陈来//云南大学学报(社会科学版).—2006
- 论日本与韩国文化机质的不同特色[期刊]/潘畅和//日本学刊.—2006
- 试论洪大容的实学思想[期刊]/李英顺,金成镐//东疆学刊.—2006
- 试论清代实学与朴齐家的实学思想[期刊]/李英顺,潘畅和//东疆学刊.—2006
- 隋、初唐时期中国、朝鲜半岛、日本佛教状况之分析[期刊]/周进,于涛//东疆学刊.—

2006年

- 元晓"和诤"论与中国儒释道思想[期刊]/魏常海//陕西师范大学学报(哲学社会科学版). —2006

- 中韩佛教交流源远流长[期刊]/陈景富//中国宗教.—2006

- "中体西用"在当代中韩的再关注及其文化意义[期刊]/周月琴//中州学刊.—2006年

- 周易文化在朝鲜地区的传播[期刊]/王治理//海外华文教育.—2006

- 追求"东方"与"西方"之间的和谐——韩国哲学与文化观感[期刊]/孙伟平//哲学动态. —2006

- 18世纪朝鲜北学思想探源[期刊]/杨雨蕾//浙江大学学报.—2007

- 朝鲜劳动党和国家的指导思想——主体思想[期刊]/邓建霞//科技信息(学术版).—2007

- 朝鲜李晬光哲学思想与文学思想——李晬光"实学"思想论质疑[期刊]/邹志远//东疆学刊.—2007

- 从韩儒李晦斋答书衡定曹汉辅思想义理[期刊]/蔡家和//湖南科技学院学报.—2007

- 对韩国实学的哲学诠释[期刊]/潘畅和,张闰洙//延边大学学报(社会科学版).—2007

- 韩国哲学与中国楚文化的历史渊源[期刊]/王英英//湖北大学学报(哲学社会科学版). —2007

- 李滉对朱熹理学的继承和发展[期刊]/张品端//合肥学院学报(社会科学版).—2007

- 李晬光性理学思想内涵[期刊]/邹志远//东疆学刊.—2007

- 栗谷"为政民本"观念中的儒家立场之特色[期刊]/杨建祥//延边大学学报(社会科学版). —2007

- 论韩国儒学的特点[集刊]/张立文//韩国研究论丛.—2007

- 论三峰郑道传排佛的儒学[集刊]/李甦平//韩国研究论丛.—2007年

- 罗钦顺哲学思想在朝鲜性理学史上的影响——以16世纪朝鲜性理学为中心[集刊]/朴志勋//韩国研究论丛.—2007

- 南冥曹植哲学思想及其历史地位[期刊]/方浩范,宫键//延边大学学报(社会科学版). —2007

- 试论韩国儒学的特性[期刊]/邢丽菊//中国哲学史.—2007

- 宋浚吉理气说浅析[集刊]/洪军//韩国研究论丛.—2007

- 退溪与奇明彦四端七情之辩及其意义[期刊]/金仁权//东疆学刊.—2007

- 张横渠礼学思想的基本特征及其对朝鲜曹南冥学派的影响[期刊]/林乐昌//中国哲学

史.—2007

- 张载气哲学的现象学解读[期刊]/张闰洙,潘畅和//延边大学学报(社会科学版).—2007
- 17-19世纪中叶中国实学与朝鲜实学之比较[期刊]/李英顺//东疆学刊.—2008
- 朝鲜北学派的新华夷观解析[期刊]/郑成宏//东北亚论坛.—2008
- 朝鲜三国时期思想文化与佛教的本土化历程考析[期刊]/李岩//当代韩国.—2008
- 朝鲜时期儒学思想史的分类方式及其问题点——以主理、主气问题为中心[期刊]/崔英辰,邢丽菊//世界哲学.—2008
- 从≪东方伦理道德≫看当代韩国儒学的走势[期刊]/丁原明//商丘师范学院学报.—2008
- 当代韩国圆佛教实学特性考述[期刊]/李虎//宗教学研究.—2008
- 丁若镛实学中"仁"学思想体系的建构——孔孟仁学思想体系的复归与继承[期刊]/方浩范,束景南//孔子研究.—2008
- 古代中国与朝鲜的"气"哲学传统比较[期刊]/潘畅和,张波//东北亚论坛.—2008
- 简论丁若镛的民本思想[期刊]/朴鸿硕//山东师范大学学报(人文社会科学版).—2008
- 简论徐敬德的认识论[期刊]/金哲洙,孙永建//东疆学刊.—2008
- 李滉≪心统性情图≫研究[期刊]/于春海//东疆学刊.—2008
- 李退溪政治思想述评[期刊]/严国军//山东文学.—2008
- 论朝鲜文化与儒学的关联[期刊]/陈放//延边大学学报(社会科学版).—2008
- 论韩国儒学的特性[期刊]/李甦平//孔子研究.—2008
- 论三峰的性理学思想[集刊]/洪军//韩国研究论丛.—2008
- 论同春堂的四端七情说[集刊]/洪军//韩国研究论丛.—2008
- 论中国神秀与朝鲜知讷佛教思想的特点及其关联[期刊]/王振江//东疆学刊.—2008
- 儒家忠孝思想在朝鲜半岛的传播[期刊]/郭江,陈维峰//天府新论.—2008
- 王廷相与徐敬德哲学之比较[期刊]/王振江//湖南工业大学学报(社会科学版).—2008
- 徐敬德太虚思想研究[期刊]/朴光海//当代韩国.—2008
- 知讷的"心"本体论哲学思想初探[集刊]/金哲洙,王振江//韩国研究论丛.—2008
- 朱子学在朝鲜、日本和越南的建构特征比较[期刊]/李世才,杨国学//江西广播电视大学学报.—2008
- 10-14世纪中国与朝鲜半岛的汉文大藏经交流[期刊]/章宏伟//古籍整理研究学刊.—2009

- 朝鲜北学派实学思想与诸实学流派的关系[期刊]/李英顺//东疆学刊.—2009
- 朝鲜朝末期实学家崔汉绮的气哲学思想[集刊]/唐艳//韩国研究论丛.—2009
- 朝鲜李晬光"性情论"探析[期刊]/邹志远//东疆学刊.—2009
- 从高丽儒学思想史看中韩文化交流[期刊]/赵海//新西部(下半月).—2009
- 从丽末鲜初的社会转型看"守旧"与"革新"的较量[集刊]/邢丽菊//韩国研究论丛.—2009
- 当代韩国与荀子的和谐思想[集刊]/李国峰//韩国研究论丛.—2009
- 佛教在高句丽、百济和新罗的传播足迹考[期刊]/潘畅和,李海涛//延边大学学报(社会科学版).—2009
- 改革开放30年来我国的朝鲜半岛哲学研究综述[期刊]/孙丽//东疆学刊.—2009
- 韩国曹溪宗祖师知讷的"真心"说[期刊]/李海涛//辽东学院学报(社会科学版).—2009
- 韩国佛教"三化"的启示[期刊]/王雅//辽宁大学学报(哲学社会科学版).—2009
- 韩国佛教与国家的关系——韩龙云的民族佛教论[期刊]/金永晋//佛学研究.—2009
- 韩国江华阳明学派郑齐斗的良知本体论和致良知功夫论[期刊]/宣炳三//中国哲学史.—2009
- 韩国天台宗的爱国佛教思想[期刊]/金世运//佛学研究.—2009
- 韩国学界研究花潭哲学的现状及特点[集刊]/朴光海//韩国研究论丛.—2009
- 韩国哲学的现状、问题和前景——许南进教授专访[期刊]/杨学功,赵峰//国际社会科学杂志(中文版).—2009
- 论朝鲜本体论气哲学思想的发生渊源——以崔汉绮的神气思想为中心[期刊]/赵立强,高琳娜//黑河学刊.—2009
- 论从高丽王朝到朝鲜王朝转型中儒教批判佛教的内涵[期刊]/李国峰//哲学动态.—2009
- 论南塘韩元震的性理学思想[期刊]/李甦平//延边大学学报(社会科学版).—2009
- 论权近的性理学思想[集刊]/李甦平//韩国研究论丛.—2009
- 明初《性理大全》的刊行及其在朝鲜的传播[集刊]/刘宝全//朝鲜·韩国历史研究(第十一辑).—2009
- 浅析知讷的禅学思想[期刊]/李海涛//科技信息.—2009
- 儒学在朝鲜半岛的早期传播[期刊]/杨军//贵州社会科学.—2009
- 试论高丽佛教的性质和主要特点[集刊]/金京振//韩国研究论丛.—2009

- 试论唐朝对新罗佛教及其文化的影响[期刊]/王臻//东疆学刊.—2009
- 台湾学界关于韩国儒学的研究述评[期刊]/李明辉//哲学动态.—2009
- 新罗花郎道之思想特色及其审美趋向[期刊]/李岩//东疆学刊.—2009
- 义天在宋丽佛教交流中的贡献[期刊]/魏常海//延边大学学报(社会科学版).—2009
- 知讷的禅学思想研究[期刊]/李海涛//五台山研究.—2009
- 中国儒家传统文化对韩国社会发展的影响[期刊]/郑凤霞,张顺兴//延边大学学报(社会科学版).—2009
- 主体思想在朝鲜发展中的作用[期刊]/李明杰,何涛//综合管理.—2009
- 朝鲜李晬光"气象论"探析[期刊]/邹志远//东疆学刊.—2010
- 丁若镛的天道观与18、19世纪韩国实学形而上学[期刊]/姜日天//湖湘论坛.—2010
- 高丽李齐贤与性理学的传播[期刊]/何永波//理论界.—2010
- 高丽末期朱子学的社会历史作用[期刊]/李祥//企业家天地.—2010
- 古代日本与朝鲜的特殊阶层——武士与两班之比较[期刊]/潘畅和//日本学刊.—2010
- 韩国当代哲学家金忠烈哲学思想述评[期刊]/刘学智//延边大学学报(社会科学版).—2010
- 基督教传入韩国对儒学传播的影响[期刊]/杜晓田//科技信息.—2010
- 论古代朝鲜的"两班"及其文化特点[期刊]/潘畅和,何方//东疆学刊.—2010
- 论韩儒对朱子学的传承与弘扬——以河西金麟厚理学思想为例[期刊]/解光宇//合肥学院学报(社会科学版).—2010
- 论梁启超"新民"思想在近代朝鲜的传播及影响[期刊]/白玉陈//科技信息.—2010
- 浅析朝鲜式社会主义[期刊]/罗丽丽//传承(学术理论版).—2010
- 浅议儒教在朝鲜的传播[期刊]/王海颖//兰州教育学院学报.—2010
- 儒学与社会转型期的新旧对决——以丽末鲜初的社会转型为例[期刊]/邢丽菊//管子学刊.—2010
- 孝道思想在朝鲜半岛的传播及其影响[期刊]/李未醉//商丘师范学院学报.—2010
- 一气长存——论花潭哲学在韩国哲学史上的地位、影响及意义[期刊]/朴光海//当代韩国.—2010
- 张载和徐敬德认识论之比较[期刊]/金哲洙,王金富//延边大学学报(社会科学版).—2010
- 朱熹和李滉哲学之比较[期刊]/张华//延边大学学报(社会科学版).—2010

- 朝鲜对中国儒学的接受——以栗谷李珥的≪圣学辑要≫为中心[期刊]/申昌镐//山东大学学报(哲学社会科学版).—2011
- 朝鲜开化思想诠论——以稳健开化派为主的探索[期刊]/朱明爱//山东大学学报(哲学社会科学版).—2011
- 朝鲜儒者南塘的人物性异论及对朱熹理论的新发展[期刊]/邢丽菊//社会科学战线.—2011
- 朝鲜儒者巍岩的未发心性论以及对朱熹理论的新阐释[期刊]/邢丽菊//中国哲学史.—2011
- 朝鲜时期的"未发"论辨及其理论差异——以巍岩与南塘为中心[期刊]/邢丽菊//哲学研究.—2011
- 从"湖洛之争"看朝鲜儒者的朱子性理学诠释[期刊]/文碧方//现代哲学.—2011
- 从韩国儒学的角度解析儒学的生态伦理[期刊]/邢丽菊,崔英辰//东岳论丛.—2011
- 丁若镛象数易学方法初探[期刊]/冯琳//周易研究.—2011
- 对朝鲜"主体思想"的哲学反思[期刊]/杨萍//青春岁月.—2011
- 韩国道教的起源——韩国道教的自创论和外来传入论的比较研究[期刊]/朴正雄//当代韩国.—2011
- 韩国佛教的护国实践及其特色[期刊]/李海涛//延边大学学报(社会科学版).—2011
- 韩国儒教丧礼文化的确立及其生死观[期刊]/潘畅和,朴晋康//延边大学学报(社会科学版).—2011
- 韩国儒学的道学思想[期刊]/邢丽菊//烟台大学学报(哲学社会科学版).—2011
- 韩国儒学的发展现状与当代价值[期刊]/申斗焕//东岳论丛.—2011
- 韩国儒学与崔济愚对传统儒学思想的改造[期刊]/罗久//郑州轻工业学院学报(社会科学版).—2011
- 简论韩国圆佛教[期刊]/罗末礼//世界宗教文化.—2011
- 近百年来韩国学界的知讷研究述评[期刊]/李海涛//当代韩国.—2011
- 论洪大容的哲学思想和文化意识——以≪医山问答≫为中心[期刊]/金柄珉//东疆学刊.—2011
- 试论韩国儒学的得失、境遇及未来发展[期刊]/安秉杰,金恩景//东岳论丛.—2011
- 新罗五台山信仰的特点[期刊]/敖英//世界宗教文化.—2011
- "一枝独秀"与"百花齐放"——宋明理学东渐朝鲜和日本的不同呈现[期刊]/李海涛,方

浩范//鲁东大学学报.—2011

- 张显光的"理气经纬"思想:韩国性理学的另一种诠释[期刊]/方浩范//中国哲学史. —2011
- 中韩佛教文化交流发展史略考[期刊]/王书明//青年文学.—2011
- 茶山丁若镛的心性论探析:以经学为中心[集刊]/邢丽菊//韩国研究论丛.—2012
- 朝鲜:从主体思想到金日成—金正日主义[期刊]/宫玉涛//世界知识.—2012
- 朝鲜北学派"和谐"思想论析[期刊]/李宗勋,陈放//东北师大学报.—2012
- 朝鲜儒者之荀子观——以性恶说批判为中心[期刊]/郑宰相,徐修竹//邯郸学院学报. —2012
- 朝鲜主体思想浅析[期刊]/董涛//学术探讨.—2012
- 从"理动"到"理发"——李退溪的道德哲学方法论[期刊]/金香花//道德与文明.—2012
- 从中韩儒学的角度解析儒学的生态伦理[集刊]/邢丽菊//韩国学论文集.—2012
- 当代韩国儒教与释奠[期刊]/陈晟秀,高英姬//当代韩国.—2012
- 韩国儒学研究的一部力作——评≪韩国儒学史≫[期刊]/洪军//当代韩国.—2012
- 栗谷思想研究综述[期刊]/王蕾,韩坤//商丘师范学院学报.—2012
- 论高丽末郑道传的"排佛论"[期刊]/敖英//辽东学院学报(社会科学版).—2012
- ≪契丹藏≫与高丽佛教[期刊]/王德朋//兰台世界.—2012
- 浅谈道教在朝鲜半岛的发展及其影响[期刊]/徐珊//青年文学家.—2012
- 图说学与韩国儒学的发展[期刊]/解光宇//哲学动态.—2012
- "四七之辩"的肇始、系谱化及其"终结"——16至19世纪朝鲜儒学的逻辑进程[期刊]/ 金香花//中国哲学史.—2013
- 朝鲜朝≪道德经≫注释书的特点及影响[期刊]/张美红//中国道教.—2013
- 东亚佛教文化圈中的韩国佛教——以知讷真心思想为中心的考察[期刊]/李海涛//佛学研究.—2013
- 东亚儒学中的茶山学:21世纪的视野[期刊]/黄俊杰//江南大学学报(人文社会科学版). —2013
- 高丽谛观与吴越佛教天台宗[期刊]/李海涛//延边大学学报(社会科学版).—2013
- 高丽中期儒学的心性论倾向研究[期刊]/金哲洙//延边大学学报(社会科学版).—2013
- 国际共运理论视野下的朝鲜主体思想[期刊]/杨荣华,左安嵩//学术探索.—2013
- 韩国儒学与现代性问题[期刊]/孙永方//重庆科技学院学报(社会科学版).—2013

- 韩国巫俗的由来及其对外来宗教的影响[期刊]/廉松心//世界宗教文化.—2013
- 韩国哲学对"四端"学说的继承与发展——退溪四端七情论的现代意义[期刊]/金香花//国际学术动态.—2013
- 李穑与≪论语≫在高丽末期的传播[期刊]/王国彪//当代韩国.—2013
- 论20世纪中国对李退溪思想研究的概况及特点[期刊]/朱七星//延边大学学报(社会科学版).—2013
- 论朝鲜式社会主义的主要特征[期刊]/杨庆丰//西江月.—2013
- 论道教星斗信仰在朝鲜半岛的传播方式[期刊]/孙亦平//宗教学研究.—2013
- 论朴趾源的实学思想[期刊]/陈冰冰//当代韩国.—2013
- 论王夫之和宋时烈的气学思想[期刊]/李甦平//船山学刊.—2013
- 孟子"四端"说流衍考辨——以朱熹与韩儒为中心[期刊]/金香花//东南学术.—2013
- 浅谈儒学思想对韩国的影响[期刊]/孙传波//神州.—2013
- 试论≪天主实义≫对朝鲜实学的形成所产生的影响[期刊]/刘秉虎,王可芬//大连大学学报.—2013
- 试论儒学在韩国不同时期的发展[期刊]/王臻//兰台世界.—2013
- 试论西学对朝鲜儒者茶山思想的影响[期刊]/邢丽菊//江南大学学报(人文社会科学版).—2013
- 试论西学对朝鲜儒者茶山思想的影响[期刊]/邢丽菊//江南大学学报(人文社会科学版).—2013
- 斯大林思想与朝鲜主体社会主义(1945-1999)[期刊]/张万杰//中共四川省委省级机关党校学报.—2013
- ≪心经≫及≪心经附注≫对退溪学问的影响[期刊]/赵楠楠//理论月刊.—2013
- 新罗"花郎道"小考[期刊]/孙希国//辽宁行政学院学报.—2013
- 新罗高僧元晓生平考[期刊]/敖英//延边大学学报(社会科学版).—2013
- 新罗花郎道与佛教之关系考论[期刊]/佟波//吉林广播电视大学学报.—2013
- 朱子学在高丽时代的传播与发展[期刊]/李甦平//南昌大学学报(人文社会科学版).—2013
- 曹南冥与李退溪[期刊]/张茂泽//长安大学学报(社会科学版).—2014
- 朝鲜半岛天台宗的传承——以高丽大觉国师义天为中心[期刊]/徐新啦//浙江学刊.—2014

- 朝鲜式社会主义制度分析[期刊]/卢继元,吴冬冬//延边大学学报(社会科学版).—2014
- 朝鲜王朝的皇家道观昭格署考论——兼论道教在朝鲜王朝的兴衰[期刊]/孙亦平//世界宗教文化.—2014
- 从比较视域看韩国儒学研究——脉络化与去脉络化[期刊]/李明辉//福州大学学报(哲学社会科学版).—2014
- 从韩国儒学史的角度来看茶山道德情感论的意义——兼论朝鲜性理学"理的下向化"问题[期刊]/崔英辰,邢丽菊//社会科学.—2014
- 丹斋申采浩的哲学思想与人生实践[期刊]/金柄珉//延边大学学报(社会科学版).—2014
- 关于朝鲜"主体思想"的研究现状综述[期刊]/贾晓霖//学理论.—2014
- 试论高丽儒学及其分期[期刊]/冷光伟,刘刚//黑龙江史志.—2014
- 退溪与栗谷哲学的特点及其对东亚儒学的贡献——以《圣学十图》与《圣学辑要》之比较为中心[期刊]/潘畅和//社会科学.—2014
- 中韩儒学思想比较研究[期刊]/李丹//长春工业大学学报(社会科学版).—2014

日本期刊

- 关于朝鲜的哲学——以《朝鲜哲学史》介绍为中心[期刊]/玉井茂//朝鲜研究月报.—1964,(5).—48-55
- 关于朝鲜哲学史中的理气问题——以16-18世纪为中心[期刊]/刘贞秀//立命馆文学.—1967,(1).—56-69
- 金日成的主体思想——本质和功能[期刊]/金甲哲//朝鲜评论.—1982,(7).—10-25
- 金日成主体思想的性质(中)[期刊]/郑乐重//自由.—1994,(10).—54-65
- 金日成主体思想的性质(下)[期刊]/郑乐重//自由.—1994,(11).—48-55
- 先军政治是什么——其内容和背景[期刊]/李东埼//统一评论.—2002,(6).—34-41
- 北朝鲜先军政治宣传工作的理论和实情[期刊]/飯村友紀//东亚地域研究.—2002,(7).—63-84
- 金正日的先军政治[期刊]/外山茂樹//军事研究.—2002,(8).—108-117
- 北朝鲜的先军政治和朝鲜半岛局势[期刊]/韩浩锡,康民华//统一评论.—2003,(11).—

41-53

- 解放后50年期间南北朝鲜思想史研究动向(上)[期刊]/金哲央//东亚研究.—2003.—67-76

- 金正日政权的统治机制:何谓先军政治？[期刊]/严敞俊//国际地域研究.—2005,(3).—67-80

- 金正日政权的内政统治和生存战略——先军政治下的经济再建可能性[期刊]/康宗宪//国际公共政策研究.—2006,(9).—289-305

- 先军政治和北朝鲜军队纪律的涣散[期刊]/宫田敦司//现代朝鲜.—2007,(1).—40-44

- 先军政治和金正日地位[期刊]/鐸木昌之//现代韩国朝鲜研究.—2007,(12).—1-8

- 先军思想下的北朝鲜——以主体、唯一思想体系中的转换过程为中心[期刊]/真殿知彦//东亚.—2009,(11).—68-79

- 修改先军政治、整备党的体制[期刊]/和田春树//星期五.—2010,(10).—24-25

- 北朝鲜先军政治的产生过程和国家体制[期刊]/鈴来洋志//陆战研究.—2011,(9).—15-25

- 先军政治的继承[期刊]/礒﨑敦仁//金融财政.—2012,(1).—10-13

- 北朝鲜的政治体制和先军政治[期刊]/香川正俊//海外事情研究.—2012,(3).—1-20

- 主体思想和先军思想的相互关系[期刊]/李铁燮//朝鲜研究.—2012,(3).—65-69,

- 金正恩追求的理想和现实的乖离[期刊]/五味洋治//外交.—2012,(7).—130-133

- 金正恩体制的真实面目[期刊]/平岩俊司,磐村和哉//公研.—2014,(2).—34-49

3 学位论文

中国学位论文

- 北学派思想研究[博硕]/李敦球//杭州:浙江大学博士学位论文.—1999
- 论≪春香传≫中的伦理思想[博硕]/徐英淑//延吉:延边大学硕士学位论文.—2000
- 朱熹与退溪的人性论之比较[博硕]/李红军//延吉:延边大学硕士学位论文.—2000
- 李退溪的持敬学说及其现实意义[博硕]/柳红梅//延吉:延边大学硕士学位论文.—2002
- 新罗佛教文化研究[博硕]/许明哲//延吉:延边大学硕士学位论文.—2002
- 中国朝鲜族文化价值意识的变迁[博硕]/朴东勋//延吉:延边大学硕士学位论文.—2002
- 逐渐走向改革开放的朝鲜式社会主义[博硕]/王柏松//长春:东北师范大学硕士学位论文.—2002
- 明清之际的社会思潮与朝鲜实学[博硕]/李英顺//延吉:延边大学硕士学位论文.—2003
- 朱熹和栗谷理气论之比较研究[博硕]/毛哲山//延吉:延边大学硕士学位论文.—2003
- 韩愈、郑道传排佛论之比较研究[博硕]/敖英//延吉:延边大学硕士学位论文.—2004
- 沙溪金长生礼学思想研究[博硕]/全锦子//延吉:延边大学硕士学位论文.—2004
- 十八世纪中朝文化交流研究[博硕]/廉松心//北京:中央民族大学博士学位论文.—2004
- 郑齐斗与朝鲜阳明思想体系的立言[博硕]/崔涛//延吉:延边大学硕士学位论文.—2004
- 朱熹与李退溪之理气性情论比较研究[博硕]/印宗焕//长春:吉林大学硕士学位论文.—2004
- 朱子与退溪、栗谷人心道心说之比较[博硕]/李斌//延吉:延边大学硕士学位论文.—2004

- 韩国花郎道和日本武士道的比较[博硕]/李华龙//延吉:延边大学硕士学位论文.—2005
- 李退溪和山崎暗斋主敬思想之比较[博硕]/李永哲//延吉:延边大学硕士学位论文.—2005
- 栗谷的经世思想及其哲学基础研究[博硕]/赵君//延吉:延边大学硕士学位论文.—2005
- 论朝鲜近代"自主独立"思想的形成与实践[博硕]/张惠文//北京:北京大学硕士学位论文.—2005
- 罗钦顺哲学思想及对16世纪朝鲜朝性理学的影响[博硕]/朴志勋//北京:中国人民大学硕士学位论文.—2005
- 试论朝鲜近代"卫正斥邪"思想及其特点[博硕]/金起虎//延吉:延边大学硕士学位论文.—2005
- 朝鲜半岛的地缘政治与朝鲜式社会主义[博硕]/黄昆//济南:山东大学硕士学位论文.—2006
- 佛教的新罗化及其影响[博硕]/崔海波//延吉:延边大学硕士学位论文.—2006
- 高丽末朱子学的社会作用[博硕]/金虎燮//延吉:延边大学硕士学位论文.—2006
- 韩国现代化中的儒学因素[博硕]/李锐锐//延吉:延边大学硕士学位论文.—2006
- 花郎道与中国文化[博硕]/蒋荣//南京:南京师范大学硕士学位论文.—2006
- 李退溪文艺思想探寻[博硕]/陈锦//杭州:浙江大学硕士学位论文.—2006
- 论花郎道的演变及其特征[博硕]/刘相海//延吉:延边大学硕士学位论文.—2006
- 朱熹"主敬"说研究[博硕]/魏立明//西安:陕西师范大学硕士学位论文.—2006
- 朱熹与李栗谷理气观之比较研究[博硕]/朴经勋//长春:吉林大学硕士学位论文.—2006
- 古代中韩佛教哲学中的圆融思想及其现代意义[博硕]/王福芹//延吉:延边大学硕士学位论文.—2007
- 韩国大倧教的哲学思想初探——以《天符经》和《三一神诰》为中心[博硕]/李景浩//延吉:延边大学硕士学位论文.—2007
- 李齐贤汉诗创作研究[博硕]/何永波//北京:中央民族大学博士学位论文.—2007
- 王廷相与徐敬德哲学比较[博硕]/孙永建//延吉:延边大学硕士学位论文.—2007
- 颜元和丁若镛的哲学思想比较[博硕]/孙涛//延吉:延边大学硕士学位论文.—2007
- 张载和曹植哲学思想比较[博硕]/管延江//延吉:延边大学硕士学位论文.—2007
- 中韩道教思想略论——以中韩道教思想比较为主线[博硕]/梁智勋//北京:中央民族大学硕士学位论文.—2007

- 道教在朝鲜、日本传播的原因及影响——以民俗信仰为中心[博硕]/潘宣辰//延吉:延边大学硕士学位论文.—2008
- 高句丽宗教信仰研究[博硕]/李乐营//长春:东北师范大学博士学位论文.—2008
- 儒家孝道在韩国的本土化及其影响[博硕]/归胜利//重庆:西南政法大学硕士学位论文.—2008
- 退溪美学思想研究[博硕]/马正应//济南:山东大学博士学位论文.—2008
- 高丽佛教由王室受容向民族民间化的嬗变[博硕]/李聪//延吉:延边大学硕士学位论文.—2009
- 金时习哲学思想研究[博硕]/马秀伟//延吉:延边大学硕士学位论文.—2009
- 李退溪与奇高峰的"四端七情"论探析[博硕]/徐志成//延吉:延边大学硕士学位论文.—2009
- 论尤庵宋时烈的春秋义理观[博硕]/宫键//延吉:延边大学硕士学位论文.—2009
- 唐朝时期儒学在朝鲜和日本之传播及影响[博硕]/赵金辉//延吉:延边大学硕士学位论文.—2009
- 退溪心论研究[博硕]/赵楠楠//北京:中国人民大学博士学位论文.—2009
- 徐敬德哲学思想研究[博硕]/朴光海//北京:中国社会科学院博士学位论文.—2009
- 张显光的哲学思想研究[博硕]/俞英兰//延吉:延边大学硕士学位论文.—2009
- 郑齐斗与王阳明良知思想比较研究[博硕]/刘立志//延吉:延边大学硕士学位论文.—2009
- 知讷的禅学思想研究[博硕]/李海涛//延吉:延边大学硕士学位论文.—2009
- "中国礼仪之争"对朝鲜社会的影响[博硕]/王卫和//延吉:延边大学硕士学位论文.—2010
- 朝鲜开国功臣——郑道传研究[博硕]/白丹//呼和浩特:内蒙古师范大学硕士学位论文.—2010
- 朝鲜李氏王朝儒臣权近研究[博硕]/牛海龙//呼和浩特:内蒙古师范大学硕士学位论文.—2010
- 崔汉绮的神气哲学思想初探[博硕]/赵立强//延吉:延边大学硕士学位论文.—2010
- 崔汉绮认识论研究[博硕]/崔玲玲//延吉:延边大学硕士学位论文.—2010
- 崔汉绮哲学思想研究[博硕]/唐艳//北京:中国社会科学院博士学位论文.—2010
- 高丽礼制研究[博硕]/金禹彤//延吉:延边大学博士学位论文.—2010

- 韩国风流思想的历史嬗变与价值研究[博硕]/姜云//延吉:延边大学博士学位论文.—2010
- 栗谷对朱子学理气心性论的继承和发展[博硕]/马龙哲//延吉:延边大学硕士学位论文.—2010
- 论崔济愚的东学思想[博硕]/戚鹏//延吉:延边大学硕士学位论文.—2010
- 论崔致远的哲学思想与历史观[博硕]/董健//延吉:延边大学硕士学位论文.—2010
- 任圣周哲学思想初探——以理气论和人性论为中心[博硕]/金善女//延吉:延边大学硕士学位论文.—2010
- 先军政治对朝鲜外交的影响[博硕]/于燕//青岛:青岛大学硕士学位论文.—2010
- 元晓≪金刚三昧经纶≫研究[博硕]/敖英//北京:北京大学博士学位论文.—2010
- 朱子"持敬"思想探析[博硕]/李月芳//石家庄:河北大学硕士学位论文.—2010
- 朝鲜主体哲学与马克思主义哲学之比较研究[博硕]/胡雪//延吉:延边大学硕士学位论文.—2011
- 道教在韩国的变迁及对各朝代的影响[博硕]/郑恩英//济南:山东大学硕士学位论文.—2011
- 丁若镛≪梅氏书平≫研究[博硕]/孙卓//扬州:扬州大学硕士学位论文.—2011
- 试论"北学"思想对朝鲜近代开化运动的影响[博硕]/王怡//北京:北京大学硕士学位论文.—2011
- 檀君与箕子——中国朝鲜半岛民族认同研究[博硕]/宫崎//南京:南京大学硕士学位论文.—2011
- 真德秀的心、性、理思想及其对朝鲜朝性理学的影响[博硕]/朴志勋//北京:中国人民大学博士学位论文.—2011
- "朝天录"中的明代北京藏传佛教研究——以≪燕行录全集≫为中心[博硕]/曹娟//北京:中央民族大学硕士学位论文.—2012
- 洪弼周的社会活动与爱国启蒙思想研究[博硕]/刘欣//济南:山东大学硕士学位论文.—2012
- 朱子学传入朝鲜半岛研究(1290-1409)[博硕]/刘刚//广州:暨南大学博士学位论文.—2012

教育学

(1935—2014年)

1 著作(1995-2014)

- 韩国教育研究/池青山,金仁哲等//北京:东方出版社.—1995
- 战后韩国教育研究/孙启林//南昌:江西教育出版社.—1995
- 今日韩国教育/田以麟//广州:广东教育出版社.—1996
- 亚洲"四小龙"课程实践研究/冯生尧//福州:福建教育出版社.—1998
- 中韩教育比较/林正范//杭州:浙江教育出版社.—1998
- 当代韩国人文社会科学/李惠国//北京:商务印书馆.—1999
- 国际师范教育改革比较研究/陈永明//北京:人民教育出版社.—1999
- 韩国国民素质考察报告/李红杰//南宁:广西人民出版社.—1999
- 简明韩国百科全书/郑判龙,金东勋//哈尔滨:黑龙江朝鲜民族出版社.—1999
- 韩国教育的历史与问题/金仁会著,全华民,黄亨奎译//长春:吉林人民出版社.—2000
- 各国教育法制比较研究/郝维谦,李连宁//北京:人民教育出版社.—2002
- 韩国基础教育研究/索丰//呼和浩特:内蒙古教育出版社.—2003
- 韩国科技与教育发展/孙启林,安玉祥//北京:人民教育出版社.—2004
- 韩国学前教育/黄亨奎//长春:吉林人民出版社.—2005
- 韩国家庭教育:一本改变韩国千万家庭的素质教育的枕边书/陈道华//北京:农村读物出版社.—2006
- 韩国教育发展研究/袁本涛//太原:山西教育出版社.—2006
- 中国—朝鲜—韩国文化交流史/杨昭全//北京:昆仑出版社.—2007
- 中韩女性教育比较研究/金香花//延吉:延边大学出版社.—2007
- 2007-2008年韩国发展报告/牛林杰,刘宝全//北京:社会科学文献出版社.—2008
- 韩国基础教育课程改革与新教育体制/蔡正默著,李光华译//延吉:延边大学出版社.—2009

- 韩国思想史纲/张敏//北京:北京大学出版社.—2009
- 韩国发展报告/牛林杰,刘宝全//北京:社会科学文献出版社.—2010
- 当代韩国教育政策与改革动向/艾宏歌//北京:社会科学文献出版社.—2011
- 韩国发展报告2011年/牛林杰,刘宝全//北京:社会科学文献出版社.—2011
- 韩国发展报告2012年/牛林杰,刘宝全//北京:社会科学文献出版社.—2012
- 中韩中学课程比较研究/魏志方,李凤月,董玉芝//北京:中国纺织出版社.—2012
- 韩国发展报告2013年/牛林杰,刘宝全//北京:社会科学文献出版社.—2013
- 韩国发展报告2014年/牛林杰,刘宝全//北京:社会科学文献出版社.—2014

2 期刊论文(1935-2014)

高等教育

- 朝鲜民主主义人民共和国的高等学校与科学[期刊]/Ю·В·贝罗夫,陈适先//世界知识(北京).—1953,(22).—31

- 南朝鲜的大学毕业定员制[期刊]/田华麟//外国教育情况(长春).—1981,(3).—77~80

- 实验大学及其在南朝鲜高等教育改革中的作用[期刊]/李守福//外国教育情况(长春).—1982,(2).—13~16

- 南朝鲜高等教育的演变概述[期刊]/孙启林(东北师范大学国际与比较教育研究所)//外国教育情况(长春).—1983,(2).—37~42

- 南朝鲜的韩国放送通讯大学[期刊]/高才明//电大教育(哈尔滨).—1987,(2).—45~47

- 新加坡、南朝鲜、台湾、香港教育投资简况[期刊]/吴念香//中国高等教育(北京).—1989,(1).—44

- 南朝鲜高等教育[期刊]/秦国柱//外国教育动态(北京).—1989,(3).—35~39

- 南朝鲜的高等教育[期刊]/姜保年(译)//上海工程科技大学学报(上海).—1990,(2).—75~80

- 南朝鲜的海外留学政策[期刊]/华麟//教育评论(福州).—1990,(2).—75~76

- 南朝鲜课程的发展及存在的问题[期刊]/许敬哲,李英(南朝鲜教育发展研究所)//学科教育(北京).—1991,(1).—40~44

- 南朝鲜高等教育改革的经验及今后发展的基本方向[期刊]/商承义(东北师范大学)//黑龙江高教研究(哈尔滨).—1992,(2).—120~122

- 南朝鲜高等教育的管理和财政问题初探[期刊]/张晓昭,董春利(辽宁师大,鞍山八中)//教育科学(大连).—1992,(3).—55~61
- 南朝鲜图书馆学情报学教学的现状与问题[期刊]/卢玉顺,姜振儒(承德医学院)//大学图书馆学报(北京).—1992,(3).—52~55
- 韩国教育大学发展的历史现状及趋势——兼谈韩国初等教员培养制度[期刊]/孙启林(东北师范大学)//高等师范教育研究(北京).—1992,(4).—67~69
- 韩国图书馆学情报学教育的现状和存在的问题[期刊]/丛敬军//山东图书馆季刊(济南).—1992,(4).—79~81
- 朝鲜高等教育改革浅见[期刊]/商承义(东北师范大学)//比较教育研究(北京).—1992,(6).—42~45
- 南朝鲜的一所私立大学[期刊]/卫灵(中国政法大学政治系)//世界经济与政治论坛(南京).—1992,(10).—48
- 韩国图书馆学情报学教育现状与问题[期刊]/白晓煌(对外经济贸易大学)//高校图书馆工作(长沙).—1993,(3).—70~72
- 韩国的图书馆学情报学教育现状与问题[期刊]/[韩]卢顺玉著,张晓云摘译(天津科技情报所)//高校图书馆工作(长沙).—1994,(2).—44~45
- 韩国图书情报学专业教育与若干问题的思考[期刊]/白晓煌(对外经济贸易大学)//大学图书馆学报(北京).—1994,(4).—63~64
- 朝鲜高等教育的发展与改革[期刊]/孙启林(东北师范大学比较教育研究所)//外国教育研究(长春).—1994,(5).—15~20
- 韩国教科书出版及国际倾向的考察[期刊]/李钟国,金菊贤译//编辑之友(太原).—1996,(2).—49~53
- 韩国教育的运作[集刊]/谭斋(复旦大学韩国研究中心)//韩国研究论丛(上海).—1996,(2).—122~129
- 优秀传统文化与大学生素质的提高[期刊]/贺小亮(南京交通高等专科学校)//交通高教研究(武汉).—1996,(3).—66~68
- 韩国高等教育面临的挑战[期刊]/宋天思//复旦教育(上海).—1996,(4).—5
- 韩国政府和私立高校关系的型变[期刊]/陆根书(香港中文大学教育学院)//上海高教研究(上海).—1996,(5).—73~76
- 访韩归来话高职——韩国发展高等职业教育对我们的启示[期刊]/孙明//中国高等教

育(北京).—1996,(12).—35~37

- 韩国大力发展与经济相适应的高等教育[期刊]/于兵兵,曾晓萱(清华大学科学技术社会研究所)//科技导报(北京).—1996,(12).—40~54

- 韩国的韩医教育[期刊]/郝万山,姜名石(北京中医药大学,韩国暻园大学校韩医科大学附属汉城韩方病院)//中医教育ETCM(北京).—1997,(1).—45~46

- 韩国高等教育的主要特征——兼谈韩国发展私立高等教育的经验[期刊]/王留栓(复旦大学高等教育研究所)//当代韩国(北京).—1997,(1).—10~16

- 韩国博士生教育/张英//湖南研究生教育(长沙).—1997,(2).—71~72

- 试论亚洲"四小龙"高等教育发展的经验[期刊]/杨玉芝(汕头大学)//有色金属高教研究(长沙).—1997,(3).—93~95

- 韩国的传统医学教育[期刊]/梁永宣(北京中医药大学)//中医教育(北京).—1997,(5).—42~44

- 关于韩国大学中文系的汉语教学[期刊]/宁稼雨//固原师专学报社会科学(固原市).—1998,(1).—86~88

- 韩国高等教育的改革[期刊]/雨苏//中国考试(北京).—2000,(2).—59

- 简述韩国高等教育发展的原因[期刊]/李斌(江汉大学科研设备处)//汉江大学学报(武汉).—2000,(2).—108~109

- 韩国高等教育的总体规模及结构性特征分析:兼谈韩国高校的改革动向[期刊]/田以麟,姜一圭(东北师范大学国际与比较教育研究所,韩国职业能力开发院)//东北师大学报(哲学社会科学版)(长春).—2000,(4).—84~89

- 20世纪日本、韩国高教改革中的人文社会科学教育回眸[期刊]/褚长玲,阮航(西南交通大学人事处,西南交通大学人文社科学院)//西南民族学院学报(成都).—2000,(7).—142~145

- 韩国的两种开放教育形式:学士学位自考制度和学分库制度[期刊]/王海东(国家考试中心)//开放教育研究(上海).—2001,(1).—46~49

- 韩国韩医学教育概述[期刊]/丁彰炫(北京中医药大学)//上海中医药杂志(上海).—2001,(7).—40~41

- 从又松大学的汉语教学看对韩汉语教学[期刊]/甘瑞瑗(韩国又松大学)//国外汉语教学动态(北京).—2002,(1).—20~28

- 韩国高等教育大众化的发展历程与特征[期刊]/谢作栩(厦门大学高等教育研究所)//外

国教育研究(长春).—2002,(1).—6~9

- 成就、问题与对策:韩国50年高等教育发展回眸[期刊]/王留栓(上海复旦大学高等教育研究所)//复旦教育(上海).—2002,(4).—22~31

- 当代韩国高等工程教育的若干特征[期刊]/徐小洲(浙江大学高等教育研究所)//高等工程教育研究(武汉).—2002,(4).—63~67

- 韩国≪科学≫课程和教材的特点[期刊]/魏志防,俞爱宗,陈铁,张敬东(延边大学师范学院)//化学教育(北京).—2002,(4).—11~13

- 韩国的高等教育热/陈雨亭//国际高等教育研究(厦门).—2002,(4).—37~38

- 韩国跃居世界高等教育大国之成因[期刊]/王留栓(上海复旦大学高等教育研究所)//国际高等教育研究(北京).—2002,(4).—32~36

- 新世纪的韩国高等教育[期刊]/李志仁(中央教育科学研究所高教研究中心)//高教探索(广州).—2002,(4).—73~74

- 美、英、韩发展高等教育产业的举措以及对我国的启示[期刊]/刘红,赵爱军(浙江大学)//浙江树人大学学报(杭州).—2002,(5).—11~13

- 国外高等教育大发展的基本类型[期刊]/张振助,吴晓郁,董亚军,肖秀平//上海教育(上海).—2002,(11A).—44

- 韩国制定引进世界一流大学开办研究生院的计划[期刊]/驻韩国使馆教育处//世界教育信息(北京).—2003,(2).—19~20

- 从韩国汉语水平考试的发展看韩国的汉语教学[期刊]/李充阳(韩国高丽大学校人文大学,韩国现代中国研究会,韩国HSK事务局)//国外汉语教学动态(北京).—2003,(3).—2~3

- 韩国高等教育的国际化进程[期刊]/王留栓(上海复旦大学高等教育研究所)//国际高等教育研究(北京).—2003,(3).—14~18

- 韩国高校ICT教育的发展现状及政策分析[期刊]/李世宏(华东师范大学)//开放教育研究(上海).—2003,(3).—55~56

- 汉城大学建设世界一流大学的努力[期刊]/宋吉缮(清华大学教育研究所)//清华大学教育研究(北京).—2003,(3).—95~101

- 美、德、日、韩高等教育大众化发展道路依托因素的分析[期刊]/卫荣凡(广西商业高等专科学校)//广西商业高等专科学校学报(南宁).—2003,(3).—1~4

- 信息时代韩国技能大学的培养目标[期刊]/金栋圭,钟华(韩国仁川技能大学,深圳职业

技术学院旅游系)//深圳职业技术学院学报(深圳).—2003,(3).—71~75

- 韩国大学积极引入结构调整策略[期刊]/吴莲姬//当代韩国(北京).—2003,(4).—85

- 韩国高等教育大众化对我国高等教育发展的借鉴意义[期刊]/李泽民,林淼(中山大学)//交通高等研究(武汉).—2003,(4).—51~54

- 韩国高等教育的大众化和普及化[期刊]/王留栓(上海复旦大学高等教育研究所)//世界教育信息(北京).—2003,(4).—19~23

- 韩国教育技术热点:网络电视教育[期刊]/朱谦(上海市杨思中学)//开放教育研究(上海).—2003,(4).—54~56

- 中、韩高等教育发展战略比较研究[期刊]/王留栓(上海复旦大学高等教育研究所)//现代教育科学(长春)—2003,(4).—73~75

- 韩国高等教育、职业教育与经济同步发展的举措[期刊]/王留栓(上海复旦大学高等教育研究所)//世界教育信息(北京).—2003,(5).—21~24

- 韩国的升学考试[期刊]/王启军(华南理工大学)//广东教育:综合版(广州).—2003,(7).—48~49

- 中韩护理本科教育理念及培养目标的比较[期刊]/李春玉,李明今,金鹤万,金灿,金河岩(延边大学护理学院,延边大学师范学院教育心理系)//中国护理杂志(北京).—2003,(9).—716~718

- 韩国高等教育的国际化进程[期刊]/王留栓(上海复旦大学高等教育研究所)//世界教育信息(北京).—2003,(11).—39~46

- 韩国科学英才教育的特色[期刊]/金京泽(华东师范大学课程与教学研究所)//全球教育展望(上海).—2003,(11).—71~75

- 近代中国第一所公立韩国语教育机构——袁世凯驻韩公署附设韩语学堂考[期刊]/权赫秀(东北师范大学历史系)//当代韩国(春夏合刊)(北京).—2003,(Z1).—31~35

- 韩国工程教育的现状与机遇[期刊]/宋吉缮(清华大学继续教育学院研究中心)//现代大学教育(长沙).—2004,(4).—70~74

- 外国道德教育扫描[期刊]/席军//时事资料(北京).—2004,(4).—107~109

- 韩国的专科大学教育[期刊]/索丰,孙启林(东北师范大学)//外国教育研究.—2004,(5).—5~8

- 韩国私立高等教育政策的若干特点[期刊]/吴春玉(泉州师范学院教育科学学院)//集美大学学报(教育科学版)(厦门).—2004,(5).—94~96

- 开放大学面临的挑战:来自韩国的案例[期刊]/帕克•达克•杰伊,金桑素(韩国国立开放大学)//开放教育研究(上海).—2004,(6).—28~33

- 韩国大学汉语教学状况分析[期刊][韩]李天洙(南京大学中文系)//安庆师范学院学报(社会科学版)(安庆).—2004,(7).—115~117

- 韩国发愁大学太多/徐宝康//党建文汇(中共辽宁省委员会宣传部).—2004,(10).—40

- 我所看到的韩国教育[期刊]/毛建国(镇江市教育科学研究所)//江苏教育(南京).—2004,(11).—27~28

- "B21工程"与韩国高等教育改革[期刊]/孟宪华,牟为娇(吉林大学公共外语教学与研究中心)//东北亚论坛(长春).—2004,(13).—43~44

- 韩国高等教育机构导读/吴海真//海外求学(西安).—2004,(15).—12~23

- 留学韩国:适合不同层次的中国学生——访韩国驻华大使馆教育官林大镐[期刊]/陈歌//海外求学(西安).—2004,(15).—6~8

- 韩国法学教育的弊病与改进方案[期刊]/尹大奎(韩国庆南大学法行政学系、远东问题研究所副所长、美国华盛顿大学法学院博士)//当代韩国(北京).—2004,(夏季号).—64~68

- 韩国大学每5年进行一次学术评估[期刊]/吴莲姬摘//当代韩国(北京).—2004,(冬季号).—24

- 韩国的高等教育国际化——以韩国第一高等学府延世大学(私立)为例[期刊]/王留栓(上海复旦大学高等教育研究所)//国际高等教育研究2004(北京)(1).—2004,(冬季号).—1~5

- 中韩高等教育发展历程之比较[期刊]/李绘,刘海燕(南京审计学院)//高等教育研究(长春).—2004,(冬季号).—48~51

- 韩国威权政治发展中的教育及其启示[期刊]/刘煜,陈正华(浙江海洋学院高等教育改革与发展研究室,北京师范大学教育政策与法律研究所)//现代大学教育(长沙).—2005,(1).—50~54

- 论韩国私立教育对经济发展的作用[期刊]/沙梁波,魏玉梅(兰州大学教育学院,兰州大学教育学院)//高等理科教育(兰州).—2005,(1).—19~22

- 中国与亚洲主要国家职业技术教育的比较[期刊]/徐昆(南京广播电视大学)//职业教育研究(天津).—2005,(1).—109~110

- 中韩研究生教育比较:因素分析法的视角[期刊]/罗殷(东南大学高等教育研究所)//煤

炭高等教育(徐州).—2005,(1).—91~93

- 国别化"对外汉语教学用词表制定的研究"——以韩国为例[期刊]/甘瑞瑗(韩国又松大学)//语言文字应用(北京).—2005,(2).—142

- 韩国高等教育的发展历程及特点[期刊]/程爱洁(上海理工大学管理学院)//上海理工大学学报(社会科学版)(上海).—2005,(3).—73~75

- 亚洲四国对私立高等教育的法律扶持研究及启示[期刊]/田虎伟(华中科技大学教育科学研究院)//华北水利水电学院学报(社科版)(郑州).—2005,(3).—30~32

- 新时期韩国农民教育的特征和发展趋势[期刊]/李水山(教育部中央教育科学研究所比较教育研究中心)//职教论坛(南昌).—2005,(6).—55~59

- 韩国英才考试选拔制度受到置疑[期刊]/金红莲(北京师范大学比较教育研究中心)//基础教育参考(北京).—2005,(10).—43

- 新时期韩国农村教育及发展趋势[期刊]/何静,李水山,周志恩,丁钟佑(宁波职业技术学院,中央教育科学研究所,中国农业大学)//职业技术教育(长春).—2005,(19).—67~70

- 韩国大学入学考试特点及改革趋势录取标准[期刊]/吴满华(苏州大学教育学院)//世界教育信息(北京).—2006,(1).—34~36

- 韩国教育财政管理研究[期刊]/宋懿琛(上海教科院高教研究所)//中国高等教育评估(上海).—2006,(1).—63~67

- 日、韩高等教育变革与发展的异同[期刊]/侯亮//高教观察(山西).—2006,(1).—52~54

- 试论韩国的高等教育国际化[期刊]/丁洁,夏江峰(浙江大学教育系,杭州师范学院)//现代教育科学(长春).—2006,(1).—66~69

- 韩国高职教育中的"产学合作"模式[期刊]/郑英蓓(浙江大学教育学院高等教育研究所)//高等工程教育研究(武汉).—2006,(2).—107~110

- 近年韩国的高校历史学专业改革[期刊]/朱力平(思茅师范高等专科学校历史系)//思茅师范高等专科学校学报(思茅).—2006,(2).—72~74

- 厦门大学参加"第22届韩国教育博览会"[期刊]/志河(厦门大学)//海外华文教育(厦门).—2006,(2).—84

- 韩国大学中文教学的现状和展望[期刊]/张鹏,王斌(云南师范大学国际语言文化学院)//云南师范大学学报(昆明).—2006,(3).—87~92

- 韩国高职"产学合作"模式对我国高职教学的启示[期刊]/段双年(湖北生态工程职业技术学院),陈昊//湖北生态工程职业技术学院学报(武汉).—2006,(3).—32~35

- 韩国私立高等教育发展的特点[期刊]/吴春玉(泉州师范学院教育科学学院)//集美大学学报(教育科学版)(厦门).—2006,(3).—41~44
- 韩国学和中国的韩国学[期刊]/李得春,刘娟(延边大学中朝韩日文化比较研究中心,朝韩学院)//东疆学刊(延吉).—2006,(3).—9~18
- 韩国政府在发展职业教育中的作用[期刊]/黄日强,顾厚顺(江西科技师范学院职业教育研究所,东华理工学院)//职教论坛(南昌).—2006,(3).—57~60
- 浅议韩国教育面临的问题[期刊]/田镇香,周志刚(天津大学职业技术教育学院)//外国教育研究(长春).—2006,(3).—77~80
- 中韩高等教育发展历程之比较[期刊]/李绘,刘海燕(南京审计学院)//现代教育科学(吉林).—2006,(3).—55~57
- 韩国最大的私立综合大学——高丽大学[期刊]/孔颖(西安外事学院七方教育研究所)//民办教育研究(西安).—2006,(4).—105~106
- 大众化条件下韩国高等教育可持续发展的问题与经验[期刊]/刘炳(沈阳师范大学教育科学学院)//复旦教育论坛(上海).—2006,(5).—77~80
- 韩国提升职业教育地位的几项措施[期刊]/鲁亚杰(上海高桥职业技术学校)//中国职业技术教育(北京).—2006,(5)
- 韩国职业教育改革及成功经验[期刊]/华丹,李黎(南京师范大学教育科学研究院,湖南科技职业学院基础课部)//湖南教育(长沙).—2006,(5).—42~43
- 韩国的世界一流大学发展计划:BK21工程[期刊]/徐小洲,郑英蓓(浙江大学教育学院,浙江大学高教研究所)//高等工程教育研究(武汉).—2006,(6).—99~104
- 韩国高丽大学国际化战略之借鉴[期刊]/王颖(复旦大学教务处)//中国大学教学(北京).—2006,(6).—62~64
- 韩国教育一瞥[期刊]/宋运来(江苏南京市南湖第三小学)//教书育人(哈尔滨).—2006,(6).—54~55
- 韩国高等教育的主要特征及其对我国的启示[期刊]/张玉荣,刘光华(江西师范大学)//江西行政学院学报(哈尔滨).—2006,(7).—76~77
- 韩国加强高中公民伦理教育[期刊]/杨敏//上海教育(半月刊)(上海).—2006,(7).—43~44
- 韩国职业技术教育的现状及趋势分析[期刊]/陶蓓(华东师大职业教育与成人教育研究所)//职业技术教育研究(沈阳).—2006,(8).—57~58
- 韩国提高高等教育国际竞争力的新举措[期刊]/蒙有华(西南大学教育学院)//政策走向

(北京).—2006,(9).—12~14

- 韩国职业教育改革特色及启示[期刊]/杨君(四川工程职业技术学院)//江西教育(南昌). —2006,(9).—41~42

- 中韩高等教育发展模式比较研究[期刊]/金浩,高素英,邢会,金善女(河北工业大学管理 学院,河北工业大学外国语学院)//河北工业大学成人教育学院学报(天津).—2006,(9). —9~12

- 新加坡与韩国职业教育的共同特点及启示[期刊]/曹霞(浙江师范大学教育学院)//职业 教育研究(天津).—2006,(11).—174~175

- 中韩两国数学教育博士学位论文选题的比较与分析[期刊]/徐文彬,喻平(南京师范大 学课程与教学研究所,南京师范大学数学与计算机科学学院)//数学教育学报(天津).— 2006,(11).—56~58

- 韩国高等教育及其启示[期刊]/樊荣(上海工程技术大学)//中国成人教育(济南).— 2006,(12).—121~122

- 20世纪末以来韩国私立大学的重组改革[期刊]/陈武元,薄云(厦门大学教育学院)//比 较教育研究(北京).—2007,(1).—65~69

- 韩国高等教育发展策略对我国的启示[期刊]/董皓,赵健(西安石油大学)//石油教育(北 京).—2007,(1).—78~80

- 韩国新村教育的经验对我国的启示[期刊]/陈伟(曲阜师范大学继续教育学院)//湖北大 学成人教育学院学报(武汉).—2007,(4).—62~64

- 韩国高等教育的发展趋势与政策研究[期刊]/宋懿琛(上海市教育科学研究院高等教育 研究所)//世界教育信息(北京).—2007,(6).—4~6

- 中日韩三国高师课程设置的比较及启示[期刊]/崔成学,俞爱宗(延边大学师范学院,延 边大学教务处)//外国教育研究(长春).—2007,(7).—43~47

- 韩国高等教育的"改革经"[期刊]/张宁生//教育(北京).—2007,(11).—54~55

- 构建师范院校新体系——推动韩国教育发展[期刊]/曹荣达(韩国首尔国立大学师范学 院)//安庆师范学院学报(安庆).—2008,(3).—12~15

- 韩国汉语教学现状简析[期刊]/宿捷,宿鸿斌(抚顺师范高等专科学校,抚顺一职专)//辽 宁师专学报(铁岭).—2008,(5).—81~82

- 朝鲜高等教育体制及其启示[期刊]/全金姬,崔美(辽东学院韩朝经济与文化学院)//辽 东学院学报(社会科学版)(丹东).—2009,(2).—116~120

- 在京韩国留学生跨文化适应问题研究[期刊]/亓华,李秀妍(北京师范大学汉语文化学院)//青年(北京).—2009,(2).—84~93
- 韩国高等教育学分银行制探析[期刊]/覃兵,胡蓉(湖南师范大学教育科学学院)//比较教育研究(北京).—2009,(12).—65~68
- 韩国英才教育的历史变革与特点[期刊]/朴钟鹤(浙江大学教育学院)//比较教育研究(北京).—2010,(4).—67~71
- 对韩国大学中文专业商贸方向课程设置的几点思考[期刊]/宋珉映(建阳大学中国语言文化学系)//汉语国际传播研究(北京).—2011,(1).—155~162
- 移民、留学与革命——20世纪20~30年代的中山大学韩国留学生[期刊]/曹善玉(中山大学历史系)//韩国研究论丛(上海).—2011,(1).—233~255
- 韩国外国语大学孔子学院现状与展望[期刊]/王继红(北京外国语大学)//国际汉语教育(北京).—2011,(3).—22~27
- 韩国汉语教学的现状及发展对策——以济州汉拿大学为例[期刊]/刁世兰(合肥学院中国语言文学系)//合肥学院学报(合肥).—2011,(11).—105~109
- 韩国高校德育实施方法及其借鉴意义研究[博硕]/武鹏//重庆:西南大学硕博论文.—2011
- 韩国顺天乡大学孔子学院的汉语教学[期刊]/解植永(天津外国语大学国际交流学院)//云南师范大学学报(昆明).—2012,(6).—40~44
- 高等教育在韩国发展:西方大学理念、儒家传统和经济发展[期刊]/Jung Cheol Shin(华东师范大学)//高等教育(北京).—2012,(64).—59~72
- 汉语国际推广背景下的韩国汉语教学[期刊]/丁存越,〔韩〕金建佑(南京审计学院国际文化交流学院,南京审计学院)//汉语国际传播研究(北京).—2013,(02).—48~56
- 韩国汉语教学中的跨文化交际[期刊]/高阳紫(兰州大学)//佳木斯教育学院学报(佳木斯).—2014,(5).—307
- 韩国高校汉语话剧课的语音教学步骤———以韩外大孔子学院话剧课≪春香新传≫为例[期刊]/姜梦(北京外国语大学中国语言文学学院)//教育教学论坛(石家庄).—2014,(6).—89~90
- 简析韩国大学汉语教学现状[期刊]/许炜(兰州大学文学院)//才智(长春).—2014,(06).—22~25
- 韩国大学对汉语专业学生培养模式的有效性研究[期刊]/倪佳琪(北京师范大学)//科技

创新报(北京).—2014,(8).—6~7

- 韩国学生的"后高考时代"[期刊]/彭茜(广州大学)//辽宁教育(沈阳).—2014,(18).—76

基础教育

- 南京市实验小学师生热情地接待亲密的友人[期刊]//江苏教育(南京).—1956,(22).—11
- 南朝鲜学校体育概况[期刊]/林革友(延边大学师范学院体育系)//学校体育(北京).—1986,(5).—55~58
- 南朝鲜中小学教育的现状和趋势[期刊]/孙启林(东北师范大学国际与比较教育研究所)//外国中小学教育(长春).—1987,(3).—41~43
- 略谈朝鲜的学校教育、社会教育和家庭教育[期刊]/冯春台,王英莲(朝鲜金亨稷师范大学教育系,朝鲜金亨稷师范大学教育系留学生)//外国教育研究(长春).—1988,(03).—42~44
- 南朝鲜的汉字教学[期刊]/黄菊英(西藏大学)//语文建设(北京).—1988,(3).—32
- 南朝鲜中小学建筑设备现状及其改进方案[期刊]/田以麟(东北师大比较教研所)//现代中小学教育(长春).—1990,(3).—23~24
- 南朝鲜的农村青少年教育[期刊]/商承义,田以麟(东北师大比较教研所)//现代中小学教育(长春).—1990,(6).—61~62
- 南朝鲜高考现状一瞥[期刊]/冬青(呼和浩特电视台)//广州教育(广州).—1990,(Z4).—76
- 南朝鲜中小学科学教育简介[期刊]/刘真(人民教育出版社)//课程•教材•教法(北京).—1990,(10).—43
- 朝鲜加强汉字教育的呼声[期刊]/周四川//汉字文化(北京).—1991,(1).—25~26
- 南朝鲜农业高中的教育方法[期刊]//山东教育科研(济南).—1991,(3)
- 南朝鲜提高中小学教师素质的若干措施[期刊]/商承义(东北师大)//中学教师培训(长春).—1991,(5).—35~36
- 南朝鲜青少年图书出版状况[期刊]/邵益文(中国出版科学研究所)//编辑学刊(上海).—1992,(2).—95~96
- 南朝鲜教学课程改革的几个特点[期刊]/于胜利(北京大学亚非问题研究所)//比较教育研究(北京).—1992,(3).—76

- 韩国高中教育的发展和改革[期刊]/陆兴发(东北电力大学)//外国教育资料(上海).—1993,(2).—77~81
- 韩国的汉语研究及汉语教学概述[期刊]/安熙珍(韩国)//世界汉语教学(北京).—1993,(4).—319~320
- 韩国普通义务教育的概况与改革方向[期刊]/具滋亿(韩国教育开发院)//比较教育研究(北京).—1993,(4).—24~27
- 韩国学生数理成绩独占鳌头的秘诀[期刊]/诸惠芳(人民教育出版社)//外国中小学教育(上海).—1994,(2).—6~7
- 韩国中小学教育的改革[期刊]/商承义(东北师范大学比较教育研究所)//外国教育研究(长春).—1994,(5).—21~24
- 韩国在小学推行英语教育[期刊]/高益民(北京师范大学)//比较教育研究(北京).—1994,(6).—53
- 朝鲜民主主义人民共和国普及义务教育的若干思考[期刊]/崔斌子(中央民族大学)//民族教育研究(北京).—1995,(1).—88~92
- 从学生质量比较看朝鲜教育成功的秘密[期刊]/杨雅文(烟台师范学院)//外国中小学教育(上海).—1995,(1).—41~44
- 成功的秘密——从国际性学生数学、自然科学质量比较看朝鲜教育[期刊]/刘振天(烟台师院)//现代中小学教育(长春).—1995,(2).—16~18
- 韩国现代初等教育[期刊]/孙启林(东北师大比较教育研究所)//外国教育介绍——现代中小学教育(长春).—1995,(4).—48~51
- 韩国普及义务教育的历史进程与经验探讨[期刊]/张广利//普教研究(沈阳).—1995,(5).—63~64
- 韩国第六次中小学课程改革简介[期刊]/黄梁花(韩国)//外国教育资料(上海).—1995,(6).—62~65
- 韩国中小学的经济教育[期刊]/商承义(东北师大比较教育研究所)//外国教育研究(长春).—1995,(6).—48~53
- 韩国基础教育课程概况[期刊]/[译]季苹(北京教育学院)//中小学教育管理(北京).—1995,(11).—26~29
- 韩国教科书出版及国际倾向的考察[期刊]/李钟国(韩国•大田),金菊贤(译)//编辑之友(太原).—1996,(2).—49~53

- 韩国教育的运作[期刊]/谭斋(复旦大学韩国研究中心)//韩国研究论丛(上海).—1996,(2).—122~129

- 韩国初中免试入学的经验与教训——兼谈我国初中入学制度的改革[期刊]/张凤莲(广州华南师范大学教科所)//现代教育论丛(广州).—1997,(5).—64~65

- 韩国教育考试改革的比较与思考[期刊]/韩家勋(教育部考试中心)//中国考试(北京).—1997.—56~57

- 韩国基础数学教育课程改革历程、趋势及其启示[期刊]/陆书环(山东曲阜师范大学)//教育研究(北京).—1998,(10).—73~76

- 韩国高中汉语教学实例:≪我喜欢打篮球≫教案设计及实施[期刊]/张竞楠(韩国外国语大学附属外国语高等学校)//国际汉语(广州).—1999,(1).—83~89

- 韩国国民教育统计资料摘要[期刊]/张敏//教育发展研究(上海).—1999,(4).—83~84

- 韩国汉语教学中的语法用语问题[期刊]/〔韩〕李根孝(庆星大学校文科大学东洋语文学部)//汉语学习(延吉).—1999,(12).—52~54

- 东亚部分国家地区义务教育阶段课程之比较[期刊]/杨妍梅(北京教科院教材编审部)//教育科学研究(北京).—2000,(1).—73~80

- 韩国初等学校道德教育研究[期刊]/黄亨奎(延边大学教育心理学教研部)//东疆学刊(延吉).—2000,(1).—63~68

- ≪汉语水平汉字等级大纲≫中的汉字与韩国教育用汉字构词能力的比较[期刊]/黄贞姬(延边大学对外汉语教学研究中心)//汉语学习(延吉).—2000,(2).—51~55

- 日本与韩国的基础教育特点[期刊]/周元武(湖北经济学院)//湖北教育(武汉).—2000,(3).—15~16

- 中韩两国初等体育教育课程演变过程比较研究/林哲松(北京师范大学)//体育文史(北京).—2000,(6).—35~36

- 韩国发展高中阶段教育的经验及启示[期刊]/刘国瑞(辽宁教育研究院)//辽宁教育研究(沈阳).—2001,(2).—23~28

- 面向21世纪的韩国基础教育课程改革——韩国第七次教育课程改革评析[期刊]/孙启林,杨金成(东北师大国际与比较教育研究所,东北大学国际交流中心)//外国教育研究(长春).—2001,(2).—4~9

- 韩国面向21世纪基础教学教育课程述评[期刊]/廖远章(广州大学理学院)//广州大学学报(综合版)(广州).—2001,(4).—34~40

- 韩国中小学的健康教育[期刊]/索丰(东北师范大学国际与比较教育研究所)//外国教育研究(长春).—2001,(6).—12~15
- 韩国基础教育中化学教育的内容及其特点[期刊]/王子苓(浙江台州学院生化系)//沈阳师范学院学报(自然科学版)(沈阳).—2001,(7).—77~80
- 韩国学校道德教育特色之探析[期刊]/张鸿燕(首都师范大学德育教研室)//外国教育研究(长春).—2002,(3).—10~12
- 浅述对韩国儿童汉语教学的言语技能训练[期刊]/萧素秋(韩国外国语大学)//海外华文教育(厦门).—2002,(3).—51~58
- ICT教育在韩国[期刊]/张春浩(东北师范大学国际与比较教育研究所)//中小学信息技术教育(北京).—2002,(8).—101~102
- 儒家文化对现代韩国基础教育的影响[期刊]/索丰(东北师范大学国际与比较教育研究所)//外国教育研究(长春).—2002,(9).—11~14
- 韩国儿童的礼貌教育[期刊]/笑天//教师之友(成都).—2002,(10).—67
- 日韩两国中小学性教育比较[期刊]/郭德侠(北京师范大学教育学院)//上海教育私研(上海).—2002,(11).—60~62
- 面向21世纪的韩国基础教育课程改革——韩国第七次教育课程改革评析[期刊]/孙启林,杨金成(东北师大国际与比较教育研究所,东北大学国际交流中心)//基础教育改革动态(北京).—2002,(12).—25~30
- 韩国高中"水平均衡化"政策的制定、实施及评析/国家教育发展研究中心[期刊]//基础教育改革动态(北京).—2002,(16).—24~25
- 新加坡、韩国学校道德教育特点研究[期刊]/邓晨光(牡丹江师范学院)//牡丹江师范学院学报(哲学社会科学版)(牡丹江).—2003,(1).—70~73
- 韩国的青少年教育[期刊]/何培忠//国外社会科学(北京).—2003,(2).—122~123
- 日本、韩国基础教育考察(上篇)[期刊]/安徽省教育厅//基础教育参考(北京).—2003,(3).—12~15
- 日本、韩国基础教育考察(下篇)[期刊]/安徽省教育厅//基础教育参考(北京).—2003,(4).—12~14
- 中日韩初中学生道德教育的比较研究[期刊]/彭镁(大连大学人文学院)//教育评论(福州).—2003,(4).—94~97
- 韩国中小学教育信息化发展特点[期刊]/李世宏(华东师范大学教育系)//外国中小学教

务(上海).—2003,(5).—11~13

- 美、韩青少年性教育启示录[期刊]/吴杉,王缅//家教指南(长春).—2003,(8).—43~44
- 韩国社会科课程中的国史教育[期刊]/赵亚夫(首都师范大学历史系)//全球教育展望(上海).—2003,(10).—52~56
- 韩国中小学数学课程的发展[期刊]/龙银美(南京师范大学数学与计算机科学学院)//上海师范大学学报(哲学社会科学教育版)(上海).—2003,(10).—114~120
- 韩国中小学道德教育的现状与特点[期刊]/潘立(华南师范大学教科院国际与比较教育研究所)//教育与管理(太原).—2003,(11).—74~77
- 韩国汉语教学调查研究[期刊]/周世明,苑良珍,王彦(山东大学国际教育学院)//国际学术动态(武汉).—2004,(1).—24~26
- 不一样的韩国——韩国教育考察有感[期刊]/张涛,李俊杰(山东省威海市教研中心)//当代教育科学(济南).—2004,(2).—48~51
- 美、韩青少年性教育的启示/高燕辑//基础教育(上海).—2004,(2).—15~17
- 韩国中学的环境教育[期刊]/金京泽(上海华东师范大学课程与教学研究所)//环境教育(北京).—2004,(3).—16~19
- 当代韩国汉语教育发展分析[期刊]/刘继红(北京外国语大学国际交流学院)//国外汉语教学动态(哈尔滨).—2004,(4).—32~37
- 外国道德教育扫描/席军(西安)//时事资料手册(西安).—2004,(4).—107~109
- 中日韩义务教育课程改革的若干比较[期刊]/崔成学,黄亨奎(延边大学师范学院,温州师范学院)//东疆学刊(延吉).—2004,(4).—96~100
- 韩国式教学的特色/傅秀宏,祁胜勇(北京)//21世纪.—2004,(5).—38-39
- 韩国中小学生道德教育课程[期刊]/新馨//国外社会科学(北京).—2004,(5).—118~119
- 韩国现行初中科学课程的特点[期刊]/金京泽(华东师范大学课程与教学研究所)//比较教育研究(北京).—2004,(6).—18~22
- 韩国小学新课程改革中的"自选活动"[期刊]/索丰(东北师范大学国际与比较教育研究所)//外国教育研究(长春).—2004,(6).—1~8
- 韩国中小学教育信息化的发展[期刊]/王晓平,李震英(北京教育科学研究院教育信息中心,北京教育科学研究院教育信息中心)//海外传真(北京).—2004,(6).—17~19
- 韩国中小学的社会教育类型[期刊]/彭正文(上海师范大学教育科学学院)//外国中小学教育(上海).—2004,(7).—41~42

- 韩国2009年高中科学课程改革的特点[期刊]/崔雪梅(延边大学师范学院)//黑龙江教育学院学报(哈尔滨).—2004,(8).—68~69
- 韩国高中汉语教学概况及师资分析[期刊]/王军(山东大学国际教育学院)//国外汉语教学动态(北京).—2004,(8).—38~42
- 韩国汉语教学概观[期刊]/韩容洙(东国大学中语中文学科)//汉语学习(延吉).—2004,(8).—73~75
- 韩国青少年人格教育及性教育[期刊]/梅和勒·庆吉(黑龙江)//教书育人(哈尔滨).—2004,(8).—18~19
- 韩国教科书出版及国际倾向的考察[期刊]/李钟国(韩国惠泉大学)//域外镜头(太原).—2004,(10).—49~53
- 我所看到的韩国教育[期刊]/毛建国(镇江市教育科学研究所)//江苏教育(南京).—2004,(11).—27~28
- 不一样的韩国——韩国教育考察有感[期刊]/张涛,李俊杰(山东省威海市教研中心,山东省威海市教研中心)//域外采风(济南).—2004,(冬季号).—48~51
- 韩国中学(社会)教材中有关中国史内容的分析——以第七次教学大纲为中心[期刊]/全寅永(韩国梨花女子大学校)//历史教学问题(上海).—2005,(1).—102~107
- 韩国中小学图书馆的现状评析[期刊]/刘剑虹(浙江林学院图书馆)//外国中小学教育(上海).—2005,(2).—40~43
- 中韩建交以来韩国汉语教学发展情况调查分析(上)[期刊]/[韩]李明晶(韩国东国大学首尔本校中文系)//日韩汉语教学透视(北京).—2005,(2).—31~37
- 韩国现行小学道德教科书评析[期刊]/索丰,车雪莲(东北师范大学国际与比较教育研究所)//外国教育研究(长春).—2005,(3).—52~55
- 韩国中小学道德教育理论与实践评析——兼谈对我国中小学道德教育的启示[期刊]/孙启林,梁荣华(东北师范大学国际与比较教育研究所,东北师范大学国际与比较教育研究所)//外国教育研究(长春).—2005,(3).—42~44
- 中韩建交以来韩国汉语教学发展情况调查分析(下)[期刊]/[韩]李明晶(韩国东国大学首尔本校中文系)//日韩汉语教学透视(北京).—2005(3).—9~20
- 韩国基础教育改革中的英才教育计划[期刊]/谌启标(福建师范大学教育科学与技术学院)//外国中小学教育(上海).—2005,(5).—9~12
- 韩国李朝时期的汉语教育及其特点[期刊]/金基石(上海外国语大学东方语学院)//汉语

学习(延吉).—2005,(5).—73~80

- 试析当前韩国中小学教师教育四大特色[期刊]/李世宏(华东师范大学教育系)//外国中小学教育(上海).—2005,(5).—6~8

- 新时期韩国农村教育的新亮点[期刊]/李水山(中央教育科学研究所)//基础教育参考(北京).—2005,(5).—26

- 中、韩高中化学课程标准的对比研究[期刊]/陈志彬,柯亚玲,李振顺,刘志棍(黑龙江)//中学化学(哈尔滨).—2005,(5).—8~9

- 日韩中小学性教育的途径和方法及其启示[期刊]/冷剑丽(西南师范大学教育科学学院)//基础教育参考(北京).—2005,(7).—27~28

- 韩国基础教育课程改革中的公民教育[期刊]/谌启标(福建师范大学教育科学与技术学院)//基础教育参考(北京).—2005,(8).—26~28

- 韩国减少班级人数政策的制订与实践[期刊]/叶建源,黎国灿(香港教育学院教育政策与行政系,香港教育学院策划及学务执行处)//全球教育展望(上海).—2005,(8).—53~58

- 韩国20世纪70年代中期至80年代中后期义务教育普及与保障过程[期刊]/孟祥银(河北迁安)//经济研究参考(北京).—2005,(46).

- 当代韩国ICT(信息通讯技术)教育发展的启示[期刊]/李锋(华东师范大学全国计算机教育研究中心)//外国中小学教育(上海).—2006,(1).—1~4

- 韩国中学GIS教育的状态及相关大纲研究[期刊]/成春子(南首尔大学地理信息系统学科)//洛阳师范学院学报(洛阳).—2006,(1).—177~179

- 融合传统与现代——看韩国如何实施学校德育[期刊]/冷剑丽(上海)//上海教育(上海).—2006,(1).—38~39

- 韩国道德教育课程设置的主要特色及启示[期刊]/冷剑丽(西南大学教育学院)//思考与借鉴(北京).—2006,(2).—42~64

- 韩国基础教育信息化动向分析[期刊]/朴成日(延边大学师范学院)//东疆学刊(延吉).—2006,(2).—76~80

- 当前韩国道德教育课师资培训:背景、模式和问题[期刊]/贾鹏飞,何锋(南京师范大学道德教育研究所)//中小学教师培训(长春).—2006,(3).—58~60

- 韩国英语教育将从小学一年级开始/张锦芳(新华网首尔专电记者)//新华社高管信息教育版(杭州).—2006,(3)

- 韩国中小学的特别活动[期刊]/索丰(东北师范大学国际与比较教育研究所)//中国民族

教育(北京).—2006,(3).—42~43

- 浅析韩国高中生的汉语教学[期刊]/关颖(陕西师范大学文学院)//海外华文教育(厦门).
  —2006,(3).—15~20

- 浅议韩国教育面临的问题[期刊]/田镇香,周志刚(天津大学职业技术教育学院,天津大
  学职业技术教育学院)//外国教育研究(长春).—2006,(3).—77~80

- 从中学历史教科书看韩国的爱国主义教育[期刊]/许斌(人民教育出版社历史室)//历史
  教学(天津).—2006,(4).—48~51

- 韩国基础教育信息化动向分析[期刊]/朴成日(延边大学师范学院)//东疆学刊(延吉).—
  2006,(4).—76~80

- 韩国教育一瞥[期刊]/宋运来(江苏南京市南湖第三小学)//校长参考(哈尔滨).—
  2006,(6).—54~55

- 韩国中小学教师人事制度及其对我国的启示[期刊]/谢彦红,朴连淑(韩国)(山东滨州学
  院,陕西师范大学)//教学与管理(太原).—2006,(6).—77~80

- 国外素质教育掠影(十八)韩国德育的特色——课程教学和全面渗透相结合[期刊]/覃
  遵君(北京师范大学良乡附中)//中学政治教学参考(西安).—2006,(8).—56~58

- 传统道德教育在韩国[期刊]/闫宁宁(南京师范大学教科院)//上海教育(上海).—
  2006,(9).—41~42

- 浅析韩国道德教育的成功之处[期刊]/谭菲,张盈(广西师范大学教育科学学院)//教书
  育人(哈尔滨).—2006,(10).—92~93

- 韩国中小学教师评价政策的调整[期刊]/柳京淑(北京师范大学教育管理学院)//比较教
  育研究(北京).—2006,(11).—70~74

- 韩国建构:网络学习体系[期刊]/朴成日(湖南师范大学教育科学学院教育技术系)//信
  息技术教育(北京).—2006,(12).—29

- 19世纪末至20世纪上半叶韩国汉语教学概况——兼论韩国汉语学习者的民族心理背
  景[期刊]/李明晶(韩国东国大学首尔本校中文系)//国际汉语教学动态与研究(北京).—
  2007,(1).—79~87

- 韩国基础教育信息化最新进展述评[期刊]/崔英玉,孙启林,董玉琦(吉林师范大学教育
  技术与传播学院,东北师范大学国际与比较教育研究所)//中国电化教育(北京).—
  2007,(1).—37~41

- "教育均衡化"制度与韩国高中教育[期刊]/郑海月(东北师范大学教育科学学院)//现代

教育科学(长春).—2007,(1).—75

- 韩国小学"班级崩溃"现象及原因分析[期刊]/张家智(首都师范大学政法学院)//外国中小学教育(上海).—2007,(3).—24~27

- 韩国的青少年民族精神教育[期刊]/田玉敏(天津农学院人文社会科学系)//外国中小学教育(上海).—2007,(4).—41~45

- 韩国中小学教师的培养和任用[期刊]/沈又红(湖南师范大学组织部)//教师教育研究(北京).—2007,(6).—78~79

- 韩国教育青少年对网瘾说"不"[期刊]/李拯宇,干玉兰//教师博览(南昌).—2007,(7).—130.

- 韩国中小学信息(计算机)通信技术教育实施方针[期刊]/中国驻韩国大使馆教育处//基础教育参考(北京).—2007,(7B).—27~29

- 韩国小学教师培养与培训模式初探——以晋州教育大学为中心的考察[期刊]/张晓敏(青岛大学师范学院历史系)//青岛大学师范学院学报(青岛).—2007,(9).—53~58

- 日本、韩国基础教育考察报告[期刊]/于月萍(辽宁教育研究院)//辽宁教育研究(沈阳).—2007,(9).—78~81

- 朝鲜学校道德教育概况及其特性分析[期刊]/梁荣华,孙启林(东北师范大学国际与比较教育研究所)//外国中小学教育(上海).—2007,(11).—42~45

- 韩国学校国民精神教育的特色与启示[期刊]/宇文利(北京大学邓小平理论研究中心)//中国德育(北京).—2007,(11).—22~25

- 扫描韩国的基础教育[期刊]/窦桂梅(清华附小)//小学教学(语文版)(郑州).—2007,(12).—50~51

- 论东西方文化资源对韩国思想政治教育的影响[期刊]/郭莹(湘潭大学哲学与历史文化学院)//辽东学院学报(社会科学版)(丹东).—2008,(2).—67~70

- 韩国义务教育改革的特色及保证[期刊]/任翠英(华东师范大学教育学系)//教育理论与实践(太原).—2008,(3).—48

- 德国、芬兰、新加坡、韩国基础教育现状纵览[期刊]/彭尹清(黑龙江)//教书育人·校长参考(哈尔滨).—2008,(4).—64

- 韩国与日本小学健康教育比较研究[期刊]/崔文香(延边大学护理学院护理系)//外国中小学教育(上海).—2008,(5).—63~65

- 韩国中小学"媒体教育"面面观[期刊]/贾晴(华东师范大学中文系)//国外语文教育(北

京).—2008,(5).—40~43

- 韩国义务教育改革述评及对我国的启示[期刊]/任翠英(华东师范大学教育学系)//基础教育改革动态(北京).—2008,(7).—32~38

- 韩国中小学音乐教育新课程的结构体系及其启示[期刊]/金成姬(延边大学艺术学院)//外国教育研究(长春).—2008,(8).—84~88

- 韩国学生汉语学习中常见语序错误简析[期刊]/侯玲玲(青岛大学汉语言学院)//青岛大学师范学院学报(青岛).—2008,(9).—101~104

- 中韩汉语教学大纲对比研究——兼论韩国高中汉语教学状况[期刊]/林升圭(南京大学文学院)//云南师范大学学报(昆明).—2008,(9).—19~24

- 关于对韩高中汉语教学的几个问题[期刊]/李现乐(沈阳师范大学文学院)//淮北煤炭师范学院学报(淮北).—2008,(12).—180~182

- 韩国汉语教学的市场需求调研——以"商务汉语"课程为例[期刊]/辛承姬(韩国科技大学技术经营研究生院)//福建师范大学学报(福州).—2009,(1).—166~172

- 韩国观光专门学校汉语教学情况调查研究[期刊]/刘慧(青岛职业技术学院国际学院)//青岛职业技术学院报(青岛).—2009,(3).—43~53

- 韩国八十年代以来课程改革的主要特征分析[期刊]/丛李方(杭州师范大学教育科学学院)//教育与考试(福州).—2009,(4).—93~96

- 韩国中小学教科书制度理念变迁刍议[期刊]/姜英敏(教育部人文社会科学重点研究基地北京师范大学比较教育研究中心,北京师范大学国际与比较教育研究院)//比较教育研究(北京).—2009,(8).—67~71

- 韩国小学课程改革的历史演进与启示[期刊]/张瑜(青海师范大学教师教育学院)//教学与管理(太原).—2009,(10).—61~63

- 韩国中小学音乐教育课程改革评析——以传承传统音乐为中心[期刊]/金顺爱,尹爱青(东北师范大学音乐学院)//外国教育研究(长春).—2009,(11).—45~49

- "语言模特"职业与韩国高中汉语教学[期刊]/李现乐(南京大学文学院)//安庆师范学院学报(安庆).—2009,(12).—67~70

- 韩国"放课后学校"探析[期刊]/熊贤君,杨云霞,李知垠(深圳大学师范学院教育系)//湖南科技大学学报(社会科学版)(湘潭).—2010,(2).—137~140

- 韩国中小学体育课程的发展动态[期刊]/李正花,赵舜默(延边大学体育学院,韩国教员大学体育学部)//外国中小学教育(上海).—2010,(3).—63~65

- 韩国中小学英语教学改革与发展评述[期刊]/王栋(上海师范大学教育学院,江苏科技大学外国语学院)//外国中小学教育(上海).—2010,(3).—60~62
- "放学后学校"韩国应对课后补习热的重要举措[期刊]/万晓(北京语言大学汉语速成学院)//中小学管理(北京).—2010,(11).—51~52
- 韩国中小学汉语教学法研究现状综述[期刊]/张敬[韩](中央民族大学国际教育学院)//汉语国际传播研究(北京).—2011,(1).—84~91
- 韩国中小学汉语推广工作探索[期刊]/朴钟渊,庞晨光(韩国仁济大学中国学部,西安外国语大学汉学院)//渭南师范学院学报(渭南).—2011,(1).—21~24
- 浅析韩国学生常见汉语发音失误和几种常用对外汉语教学方法[期刊]/刘淑一(沈阳师范大学国际教育学院)//安徽文学(合肥).—2011,(2).—173~174
- 20世纪90年代韩国初等教育改革探析[期刊]/朴钟鹤(西华师范大学教育学院)//浙江外国语学院学报.—2011,(4).—52~55
- 韩国的英才教育及其启示[期刊]/王金玲,张春莉,朴昶彦(韩国国立釜山大学师范学院教育系,北京师范大学教育学部)//天津师范大学学报(基础教育版)(天津).—2011,(4).—59~63
- 韩国2009年中小学课程改革述评[期刊]/谭菲,杨柳(西南大学教育学院国际与比较教育研究所)//比较教育研究(北京).—2011,(5).—15~19
- "高中平准化"时代的落幕——韩国高中多样化改革浅析[期刊]/姜英敏(教育部人文社会科学重点研究基地北京师范大学比较教育研究中心,北京师范大学国际与比较教育研究院)//比较教育研究(北京).—2011,(6).—43~47
- 韩国基础教育成就的促成因素分析——基于韩国本土心理学研究[期刊]/晋争(郑州师范学院特殊教育系)//现代教育科学科普研究(长春).—2011,(6).—20~21
- 韩国基础教育信息化政策研究[期刊]/崔英玉,孙启林,陶莹(东北师范大学国际与比较教育研究所,吉林师范大学教育技术与传播学院)//中国电化教育(北京).—2011,(6).—48~54
- 韩国中小学科学教育经验及启示[期刊]/李玉芳(河南师范大学教育科学学院)//教学与管理(太原).—2011,(7).—86~88
- 韩国中小学道德教育[期刊]/白庚美(哈尔滨师范大学教育科学学院)//学理论(哈尔滨).—2011,(34).—218~219
- 日本、韩国、新加坡学校道德教育比较研究[期刊]/张社强(广东广播电视大学思想政

治理论课教学部)//思想理论教育导刊(北京).—2012,(1).—101~105

- "全球化创造性人才教育"理念下的韩国基础教育课程改革——以2009年课程修订为中心[期刊]/梁荣华,王凌宇(东北师范大学国际与比较教育研究所,吉林科学技术出版社)//外国教育研究(长春).—2012,(2).—38~46

- 韩国新修订的国家课程及其启示[期刊]/綦春霞(韩),洪厚柞,王瑞霖(北京师范大学教育学部,韩国高丽大学教育学院,北京师范大学)//外国中小学教育(上海).—2012,(4).—1~7

- 新世纪朝鲜中小学教育改革的新路向[期刊]/俞熙灿,马云鹏(朝鲜民主主义人民共和国教育科学院,东北师范大学教育学部)//吉林省教育学院学报(长春).—2012,(5).—104~105

- 韩国中小学教师互换制度的特点及启示[期刊]/汪丞(湖北第二师范学院教科院)//基础教育参考(北京).—2012,(19).—25~29

- 情感因素对外语学习效果的影响[期刊]/朱恒华(山东科技大学济南校区)//考试周刊(长春).—2012,(44).—75~76

- 对韩国高中汉语教学中中国文化课的思考[期刊]/张悦林(东北师范大学)//神州(重庆).—2012.—25

- 韩国学生习得汉语普通话后响元音的分析与探索[期刊]/[韩国]宋时黄(北京大学对外汉语教育学院)//云南师范大学学报(对外汉语教学与研究版)(昆明).—2013,(7).—15~24

- ≪韩国观光课程≫汉语教学研究[期刊]/高影(天津师范大学国际教育交流学院)//课程教育研究(呼和浩特).—2013,(11).—2~3

- 坚守传统——借鉴西方的韩国教育[期刊]/程灵芝,张中涛(上海)//观察(上海).—2013,(32).—71~74

- 韩国学生的高表现展现了教育体系的整体优质[期刊]/方兆玉(上海教育记者)//上海教育(上海).—2013,(35).—77

- 浅析韩国高中汉语教学现状及存在的问题[期刊]/赵一璐(沈阳师范大学)//青年文学家教育论丛.—2013,(35).—244

- 韩国汉语高考试卷的分析与思考[期刊]/[泰]潘俊财,田艳(中央民族大学,中央民族大学国际教育学院)//汉语国际传播研究(北京).—2013.—161~173

- 韩国教育细节一瞥[期刊]/包光潜(记者)//教师博览(南昌).—2013.—45

- 参加利川比赛感受韩国教育[期刊]/赵俊峰(广东省深圳市福田区益田小学)//基础教育论坛(沈阳).—2014,(1-2).—152~154
- 非目的语环境下韩国学生汉语口语课教学的策略与方法[期刊]/王海峰,王铁利(北京大学对外汉语教育学院,中国社会科学院研究生院)//国际汉语教学研究(北京).—2014,(2).—28~32
- 韩国全南地区小学汉语教学现状及问题探究——以全南罗州小学为例[期刊]/徐妹芳(兰州大学文学院)//理论前沿(兰州).—2014,(3).—46
- 浅谈韩国汉语教学[期刊]/朱琳(沈阳师范大学文学院)//安徽文学(合肥).—2014,(5).—145~146

幼儿教育

- 韩国幼儿教育见闻[期刊]/林秀娟(厦门教育学院初教室)//厦门教育学院学报(厦门).—2000,(1).—74~77
- 我看韩国儿童教育[期刊]/文昭映(华东师范大学)//大众心理学(上海).—2000,(3).—32
- 韩国全国幼儿园课程评介[期刊]/张燕,张咏(北京师范大学教育学院,北京西城区教委幼教科)//上海教育科研(上海).—2004,(11).—75~77
- 韩国幼儿热爱本土[期刊]/徐康宝(人民日报记者)//幼儿教育(杭州).—2004,(19).—49
- 英、韩两国学前教育比较研究(一)[期刊]/蒋俊华,袁爱玲,姚林林(华南师范大学教育科学学院,华南师范大学教育科学学院)//教育导刊(广州).—2005,(8).—56~58
- 美、日、韩三国文化视野下的学前教育课程特色[期刊]/王余幸,袁爱玲(华南师范大学教育科学学院,华南师范大学教育科学学院)//教育导刊(广州).—2006,(5).—55~58
- 韩国幼儿园课程改革的最新进展及发展特点[期刊]/苏贵民,谭菲(西南大学教育学部)//比较教育研究(北京).—2012,(5).—12~16

职业教育

- 南朝鲜的职前教育[期刊]/周广德(天津)//职业教育研究(天津).—1984,(1).—7~8
- 南朝鲜的职业训练研究所[期刊]/刘占山(天津)//职业教育研究(天津).—1986,(6).—50

- 当代南朝鲜的职业技术教育[期刊]/孙启林(东北师范大学国际与比较教育研究所)//职业教育研究(天津).—1992,(3).—44~46
- 南朝鲜发展职教的新措施[期刊]/孙启林(东北师大比较教育研究所)//教育与职业(北京).—1992,(6).—43
- 韩国的职业培训[期刊]/鲁兴启(浙江万里学院)//世界研究与发展(成都).—1993,(4).—14~16
- 发展职业教育,推进经济起飞——韩国的成功经验[期刊]/高风(北京)//教育与职业(北京).—1993,(9).—46~46
- 职业技术教育教学模式浅议[期刊]/唐以志(国家教委职教中心研究所)//现代技能与开发(天津).—1996,(3).—7~9
- 访韩归来话高职——韩国发展高等职业教育对我们的启示[期刊]/孙明(国家教委职教司)//中国高等教育(北京).—1996,(12).—35~37
- 近年来韩国的职业教育改革[期刊]/叶林(杭州大学高教研究所)//教育与职业(北京).—1998,(6).—40~41
- 韩国职业教育现代教学方法——综合能力开发法[期刊]/杨金梅,贾德民(天津职业技术师范学院,天津职业技术师范学院)//天津职业技术师范学院学报(天津).—2000,(S1).—19~23
- 韩国农业职业教育[期刊]/中国农业职业教育考察团//世界农业(北京).—2000,(3).—49~50
- 对日本、韩国农民职业技术教育考察报告[期刊]/赴日本、韩国考察团//农村财政与财务(北京).—2000,(7).—44~47
- 韩国职业技术教育改革概况[期刊]/薛福连(沈阳市辽中县化工总厂)//成人教育(哈尔滨).—2000,(10).—47
- 战后韩国职业教育的发展与变革[期刊]/黄日强,黄勇明(抚州师范专科学校,东华理工学院)//抚州师专学报(抚州).—2001,(1).—45~48
- 战后韩国职教法律体系建设对我国的启示[期刊]/黄勇明,黄日强(东华理工学院)//世界职业技术教育(西安).—2001,(2).—23~24
- 20世纪90年代日本、韩国高教改革的共同点[期刊]/苏莉霞,阮航,刘丽(西南交通大学学报编辑部,西南交通大学人文社会科学学院,西南交通大学成人教育学院)//高等建筑教育(重庆).—2001,(3).—75~77

- 韩国职业教育的改革与发展[期刊]/黄日强,黄勇明(东华理工学院)//现代技能开发(天津).—2001,(4).—60~61
- 韩国职业教育与培训体系的现状和变革[期刊]/赵雪霞(东北师大国际与比较教育研究所)//世界职业技术教育(西安).—2001,(4).—23~25
- 韩国职业教育的特色及启示[期刊]/赵小凤(曲阜师范大学成人教育学院)//河南职技师院学报(新乡).—2001,(5).—87~90
- 韩国的职业教育改革[期刊]/焦健(新疆大学外事办公室)//教育发展研究(上海).—2001,(7).—83~84
- 韩国职教管窥[期刊]/张凯利,徐文卿(劳动部就业培训技术指导中心)//教育与职业(北京).—2001,(8).—55~56
- 走上改革之路的韩国职业教育[期刊]/薛文(柳州职业技术学院)//福建成人教育(福州).—2001,(10).—32~33
- 韩国的农业职业技术教育[期刊]/乔立印,吕增安(山东)//山东农业(济南).—2001,(11).—35~36
- 韩国职业学校课程设置的问题与解决办法[期刊]/崔俊燮,高贵大(韩国国家教育大学,韩国Anyun职业学校)//现代技能开发(天津).—2001,(11).—62~63
- 中韩农民技术教育比较研究[期刊]/李水山(教育部中央教育科学研究所农村教育研究室)//河北职业技术师范学院学报(秦皇岛).—2002,(1).—26~30
- 韩国职业教育的发展状况及办学特色[期刊]/赴韩国考察团(广东交通职业技术学院)//广东交通职业技术学院学报(广州).—2002,(3).—1~4转至41
- 韩国职业教育的改革与发展[期刊]/薛文(柳州职业技术学院)//福建职业与成人教育(福州).—2002,(3).—32~32
- 韩国职业教育发展概况及现行政策[期刊]/张黎宁(福建厦门旅游职业中专)//职教论坛(南昌).—2002,(5).—51~52
- 韩国职业教育对人力资源开发的影响及其借鉴[期刊]/卢晓春,李明慧(广东交通职业技术学院,广东交通职业技术学院)//教育导刊(广州).—2002,(8).—99~101
- 韩国职业教育考察报告[期刊]/修明(厦门市工业学校)//机械职业教育(无锡).—2002,(8).—39~40
- 韩国的职业技术教育与培训[期刊]/吴全全(教育部职业技术教育中心研究所)//中国职业技术教育(北京).—2002,(20).—31

- 五国职教体系的比较[期刊]/明航(北京师范大学教育学院)//河南职业技术师范学院学报(新乡).—2003,(3).—64~66
- 国外职业教育发展的成功经验[期刊]/李中国(山东省临沂师范学院教科所)//西北职教(宁夏).—2003,(3).—11~12
- 韩国农民职业教育的特点及启示[期刊]/戴洪生,张瑞慈(苏州农业职业技术学院,苏州农业职业技术学院)//高等农业教育(沈阳).—2003,(3).—94~95
- 韩国职业教育与培训改革新趋势[期刊]/周涛(华东师范大学职业教育与成人教育研究所)//职业技术教育(教科版)(长春).—2003,(4).—65~67
- 韩国高等教育、职业教育与经济同步发展的举措[期刊]/王留栓(复旦大学高等教育研究所)//世界教育信息(北京).—2003,(5).—21~24
- 试析韩国职业教育发展新特点[期刊]/李世宏(华东师范大学教育系)//世界职业技术教育(西安).—2003,(5).—21~24
- 透视韩国职业教育与职业培训[期刊]/余祖光(教育部职教中心研究所)//中国职业技术教育(北京).—2003,(5).—15~16转至56~59
- 韩国的职业教育与人力资源开发[期刊]/邢晖(北京教科院职教所)//职教通讯(常州).—2003,(7).—57~59
- 韩国职业教育的发展及启示[期刊]/权锦兰(天津财经学院)//现代技能开发(天津).—2003,(7).—114~116
- 战后韩国政府发展职业教育的基本经验[期刊]/黄日强,黄勇明(东华理工学院)//职业技术教育(教科版)(长春).—2003,(25).—68~71
- 韩国的职业教育政策分析[期刊]/国际教育信息跟踪与研究课题组(天津市)//天津市教科院学报(天津).—2004,(2).—31~32
- 开拓创新,培养复合型人才——从韩国庆北职业专门学校看韩国职业教育[期刊]/朴永周(辽宁教育研究院)//职业技术教育研究(沈阳).—2004,(9).—61~62
- 培养"就业者"的韩国高职教育[期刊]/阮艺华(深圳职业技术学院)//职教论坛(南昌).—2004,(9).—55~56
- 韩国职业教育的特点与借鉴[期刊]/李中国(山东省临沂师范学院教科所)//职业技术教育研究(天津).—2004,(10).—60~61
- 韩国的职业教育改革及其启示[期刊]/马红艳(华东师范大学课程与教学研究所)//世界教育信息(北京).—2004,(11).—28~30

- 中国与亚洲主要国家职业技术教育的比较[期刊]/徐昆(南京广播电视大学)//职业教育研究(天津).—2005,(1).—109~110

- 韩国发展职业教育的启示[期刊]/钟晓红(新建县五中)//江西教育(南昌).—2005,(6A).—42

- 中韩企业教育培训比较分析及启示[期刊]/金雄(延边大学学生处)//东疆学刊(延吉).—2006,(1).—103~106

- 韩、中两国职业技术教育演变比较与改革建议[期刊]/姜一圭,金铁洙,孙启林(韩国职业能力开发院,东北师范大学国际与比较教育研究所,东北师范大学国际与比较教育研究所)//外国教育研究(长春).—2006,(9).—71~80

- 新加坡与韩国职业教育的共同特点及启示[期刊]/曹霞(浙江师范大学教育学院)//职业教育研究(天津).—2006,(11).—174~175

- 战后韩国职业技术教育立法的发展轨迹[期刊]/黄日强,何小明(江西科技师范学院职教所,东华理工学院高职院)//河北师范大学学报(教育科学版)(石家庄).—2007,(2).—114~119

- 韩国职业教育的经验及其启示[期刊]/高月春(河北师范大学教育学院)//国家教育行政学院学报(北京).—2007,(11).—82~85

- 促进社会与经济发展的高等职业教育[期刊]/高月春(河北师范大学)//中国培训(北京).—2007,(12).—55~56

- 韩国与日本职业教育师资队伍建设的比较与借鉴[期刊]/张晶,张瑞,孟庆国(天津工程师范学院,天津工程师范学院,天津工程师范学院)//职业教育研究(天津).—2008,(1).—156~158

- 韩国职业技术教育的发展与改革对我国的启示[期刊]/雷丽平(吉林大学东北亚研究院)//东北亚论坛(长春).—2008,(2).—93~98

- 韩国改革职业教育出"新招"——设人力资源开发新机构,总统直接领导[期刊]/李水山(教育部中央教育科学研究所)//世界职业技术教育(西安).—2008,(4).—46

- 战后韩国职业教育立法的特点及启示/黄日强,黄勇明(东华理工学院)//安徽商贸职业技术学院学报(芜湖).—2010,(11).—64~66

继续教育

- 朝鲜师范函授教育体系的发展[期刊]/孙启林(东北师范大学国际与比较教育研究所)//高师函授(长春).—1984,(4).—59~60
- 朝鲜的函授教育[期刊]/阎一心(长春)//外国教育研究(长春).—1986,(3).—66~70
- 步入第三个十年的韩国广播函授大学[期刊]/丁新(中央广播电视大学)//现代远距离教育(哈尔滨).—1993,(3).—67~72
- 韩国教科书出版及国际倾向的考察[期刊]/李钟国(韩国惠泉大学)//编辑之友(太原).—1996,(2).—49~53
- 韩国教育的运作[期刊]/谭斋(复旦大学韩国研究中心)//韩国研究论丛(上海).—1996,(2).—122~129
- 韩国农业科研、教育、推广的基本做法[期刊]/江又舟,朴春实(中国东北亚农业研究培训中心,中国东北亚农业研究培训中心)//吉林农业科学(长春).—1997,(2).—72~75
- 工程教育的新方向[期刊]/[韩]Byung Man Kwak(韩国机械工程师学会)//中国机械工程(武汉).—1997,(4).—1~3
- 日、韩、中国台湾终身教育推展述要[期刊]/余秋荣(中央教科所副主编)//天津市科教院学报(天津).—2000,(6).—15~19
- 韩国的农业及农业教育[期刊]/陈家银(云南省农广校)//云南农业(昆明).—2000,(9).—26
- 韩国网络教育的现状与发展[期刊]/张倩苇(华南师范大学电化教育系副教授)//现代远距离教育(哈尔滨).—2001,(2).—60~62
- 韩国现代化进程的独特道路[期刊]/冯纯(北京)//经济世界(北京).—2001,(5).—92~94
- 韩国的农业与农业教育[期刊]/李里特,卢兆彤,吴金环(中国农业大学,中国农业大学,中国农业大学)//中国农业教育(南京).—2001,(6).—21~22
- 韩国网络教育的发展及其对我们的启示[期刊]/张倩苇(华南师范大学电化教育系)//教育发展研究(上海).—2001,(8).—83~85
- 韩国职业教育政策与发展趋势[期刊]/权锦兰(天津财经学院)//现代技能开发(天津).—

2001,(8).—61~62

- 韩国的农业人力资源开发[期刊]/李水山,孟凡(教育部中央教育科学研究所农村教育研究室,中央农业广播电视学校)//乡镇经济(合肥).—2002,(1).—44~46

- 学习社会,全民教育——韩国构筑教育共同体和以知识为基础的社会教育体制[期刊]/中国驻韩国使馆教育处//世界教育信息(北京).—2003,(10).—40~46

- 当前韩国青年失业问题研究[期刊]/[韩]申东润(南京大学社会学系)//青年研究(北京).—2004,(1).—46~49

- 今年韩国增设4所科学英才教育院[期刊]/天菊(北京)//当代韩国(北京).—2004,(1).—39

- 韩国三星人力开发院的汉语教学及其对我们的启示[期刊]/张和生(北京师范大学汉语文化学院)//国外汉语教学动态(北京).—2004,(2).—14~17

- 韩国的农村教育[期刊]/孙启林(东北师范大学国际与比较教育研究所)//中国民族教育(北京).—2004,(4).—42~44

- 对韩国形成终身学习和学习化社区的方法探究——以吉南(Jinan)县学习型农村计划为例[期刊]/Eun Soon,Jongim Byun,韦立君(华东师范大学课程与教学研究所,华东师范大学课程与教学研究所,华东师范大学课程与教学研究所)//全球教育展望(上海).—2004,(9).—27~30

- 打造多样化的终身学习社会[期刊]/谢丽梅(北京)//21世纪(北京).—2004,(10).—20~21

- 韩国终身教育体系的建立[期刊]/国际教育信息跟踪与研究课题组(天津商学院)//天津市教科院学报(天津).—2004,(10).—42~43

- 终身学习在日本、韩国和新加坡[期刊]/厉以贤(北京师范大学教育学院)//中国远程教育(北京).—2004,(20).—65~65

- 我所看到的韩国教育[期刊]/毛建国(镇江市教育科学研究所)//江苏教育(南京).—2004,(21).—27~28

- 要充分重视教育的经济功能——朝鲜与韩国教育功能比较的启示[期刊]/周俊成(山东滨州学院)//教育与职业(北京).—2004,(23).—57

- 新世纪发展国家职业教育的改革举措[期刊]/姜大源,王文槿,刘育锋(长春)//职业技术教育(长春).—2004,(31).—69~71

- 新加坡与韩国儒家伦理道德教育的比较及其启示[期刊]/陈东霞(华南师范大学政法学院)//学校党建与思想教育(武汉).—2004,(5).—59~61

- 韩国及日本农业科技教育培训体系[期刊]/彭元,吴立伟(中央农业干部教育培训中心,中央农业干部教育培训中心)//世界农业(北京).—2005,(9).—48~49

- 韩国终身教育立法及启示[期刊]/朴永周(辽宁教育研究院)//职业技术教育研究(天津).—2005,(9).—56

- 韩国成人教育述评[期刊]/李立绪(曲阜师范大学外国语学院)//中国成人教育(济南).—2005,(10).—117~118

- 韩美两国民族精神教育的比较研究[期刊]/蔡旭群,夏志芳(华东师范大学课程与教学系,华东师范大学课程与教学系)//外国中小学教育(上海).--2005,(11).—1~4

- 韩国将更改现行学制,小学改为五年高中改为四年[期刊]/安玉祥(东北师范大学)//世界教育信息(北京).—2005,(12).—42~42

- 韩国农业科技教育创新体系建设[期刊]/李水山(教育部中央教育科学研究所农村教育研究室)//职教论坛(南昌).—2005,(12).—62~64

- 韩国三星集团的汉语教学[期刊]/雷莉(四川大学海外教育学院)//世界汉语教学(北京).—2006,(1).—122~126

- 韩国终身学习现状及政府政策趋向研究[期刊]/黄建如,吴春玉(厦门大学教育研究院,厦门大学教育研究院)//国际高等教育研究(厦门).—2006,(1).—5~14

- 韩国"新村运动"农民教育培训经验及其借鉴[期刊]/张雯,侯立白,许文娟,贾燕(沈阳农业大学,沈阳农业大学,沈阳农业大学,沈阳农业大学)//中国农业教育(南京).—2006,(2).—16~17

- 美、日、韩终身教育发展的经验及对我国的启示[期刊]/李传宝(徐州师范大学成人教育学院)//继续教育研究(哈尔滨).—2006,(5).—33~35

- 广纳人才,重视员工培训——韩国企业教育新观察[期刊]/朴永周(辽宁教育研究院)//职业技术教育研究(天津).—2006,(7).—26~56

- 韩国教育输出的现状及促进方案研究[期刊]/梁荣华,王凌宇(东北师范大学国际与比较教育研究所,东北师范大学国际与比较教育研究所)//外国教育研究(长春).—2006,(8).—10~14

- 韩国教育一瞥[期刊]/宋运来(江苏南京市南湖第三小学)//教书育人(哈尔滨).—2006,(18).—54~55

- 韩国:建立终身职业教育体系[期刊]/华丹(南京师范大学教育科学学院)//上海教育(上海).—2006,(22).—40~41

- 浅析韩国的终身教育[期刊]/谭菲,郝利(广西师范大学,广西师范大学)//天津职业大学学报(天津).—2007,(4).—93~95
- 当前韩国终身教育的发展态势[期刊]/章小亮,李世宏//素质教育大参考(上海).—2007,(12A).—45~47
- 韩国与日本职业教育师资队伍建设的比较与借鉴[期刊]/张晶,张瑞,孟庆国(天津工程师范学院,天津工程师范学院,天津工程师范学院)//职业教育研究(天津).—2008,(1).—156~158
- 韩国教育信息化走势分析[期刊]/李震英(北京教育科学研究院)//中小学信息技术教育(北京).—2009,(1).—72~73
- 基于社会教育的韩国终身教育立法进程研究[期刊]/王红云(首都师范大学教育科学学院)//现代远程教育研究(成都).—2009,(4).—43~47
- 日本和韩国公民道德教育的相似性及其启示[期刊]/孙淑秋,宋玉忠(广东海洋大学思想政治理论课教学部)//思想政治教育研究(哈尔滨).—2010,(6).—135~138
- 韩国终身教育体系研究[期刊]/杨芳(南京师范大学教育科学学院)//继续教育(北京).—2011,(11).—61~64
- 论韩国大企业的汉语教学特点[期刊]/刘士勤(北京语言大学)//海外华文教育(厦门).—2012,(3).—246~253
- 韩国Yangsan中学汉语教材≪生活中国语≫分析[期刊]/潘亚男,马冰(吉林大学)//科技资讯(北京).—2013,(1).—243~245
- 汉语国际推广背景下的韩国汉语教学[期刊]/丁存越,[韩]金建佑(南京审计学院国际文化交流学院,南京审计学院)//汉语国际传播研究(北京).—2013.—48~56
- 韩国在华企业职员汉语教学的特点和方法[期刊]/王艳芳(辽宁医学院)//经营与管理(天津).—2014,(8).—158~159

政策与制度

- 朝鲜民主主义人民共和国的学校教育制度[期刊]/外国教育动态(北京).—1973,(2).—8~13
- 朝鲜教育的几项方针政策和措施[期刊]/千红范(延边大学)//延边大学学报(延吉).—

1979,(04).—102~104

- 南朝鲜教育法初探[期刊]/闫一心(长春)//外国教育情况(长春).—1982,(1).—56~59
- 南朝鲜修改教育法增设开放大学制度[期刊]/林起荪(长春)//外国教育情况(长春).—1982,(2).—22~32
- 南朝鲜的图书情报事业[期刊]/张力平(兰州)//图书与情报(兰州).—1987,(Z1).—151
- 试论朝鲜义务教育的国家负责制[期刊]/元龙河,田以麟(吉林教育出版社,东北师大)//外国教育研究(长春).—1990,(2).—32~36
- 南朝鲜高校定员政策述略[期刊]/田以麟(吉林教育出版社,东北师大)//东北师大学报(长春).—1990,(4).—88~91
- 税费来源与教育经费制度改革思考——南朝鲜教育税与我国教育费附加制度比较[期刊]/李运淮(湖北)//教育与经济(武汉).—1992,(3).—7~11
- 朝鲜学制改革的历史轨迹及发展趋向/崔斌子(北京)//民族教育研究(北京).—1993,(3).—84~87
- 港台地区和新加坡韩国教育行政体制探讨[期刊]/郑福明(华南师范大学教育系)//华南师范大学学报(广州).—1993,(4).—102~108
- 韩国教育改革委员会正式成立[期刊]/中国驻韩国使馆教育处//世界教育信息(北京).—1994,(4).—41
- 创造新韩国的教育改革的方向和课题/韩国教育改革委员会//当代韩国(北京).—1995,(1) .—15~20
- 韩国教改新举措/小光,蒋兢(南京)//民族教育研究(北京).—1995,(3).—95
- 韩国教育法制理论述评[期刊]/孙启林(东北师大国际与比较教育研究所)//外国教育研究(长春).—1995,(5).—20~25
- 韩国科学教育政策研究[期刊]/杨金成(东北大学)//教育研究(北京).—1995,(5).—44~50
- 韩国普及义务教育的基本对策[期刊]/田以麟(东北师大比较教育研究所)//外国教育研究(长春).—1995,(6).—43~47
- 韩国教育开发院/韩国现代中国研究会//当代韩国(北京).—1996,(1).—62~64
- 韩国经济发展的成功经验及启示/陈西果(中国人民银行管理干部学院)//改革与战略(南宁).—1996,(1).—69~72
- 建立新教育体制的教育改革方案(摘要)/孙启林,杨金成(东北师范大学国际与比较教

育研究院,韩国总统教育改革咨询委员会)//当代韩国(北京).—1996,(1).—88~94

- 比较教育领域研究的新成果——简评≪战后韩国教育研究≫[期刊]/商承义(东北师范大学比较所)//外国教育研究(长春).—1996,(4).—56

- 韩国教育在经济结构变革中的基本态势[期刊]/韩清林(河北省教育委员会)//比较教育研究(北京).—1996,(4).—41~45

- 面向21世纪的韩国教育改革/高浩荣(新华社世界问题研究中心)//山东教育(济南)—1996,(7).—14

- 韩国的教育改革及其启示[期刊]/张谦(天津教科院)//外国教育研究(长春).—1997,(4).—54~56

- 韩国教育考试改革的比较与思考[期刊]/韩家勋(教育部考试中心)//中国考试(北京).—1997,(5).—56~57

- 韩国的教育立国[期刊]/孙财顺(山东宾州教育学院)//探索与证明(上海).—1997,(8).—39~40

- 韩国教育改革和发展的经验及借鉴[期刊]/朱卫国(江苏省教育厅)//江苏教育学院学报(社会科学版)(南京).—1998,(3).—40~43

- 韩国的教育改革与经济发展[期刊]/刘新玲(河南师范大学教育系)//教育与经济(武汉).—1998,(4).—59~62

- 韩国的新教育体制改革评析[期刊]/孙启林(东北师范大学国际与比较教育研究所)//比较教育研究(北京).—1998,(4).—32~35

- 韩国加入OECD与教育改革[期刊]/朴泳珍(北京师大国际与比较教育研究所)//比较教育研究(北京).—1998,(4).—39~40

- 韩国教育改革发展趋势/张淑敏,贾春明(沈阳教育学院教育理论教研室,沈阳教育学院教育理论教研室)//沈阳教育学院学报(沈阳).—1999,(4).—65~70

- 朝鲜新的"秀才—精英"教育体系述评[期刊]/孙启林(东北师范大学国际与比较教育研究所)//外国教育研究(北京).—1999,(6).—27~31

- 当代韩国教育改革与教育立国发展战略论要(一)/孙启林,安玉样(东北师范大学国际与比较教育研究所,教育部国际合作与交流司亚非处)//世界教育信息(北京).—1999,(6).—9~12

- 韩国农业后备劳动力的培养和政府的相关政策[期刊]/黄敏英(辽宁省农业厅)//农业职业教育(北京).—2000,(2).—39~40

- 朝鲜民主主义人民共和国教育法[期刊]/孙文正(国家教育发展研究中心)//世界教育信息(北京).—2000,(9).—1~3
- 韩国教育中存在的问题——教育的质与学校的选拔功能/金善镐(庆熙大学校师范大学)//当代韩国(北京).—2000,(冬季号).—76~77
- 韩国教育改革动向[期刊]/驻韩国使馆教育处//世界教育信息(北京).—2000,(10).—1~2
- 中、日、韩师范教育制度建立过程的特点比较[期刊]/金美福(东北师范大学教育科学学院)//东疆学刊(延吉).—2001,(1).—74~78
- 中日韩师范教育制度建立过程的启示[期刊]/金美福(锦州师范学院教育研究院)//东疆学刊(延吉).—2001,(2).—85~87
- 20世纪末韩国的教育改革政策和21世纪课题[期刊]/朴泰洙,朴成日(延边大学师范学院)//东疆学刊(延吉).—2001,(4).—75~77
- 朝鲜华侨教育的历史回顾[期刊]/慕德政(延边大学物理学系)//华侨华人历史研究(北京).—2001,(4).—58~67
- 面向21世纪——韩国教育法体系的全面修订[期刊]/林大镐(北京师范大学国际与比较教育研究所)//比较教育研究(北京).—2001,(4).—13~17
- 中韩教育社会化、产业化及其法律调整之比较[期刊]/金河禄(延边大学人文社会科学学院法律系)//延边大学学报(延吉).—2001,(4).—49~52
- 沈阳市和仁川市教育的比较及思考[期刊]/郑卫(沈阳市教育委员会)//辽宁教育研究(沈阳).—2001,(5).—68~70
- 韩国职业教育政策与发展趋势[期刊]/权锦兰(天津财经学院)//海外职业教育(天津).—2001,(8).—61~62
- 十个国家和地区资讯教育概况[期刊]//教育情报参考(北京).—2001,(10).—18~21
- 教育改革势在必行[期刊]/耕香(中国社会科学院)//当代韩国(北京).—2001,(夏).—88
- 考试制度落伍亚洲教育改革各施各法[期刊]/世界教育信息(北京)//.—2002,(1).—38
- 韩国教育杂记[期刊]/毛洪亮(中国地质科学院)//教育文汇(合肥).—2002,(7).—47~48
- 韩国为提高教育国际竞争力出台新举措[期刊]/驻韩国使馆教育处//世界教育信息(北京).—2002,(12).—10
- 韩国考试制度改革的新举措——中小学综合生活记录簿制[期刊]/索丰(东北师范大学)//湖北招生考试(武汉).—2002,(20).—57~58

- 韩国教育制度及其借鉴[期刊]/缪丽华(江西农业大学成人教育学院)//江西农业大学学报(社会科学版)(南昌).—2003,(1).—85~88
- 21世纪韩国城市规划教育范式的转变[期刊]/Sang-Chuel Choe,Yoon-Jae Yang(著),李云(译)(汉城国立大学环境研究生院,同济大学城市规划系)//国外城市规划(北京).—2003,(3).—4~8
- 韩国2002年教育改革的三大热点[期刊]/杨光富(华东师范大学教育学系)//教育发展研究(上海).—2003,(3).—74~75
- 韩国为提高教育国际竞争力出台新举措[期刊]/驻韩国使馆教育处//世界教育信息(北京).—2003,(4).—39
- 韩国招生考试制度的改革与创新[期刊]/水桦(中央教科所)//教育情报参考(北京).—2003,(5).—43
- "BK21计划"推进韩国一流大学建设[期刊]/王留栓(复旦大学高等教育研究所)//上海教育(上海).—2003,(6B).—58~59
- 美英韩泰四国教育体罚现象透视[期刊]/杨光富(华东师范大学教育学系2001级硕士研究生)//当代教育科学(济南).—2003,(9).—31~32
- 韩国教育的重大改革进程与效益评价[期刊]/李水山(中央教育科学研究所比较教育研究室)//职业技术教育(教科版)(长春).—2003,(31).—62~65
- 韩国教育改革的得与失——重大改革项目与发展进程[期刊]/李水山(中央教育科学研究所)//高等农业教育(沈阳).—2004,(1).—3~7
- 战后韩国职业教育立法的特点及启示[期刊]/黄日强,黄勇明(东华理工学院教育心理教学部)//安徽商贸职业技术学院学报(芜湖).—2004,(1).—64~66
- 日、韩及台湾地区农村劳动力转移的经验与启示[期刊]/王均文,胡正梁(≪山东经济战略研究≫记者)//山东经济战略研究(济南).—2004,(4).—13~16
- 中日韩义务教育课程改革的若干比较[期刊]/崔成学,黄亨奎(延边大学师范学院,温州师范学院)//东疆学刊(延吉).—2004,(4).—96~100
- 第二次教育立国战略:韩国"BK21"计划[期刊]/杨金成(国家对外汉语教学领导小组)//韩国学论文集(北京).—2004,(5).—247~252
- 韩国私立高等教育政策的若干特点[期刊]/吴春玉(泉州师范学院教科院)//教育评论(福州).—2004,(5).—94~96
- 韩国为提高教育国际竞争力出台新举措[期刊]/北京教育//云南教育(昆明).—2004,(8).

—24

- 两种学校管理制度的碰撞——美国的"学校董事会"与韩国的"学校运营委员会"之比较/李英,潘燕(西南师范大学教育科学学院,西南师范大学教育科学学院)//基础教育参考(北京).—2004,(11).—31~33

- 中西教育制度及启示[期刊]/杨竹军,高德(河北)//河北自学考试(石家庄).—2004,(12).—26~27

- "教育之国"——朝鲜的义务教育[期刊]/余夫(中国民族报)//世界知识(北京).—2004,(15).—63

- 韩国实施≪国防改革五年计划≫[期刊]/刘嘉平,张强,滕玉梅(济南朝鲜半岛研究中心,济南朝鲜半岛研究中心,济南朝鲜半岛研究中心)//东北亚研究(长春).—2005,(1).—24~26

- 韩国的教育分流制度[期刊]/张相峰(华东师范大学课程与教学研究所)//外国中小学教育(上海).—2005,(3).—11~12

- 韩国和日本大学教育改革概要[期刊]/张明顺(延边职工大学)//林业科技情报(哈尔滨).—2005,(3).—90~91

- 三看韩国教育[期刊]/毛建国(镇江市教育科学研究所)//上海教育(上海).—2005,(3).

- 韩国高考制度的最新改革/李水山(中央教育科学研究所)//世界教育信息(北京).—2005,(5).—63

- 当前韩国教育改革新趋势及其借鉴/尹洪斌(北京师范大学教育学院)//信阳师范学院学报(哲学社会科学版)(信阳).—2005,(6).—66~68

- 办好大学求生存——韩国政府出台大学体制改革方案[期刊]/涂丽君(中国驻韩国大使馆教育处)//世界教育信息(北京).—2005,(8).—7

- 从韩国的"学分累积制度"看我国"学分银行"的构建[期刊]/杨黎明(上海市教科院职成教所学术委员会)//职教论坛(南昌).—2005,(9).—62~65.

- 对韩国"科技立国"发展战略与教育发展的沉思:评"韩国科技与教育发展"[期刊]/索丰(东北师范大学国际与比较教育研究所)//外国教育研究(长春).—2005,(9).—80

- 对韩国第七次课程修订的反思与展望[期刊]/Kyung- chul Huh(韩国课程与评价研究所)//教育发展研究(上海).—2005,(10).—35~39

- 国以师为重:韩国教师政策的改革取向探析[期刊]/华丹,郑有真(南京师范大学教育科学学院,南京大学海外教育学院)//外国中小学教育(上海).—2005,(10).—45~47

- 韩国教育模式的变革与发展[期刊]/Shin-Bok Kim(汉城国立大学公共管理研究生院)//教育发展研究(上海).—2005,(10).—29~34

- 提高国民生活质量和国家竞争力——韩国新世纪的人力资源开发战略简析[期刊]/孙文正(国家教育发展研究中心教育体制改革研究室)//外国教育研究(长春).—2005,(10).—35~38

- 韩国高考改革怎样减缓考试竞争[期刊]/汪丞,刘应竹(华中师范大学教育学院,华中师范大学教育学院)//湖北招生考试(武汉).—2005,(16).—92~95

- 充分重视教育的经济功能——朝鲜与韩国教育功能比较的启示[期刊]/于长征,阎军秀(河南质量工程职业学院)//职业技术教育(长春).—2005,(19).—73~74

- 韩国大学入学考试特点及改革趋势[期刊]/吴满华(苏州大学教育学院)//世界教育信息(北京).—2006,(1).—34~36.

- 韩国大学招生考试制度改革及其启示[期刊]/叶琴(浙江师范大学教育评论研究所)//内蒙古师范大学学报(教育科学版)(呼和浩特).—2006,(1).—73~76

- 韩国教育财政管理研究[期刊]/宋懿琛(上海教科院高教研究所)//中国高等教育评估(上海).—2006,(1).—63~67

- 韩国的精英教育和分流制度[期刊]/黎海波,魏晓燕(韩山师范学院政法学院,韩山师范学院教育系)//基础教育参考(北京).—2006,(2).—18~19

- 韩国教师资格证书制度及其对中国的启示[期刊]/金铁洙,孙启林(东北师范大学国际与比较教育研究所,东北师范大学国际与比较教育研究所)//外国教育研究(长春).—2006,(5).—75~80

- 韩国中小学教师人事制度及其对我国的启示[期刊]/谢彦红,[韩]朴连淑(山东滨州学院,陕西师范大学)//教学与管理(太原).—2006,(6).—77~80

- 韩国最新教师任用制度述评[期刊]/金铁洙(东北师范大学国际与比较教育研究所)//外国教育研究(长春).—2006,(6).—60~65

- 韩国教育管理体制现状概览[期刊]/刘雪(华东师范大学教育管理学院)//世界教育信息(北京).—2006,(7).—14~16

- 中韩教育合作与交流的现状、问题与对策[期刊]/张广翠(吉林大学东北亚研究中心)//东北亚论坛(长春).—2006,(7).—120~127

- 韩国将构筑"教育安全网"[期刊]/李水山//中国教育报(北京).—2006,(8)

- 韩国教育人力资源开发现状研究[期刊]/朴相信(教育部人文社会科学重点研究基地北

京师范大学比较教育研究中心北京师范大学国际与比较教育研究所)//比较教育研究(北京).—2006,(8).—54~57

- 韩国教育输出的现状及促进方案研究[期刊]/梁荣华,王凌宇(东北师范大学国际与比较教育研究所,东北师范大学国际与比较教育研究所))//外国教育研究(长春).—2006,(8).—10~14

- 日本、韩国教师资格证书和录用考试制度的比较与启示[期刊]/刘雪(华东师范大学公共管理学院)//中国教育现代化(北京).—2006,(8).—59~60

- 韩国新村运动:发展阶段、特点及启示[期刊]/朱小静,唐国华(南京林业大学经济管理学院,南京审计学院经济发展研究中心)//农村经济(成都).—2006,(9).—126~129

- 韩国的现代社会与现代教育——论合理化与动机的职责[期刊]/Hwang Kyung Sig,王卓娅(汉城国立大学哲学系,复旦大学哲学系)//"哲学教育与现代世界"国际学术会议论文集(上海).—2006,(10).—129~136

- 韩国教育财政投入的法制保障经验及其启示[期刊]/刘建发(湖南财经高等专科学校)//经济理论研究(北京).—2006,(10).—110~112

- 日本、韩国教育行政职能的新变化及其启示[期刊]/刘雪,冯大鸣(华东师范大学公共管理学院,华东师范大学公共管理学院)//国家教育行政学院学报(北京).—2006,(11).—82~85

- 大众化背景下中韩高校招生考试制度比较研究[期刊]/张新颖,王秀丽(厦门大学教育研究院,苏州大学教育学院))//辽宁教育行政学院学报(沈阳).—2006,(12).—55~57

- 韩国大学教育改革的课题[期刊]/李俊求,李金波(首尔大学经济学院,黑龙江大学评估中心≪黑龙江教育——高教评估与研究≫杂志)//黑龙江省社会主义学院学报(哈尔滨).—2006,(12)

- 教育投入政策的国际比较与我国改革重点[期刊]/马陆亭(教育部教育发展研究中心高教室)//国家教育行政学院学报(北京).—2006,(12).—44~55

- 浅议韩国放送通信大学的教育模式[期刊]/崔雪梅(延边大学师范学院)//教育与职业(北京).—2006,(12).—91~92

- 韩国农业教育对发展我国农村教育的启示[期刊]/刘胜洪,廖起彬(仲恺农业技术学院教务处,仲恺农业技术学院教务处)//科技资讯(北京).—2006,(18).—243~244

- OECD国家推进教育公平的典范:韩国和芬兰[期刊]/皮拥军(教育部人文社会科学重点研究基地北京师范大学比较教育研究中心,北京师范大学国际与比较教育研究所)//比

较教育研究(北京).—2007,(2).—6~10

- 卢武铉的公共教育方针与韩国公众的反映[期刊]/李水山(中央教育科学研究所教育理论部)//教育史研究(北京).—2007,(2).—85~86

- 对韩国新村教育体系演变的考察[期刊]/张德强(韩国圆光大学国际协力处)//菏泽学院学报(菏泽).—2007,(3).—112~126

- 韩国教育信息化改革策略与发展趋势研究[期刊]/宋懿琛(上海市教育科学研究院高等教育研究所)//中国教育信息化(北京).—2007,(5).—82~83

- 日本、韩国和我国台湾地区高等学校招生考试制度改革之比较[期刊]/邢艳芳,李占伦(天津师范大学,天津教育考试院)//中国考试(北京).—2007,(5).—20~25

- 韩国教育督导制度及其特点评析[期刊]/孙启林,金香花(东北师范大学国际与比较教育研究院,延边大学师范学院)//外国教育研究(长春).—2007,(7).—1~5

- 韩国外国留学生教育的最新发展及其政策分析[期刊]/梁美淑(教育部人文社会科学重点研究基地北京师范大学比较教育研究中心、北京师范大学国际与比较教育研究所)//比较教育研究(北京).—2007,(7).—78~81

- 开放、民主、多样化:韩国教科书制度新走向[期刊]/王向红,康长运(长沙学院高等教育研究所,教育部北京师范大学基础教育课程研究中心)//比较教育研究(北京).—2007,(10).—89~92

- 新时期韩国教育的重大改革与社会反映[期刊]/李水山(中央教育科学研究所教育理论研究部)//职业技术教育(长春).—2007,(17).—79~85

- 新时期韩国教育的重大改革与社会反映[期刊]/李水山(中央教育科学研究所教育理论研究中心)//职业技术教育(长春).—2007,(19).—79~85

- 江苏教育发展报告"教育瞭望"芬兰韩国教育公平状况[期刊]//江苏省教育厅发展报告(南京).—2007,—143~147

- 韩国新总统李明博的重大教育改革路线和社会反映[期刊]/李水山(中央教育科学研究所教育理论研究中心)//职业技术教育(长春).—2008,(1).—85~88

- 韩国教科书制度新走向[期刊]/王向红,康长运(长沙学院高等教育研究所,教育部北京师范大学基础教育课程研究中心)//素质教育大参考(上海).—2008,(2).—51~53

- 从韩国学分累积制度看我国"学分银行"构建[期刊]/杨黎明(上海市教科院职成教所学术委员会)//上海教育(半月刊)(上海).—2008,(3).—36~41

- 构建师范院校新体系:推动韩国教育发展[期刊]/曹荣达(韩国首尔国立大学师范学

院)//安庆师范学院学报(社会科学版)(安庆).—2008,(3).—12~15

- 韩国"学分银行"保证公民终身受教机会[期刊]/钟名诚(南京晓庄学院)//上海教育(半月刊)(上海).—2008,(3).—34~36

- 二战后韩国基础教育改革政策的嬗变与成效[期刊]/张红,杨颖秀(东北师范大学教育科学学院)//外国教育研究(长春).—2008,(5).—19~24

- 韩国≪人力资源开发第二个基本计划≫(2006~2010)述评[期刊]/韩非,张桂春(辽宁师范大学教育学院)//世界教育信息(北京).—2008,(6).—60~63

- 日韩两国实行教育公平的历史、理念、政策和改革方向[期刊]/李水山(中央教育科学研究所教育理论部)//职业技术教育(长春).—2008,(7).—80~85

- 教育科研齐抓共管革新政策令人瞩目——韩国教育科学技术部发表2008年工作计划[期刊]/谢建华(中国驻韩国使馆教育处)//世界教育信息(北京).—2008,(8).—16~17

- 韩国的平等教育制度解读[期刊]/吴慧平(武汉大学教育科学学院)//外国中小学教育(上海).—2008,(9).—24~27

- 日本、韩国教育面面观[期刊]/孙智昌,田慧生(中央教育科学研究所)//教育期刊(北京).—2008,(9).—62~63

- 韩国新政府教育改革施政纲要[期刊]/张雷生(韩国延世大学教育科学研究院)//教育发展研究(上海).—2008,(11).—66~68

- 从"平等"到"追求卓越"浅析韩国义务教育理念变迁[期刊]/姜英敏(教育部人文社会科学重点研究基地北京师范大学比较教育研究中心、北京师范大学教育学院国际与比较教育研究所)//比较教育研究(北京).—2008,(12).—62~66

- 战略合作伙伴关系下韩中教育科技交流的发展方略:韩国教育科技部部长安秉万先生访谈录[期刊]/朴宰雨(韩国外国语大学)//当代韩国(北京).—2009,(1)—1~5

- 从"教育先行"到"国家人力资源发展"韩国发展战略的研究及启示[期刊]/宋京(复旦大学高等教育研究所)//复旦教育论坛(上海).—2009,(6).—9~14

- 浅析韩国英语教育制度改革的启示[期刊]/张航(信阳师范学院大学外语部)//湖北函授大学学报(武汉).—2009,(6).—127~128

- 韩国中小学教科书制度理念变迁刍议[期刊]/姜英敏(教育部人文社会科学重点研究基地北京师范大学比较教育研究中心、北京师范大学国际与比较教育研究院)//比较教育研究(北京).—2009,(8).—67~71

- 东北亚的教育变革与文化传统论纲:对中国、日本和韩国19世纪中叶以来教育变革历程的分析[集刊]/孙启林,周世厚(东北师范大学国际与比较教育研究所,朝鲜—韩国学研究中心)//朝鲜·韩国历史研究(延吉).—2009,(11).—403~419

- 东北亚教育变革中的文化冲突与融合——对中国、日本、朝鲜和韩国教育变革历程的审视与反思[期刊]/孙启林,周世厚(东北师范大学国际与比较教育研究所,朝鲜—韩国学研究中心)//外国教育研究(长春).—2009,(12).—1~7

- 韩国未来教育政策与计划[期刊]/王轶欧(广西师范大学教育科学学院)//教学与管理(太原).—2009,(12).—79~80

- 韩国的基本教育制度及其缺陷分析[期刊]/张烁星,杜玺娜(河北师范大学外国语学院,河北师范大学外国语学院)//产业与科技论坛(石家庄).—2010,(1).—253~255

- 韩国提高人口素质的主要举措及经验[期刊]/李梅花(吉林大学东北亚研究院)//人口学刊(长春).—2010,(1).—18~23

- 一次具有突破性意义的教育立法与改革——略论韩国终身教育立法的制定背景及政策启示[期刊]/黄欣,张艳(华东师范大学法律系,华东师范大学教育学系)//外国中小学教育(上海).—2010,(8).—6~11

- 韩国高校招生考试制度述评[期刊]/杨继龙,但昭彬(广东广播电视大学,华中师范大学考试研究院)//教育测量与评价(理论版)(长沙).—2010,(9).—53~57

- 政府直接提供公共教育服务类型研究——以朝鲜和古巴为例[期刊]/李协京(中国教育科学研究院国际比较教育研究中心)//中国教育政策评论(北京).—2011,(00).—76~87

- 韩国教育实习模式及其启示[期刊]/崔相哲(延边大学师范学院)//中国科教创新导刊(北京).—2011,(4).—5

- 权威主义的变迁与韩国教育政策的制定——以20世纪60年代以来为中心[期刊]/梁荣华(东北师范大学国际与比较教育研究所)//外国教育研究(长春).—2011,(8).—21~27

- 城市发展教育先行[期刊]/薛严(北京科技日报)//科技日报(北京).—2011,(10)

- 韩国政府发展农渔村教育的支持性政策评析[期刊]/金香花(延边大学师范学院)//教育评论(福州).—2012,(2).—153~155

- 试析奎章阁所藏朝鲜"外国教师合同"[期刊]/周海宁(上海师范大学人文与传播学院)//延边大学学报(延吉).—2012,(2).—46~54

- 韩国教育体制:公平教育、英才教育、文化教育[期刊]/晓晓(内蒙古记者)//内蒙古教

育(呼和浩特).—2012,(7).—38~40

- 浅析韩国教育制度[期刊]/姜坤(曲阜师范大学东方语言与翻译学院)//新课程学习(太原).—2012,(10).—162~163

- 韩国中小学教师互换制度的特点及启示[期刊]/汪丞(湖北第二师范学院教科院)//基础教育参考(北京).—2012,(19).—25~29

- 听唱新翻杨柳枝——从朝鲜教育新法令谈起[期刊]/王木克(北京)//世界知识(北京).—2012,(20).—66

- 朝鲜近代开港初期外语学校汉语教师状况分析[期刊]/李真,马金科(延边大学汉语言文化学院,延边大学汉语言文化学院)//语文学刊(呼和浩特).—2013,(7).—123~124

- 浅议韩国教育发展与变革[期刊]/钱丽艳(吉林警察学院中外语言系)//才智(长春).—2013,(33).—149

- 康乾时期朝鲜燕行使眼中的中国北方教育与科举[期刊]/赵兴元(北华大学东亚历史与文化研究中心)//东北史地(长春).—2014,(1).—56~59

- 日本在朝鲜的殖民主义教育政策探析——以20世纪10年代为中心[期刊]/曲波(哈尔滨理工大学朝鲜语系,延边大学人文社会科学学院历史系)//延边大学学报(社会科学版)(延吉).—2014,(1).—86~92

- 日本、韩国教育现代化考察报告[期刊]/陈向阳(江苏省教育科学研究院职业教育与终身教育研究所,职业教育与社会教育课程教材研究中心)//江苏教育研究(南京).—2014,(2C).—69~73

- 韩国:动态调整中寻最佳方案[期刊]/张雷生(吉林大学高等教育研究所)//中国教育报(北京).—2014,(9).—9

教育思想

- 世界语通信——朝鲜的文化生活现况[期刊]/齐生(北京)//世界知识(北京).—1935,(3).—150~152

- 朝鲜教育发展中的思想和灌输[期刊]/金永灿[韩]//亚洲研究(天津).—1969,(11).—831~841

- 蓬勃发展的朝鲜教育事业[期刊]/张毕堂,吉文涛//人民教育(北京).—1983,(02).—51~52

- 南朝鲜的教育与经济发展[期刊]/不详//亚太经济(福州).—1985,(4).—59~62

- 南朝鲜提出"文化发展长期政策构想"[期刊]/沈默(北京)//国外社会科学(北京).—1986,(1).—7~7

- 朝鲜教育见闻[期刊]/陶卫//外国教育动态(北京).—1987,(2).—1~4.—7

- 1987年南朝鲜的教育投资[期刊]/权宅守(长春汽车研究所)//外国经济与管理(上海).—1987,(4).—10~12

- 南朝鲜教育发展轨迹初探[期刊]/陈晓力(山西省教育科学研究所)//教育理论与实践(太原).—1988,(6).—54~56

- 南朝鲜高度的教育热情[期刊]/马元鹤(国家经贸部国际贸易研究所)//世界知识(北京).—1988,(7).—16

- 南朝鲜对落榜中学生实行"一人一技"教育[期刊]/万一(吉林永吉第四职业中学)//教育与职业(北京).—1988,(8).—45

- 朝鲜教育考察介绍[期刊]/蔡光华(林业部教育司)//中国林业教育(北京).—1989,(2).—64~67

- 南朝鲜教育（上）[期刊]/陈向雷(美国密执安大学教育学院)//全球教育展望(上海).—1989,(4).—74~80

- 南朝鲜经济腾飞的秘诀之一:发展教育[期刊]/余群逸//学习与研究(北京).—1989,(3).—59~60

- 南朝鲜教育（下）[期刊]/陈向雷(美国密执安大学教育学院)//全球教育展望(上海).—1989,(3).—69~74

- 南朝鲜教育适应外向型经济开发战略的经验研究[期刊]/孙启林(东北师范大学国际与比较教育研究所)//清华大学教育研究(北京).—1990,(1).—76~89

- 南朝鲜科学技术的崛起及其政策措施浅析[期刊]/廖纲煊,王稻乡(北京市科技情报研究所)//中外科技信息(北京).—1990,(1).—40~46

- 重视全面提高素质的朝鲜国语教育[期刊]/李杏保(上海师范大学)//语文学习(南京).—1990,(2).—11~13

- 南朝鲜的教育与经济发展[期刊]/李斗万(北京)//国外社会科学(北京).—1990,(4).—69~71

- 一场旷日持久的学术争论——南朝鲜关于加强汉字教育的对立观点[期刊]/沈默(北京)//国外社会科学(北京).—1990,(6).—64~68
- 亚洲"四小龙"教育为外向型经济服务的实践与经验[期刊]/徐学锋,林勇(广州市教育委员会,广州市教育委员会)//广州师院学报(社会科学版)(广州).—1990,(8).—75~84
- 日本、南朝鲜及中国台湾的学者评议天津市体育课[期刊]/夏慕,阎忠厚//学校体育(北京).—1991,(1).—64~67
- 汉字存废的利弊南朝鲜论辩方遒[期刊]/周四川//汉字文化(北京).—1991,(2).—29~31
- 南朝鲜经济发展战略的转变与科技人才的培养[期刊]/商承义(东北师大国际与比较教育研究所)//外国问题研究(长春).—1991,(3).—25~29
- 南朝鲜学术界之八[期刊]/沈仪琳(中国社会科学院文献信息中心)//国外社会科学(北京).—1991,(11).—62~68
- 朝鲜教育事业迅速发展[期刊]/张锦芳(瞭望周刊特约记者)//瞭望周刊(北京).—1991,(16).—41
- 南朝鲜科技进步与人才培养的经验[期刊]/郭耀邦(杭州大学高教研究所)//社会科学家(桂林).—1992,(2).—4~8
- 韩国面向21世纪的教育发展战略构想[期刊]/孙启林(东北师范大学比较教育研究所)//中小学管理(北京).—1992,(4).—4~9
- 南朝鲜图书馆学情报学教学的现状与问题[期刊]/卢玉顺,姜振儒(承德医学院,承德医学院)//大学图书馆学报(北京).—1992,(4).—52~55
- 南朝鲜高新技术的人才教育与开发[期刊]/苏山川[德]//世界农业(北京).—1992,(5).—45~46
- 韩国教育事业的发展[期刊]/张佩珍(上海)//全球教育展望(上海).—1993,(4).—69~70
- 21世纪的韩国教育[期刊]/郭柄善[韩],金仁哲(东北朝鲜民族教育科学研究所)//教育研究(北京).—1993,(6).—78~81
- 朝鲜教育印象[期刊]/李光路(云南师范大学)//云南教育(昆明).—1994,(1．2).—8~10
- 韩国教育与经济发展的关系[期刊]/俞天红(杭州大学高教研究所)//亚太研究(北京).—1994,(4).—60~64

- 重视教育、培养人才——访问朝鲜的感受[期刊]/张健如,张秀岩,廖雪萍,徐斌(人民教育出版社)//课程•教材•教法.(北京).—1994,(5).—51~52
- 大力发展教育"培养合格人才"韩国教育事业一瞥[期刊]/汤水富(新华社)//山西成人教育(太原)—1994,(12).—43
- 教育兴邦话韩国[期刊]/李桂苓(中国驻韩国大使馆)//当代韩国(北京).—1995,(4).—7~8
- 韩国教育一瞥[期刊]/王文珍(东城区教科研中心)//北京教育(北京).—1995,(5).—45
- 私人教育费与韩国教育的发展[期刊]/余伟民(华东师范大学)//探索与争鸣(上海).—1995,(11).—36~37
- 韩国教育概况[期刊]/中国驻韩国大使馆教育处//当代韩国(北京).—1996,(1).—81~87
- 韩国经济发展的成功经验及启示[期刊]/陈西果(中国人民银行管理干部学院)//改革与战略(南宁).—1996,(1).—69~72
- 韩国教育观感[期刊]/杨琳(山东烟台大学中文系)//当代韩国(北京).—1996,(2).—38~40
- 韩国人才回流的社会成因及启示[期刊]/刘昌明,陈昌贵(江汉石油学院建筑工程系,华中理工大学高教研究所)//高等教育研究(武汉).—1996,(2).—77~84
- 韩国总统金泳三提出"新教育构想"十大课题[期刊]/驻韩国使馆教育处//北京成人教育(北京).—1996,(2).—45
- 当代韩国研究百花园中的新葩——战后韩国教育研究[期刊]/商承义(东北师范大学朝鲜—韩国学研究中心)//当代韩国(北京).—1996,(4).—74~45
- 从"出口第一"到"科技立国"——韩国经济战略调整及启示[期刊]/苗宏(南京浦口解放军陆军指挥学院政理室)//中国科技产业(北京).—1996,(10).—47~49
- 私人教育费在韩国教育发展中的地位和作用[期刊]/余伟民(华东师范大学)//当代韩国(北京).—1997,(1).—79~80
- 韩国面向21世纪的人才开发方略[期刊]/刘昌明(江汉石油学院建工系)//有色金属高教研究(长沙).—1997,(3).—110
- 论韩国教育发展战略的若干特征[期刊]/卢晓中(广州华南师范大学教科所)//现代教育论丛(广州).—1997,(3).—33~36
- 我所知道的韩国教育[期刊]/姜燕//人才开发(上海).—1997,(7).—28

- 韩国的教育立国[期刊]/孙财顺(山东宾州教育学院)//探索与证明(上海).—1997,(8).—39~40
- 韩国世界化、信息化、开放化的教育实践[期刊]/王国强(江苏省省委)//教育现代化(北京).—1998,(2).—28~29
- "私人教育费"在韩国教育发展中的地位和作用[集刊]/余伟民(华东师范大学历史系)//韩国研究论丛(上海).—1998,(4).—90~94
- 南朝鲜21世纪的教育战略[期刊]/骆松漱(上海第二教育学院)(译),Г.B.米卡别里捷//外国中小学教育(上海).—1999,(3).—7~9
- 韩国面向21世纪培养国际化人才的战略和策略[期刊]/刘昌明(江汉石油学院建工系)//有色金属高教研究(长沙).—1999,(6).—45~48
- 韩国文化教育的发展与经济腾飞[集刊]/李晶(辽宁大学韩国学研究中心)//韩国学论文集(北京).—2000,(00).—295-298
- 百年大计心系教育[期刊]/蒋淑云(中国科技经营管理大学)//中国科技月报(北京).—2000,(2).—85~86
- 韩国人力资源开发经验及其对中国的启示2[期刊]/吴晓丽,景跃军(吉林大学东北亚研究院人口研究所)//东北亚论坛(长春).—2000,(2).—81~84
- "教育先行"——韩国经济开发战略的启示[期刊]/付晨光(齐齐哈尔市国家安全局)//齐齐哈尔大学学报(齐齐哈尔).—2000,(2).—22~23
- 世界化与韩国的世界化教育方向[期刊]/张庆龙(韩国光州女子大学校)//东疆学刊(延吉)—2000,(3).—64~68
- 韩国教育繁荣的特点及其民族学透视[期刊]/赵杰(北京大学东语系)//民族教育研究(北京).—2000,(4).—81~86
- 韩国十年内力争跨入信息大国行列[期刊]/海涛//中外企业文化(北京).—2000,(7).—40
- 韩国:实现两位数增长[期刊]/高浩荣(新华社世界问题研究中心)//瞭望新闻周刊(北京).—2000,(31).—58~59
- 21世纪韩国教育的方向[期刊]/李明贤(韩国国立汉城大学哲学系)//当代韩国(北京).—2000,(冬季号).—61~64
- 试论韩国巨儒李珥(栗谷)的教育思想[期刊]/李忠嘉(韩国仁荷大学)//延边大学学报(延吉).—2001,(1),—52~54

- 韩国网络教育的现状与发展[期刊]/张倩苇(华南师范大学电化教育系)//现代远距离教育(哈尔滨).—2001,(2).—60~62
- 发达国家如何开发人力资源[期刊]/时帆,车驾明(江苏)//继续教育(北京).—2001,(3).—47~48
- 韩国学校公民素质教育探略[期刊]/洪明(福建师范大学教育科学与技术学院)/福建师范大学学报(福州).—2001,(3).—144~149
- 韩国现代化进程的独特道路[期刊]/冯纯(上海交通大学)//经济世界(北京).—2001,(5).—92~94
- 试析社会转型时期的韩国公民教育[期刊]/洪明(福建师范大学教育科学与技术学院)//外国教育研究(长春).—2001,(5).—6~11
- 韩国网络教育的发展及其对我们的启示[期刊]/张倩苇(华南师范大学电化教育系)//教育发展研究(上海).—2001,(8).—83~85
- 发掘IT英才,加强IT教育[期刊]/思泓(中国社会科学院文献信息中心)//当代韩国(北京).—2002,(1).—28
- 韩国女性教育的变迁[期刊]/吴莲姬(中国社会科学院文献信息中心)//国外社会科学(北京).—2002,(2).—83~85
- 韩国注重精英教育[期刊]/新明//思想政治课教学(北京).—2002,(2).—55-56
- 日本、韩国远程教育情况考察报告[期刊]/马良生(江苏广播电视大学)//江苏广播电视大学学报(南京).—2002,(3).—5~13
- 百年韩国教育学的历史反思[期刊]/黄亨奎,金仁会(延边大学,韩国国学研究院)/全球教育展望(上海).—2002,(4).—74~76,80
- 日、韩教育观感[期刊]/杨泉明(四川省教育厅)//四川教育(成都).—2002,(4).—11~12
- 日、韩两国的均衡教育[期刊]/何树彬(华东师范大学)//教育人事(北京).—2002,(4).—45
- 韩国的网上教育[期刊]/郑成宏(中国社会科学院)//国外社会科学(北京).—2002,(5).—116~118
- 论二程的"为己之学"及其对朝鲜教育理念的影响[期刊]/[韩]张静互(韩国富川大学)//江南大学学报(人文社会科学版)(无锡).—2002,(5).—75~78
- 韩国现代政治思想的背景及意义——谈谈大公主义[期刊]/俞炳勇(韩国精神文化研究

院)//当代韩国(北京).—2002,(夏季号).—35~38

• 韩国教育创新的新思路[期刊]/李水山(中央教育科学研究院)//教育情报参考(北京).—
2002,(9)—32~33

• 国外教育给我们的启示[期刊]/新明//思想政治课教学(北京).—2002,(10).—54~55

• 有力的教育造就美丽的心灵——济州教育树立八大目标[期刊]/顾庆余(上海市闵行区
莘庄镇小学)//上海教育(上海).—2002,(21).—45

• 韩国经济增长方式转变的经验及启示[期刊]/尹贤淑(中央财经大学)//中央财经大学学
报(北京).—2003,(1).—58~61

• 韩国中学≪科学≫课程模式之管见[期刊]/魏志防,俞爱宗(延边大学师范学院化学系,
延边大学高教研究所)//化学教学(上海).—2003,(1).—64~66

• 新加坡韩国学校道德教育特点研究[期刊]/邓晨光(牡丹江师范学院)//牡丹江师范学院
学报(哲学社会科学版)(牡丹江).—2003,(1).—70~73

• 韩国:后发国家追赶的典型[期刊]/陆璟(上海市教科院智力所)//教育发展研究(上海).—
2003,(2).—15~18

• 韩国教育与经济良性互动的启示[期刊]/钟剑梅,刘炳廷(湘潭大学管理学院,湘潭大学
管理学院)//教育家(南京).—2003,(2).—61~64

• 韩国学校的德育实践及其启示[期刊]/刘素娟(武汉大学政治与行政学院)//学校党建与
思想教育(武汉).—2003,(2).—53~54

• 从韩国汉语水平考试的发展看韩国的汉语教学[期刊]/李充阳(韩国高丽大学校人文大
学)//国外汉语教学动态(北京).—2003,(3).—2~3

• 新世纪韩国人才战略新动向[期刊]/周松兰(武汉大学世界经济系在读博士生,中共
广东省佛山市委党校经济教研室经济管理学)//未来与发展(北京).—2003,(3).—
50~52

• 韩国教育技术热点:网络电视教育[期刊]/朱谦(上海市杨思中学)//开放教育研究(上海).
—2003,(4).—54~56

• 韩国书堂的兴衰[期刊]/权瑢(韩国大真大学文艺创作系)//教育史研究(北京).—
2003,(4).—59~61

• 关于韩国民族精神培养体系的几点思考[期刊]/孙玉杰(河南行政学院)//科学社会主义
(北京).—2003,(5).—77~79

• 日本、新加坡、韩国民族精神培育方法的相似性及其借鉴[期刊]/张志刚,肖肖(大连

理工大学人文社会科学学院,大连理工大学人文社会科学学院)//教育情报参考(北京).
—2003,(6).—46-48

- 若干国家信息化教育的战略定位[期刊]/臧佩红(南开大学日本研究中心)//中国信息导报(上海).—2003,(8).—20~23

- 韩国教育民主化历程的概述[期刊]/陈光春(华中师范大学教育科学学院)//外国中小学教育(上海).—2003,(9).—1~5

- 向世界一流大学迈进的韩国私立大学[期刊]/王留栓(复旦大学高等教育研究所)//上海教育(上海).—2003,(10B).—60~61

- 走向2010年的韩国社会经济发展战略[期刊]/周松兰,刘栋(武汉大学商学院,佛山市委党校经济学)//环渤海经济瞭望(天津).—2003,(11).—18~22

- 试析韩国教育信息化的发展特点[期刊]/李世宏(华东师范大学教育系)//外国教育研究(长春).—2003,(12).—15~18

- 新加坡与韩国儒家伦理道德教育的比较及其启示[期刊]/陈东霞(华南师范大学政法学院)//学校党建与思想教育(武汉).—2004,(A5).—59~61

- 朝鲜时代的汉语教育与教材——以≪老乞大≫为例[期刊]/[韩]郑光(韩国高丽大学人文学院)//国外汉语教学动态(北京).—2004,(1).—2~9

- 韩国汉语教育史论纲[期刊]/金基石(延边大学汉语言文化学院)//东疆学刊(延吉).—2004,(1).—34~42

- 不一样的韩国——韩国教育考察有感[期刊]/张涛,李俊杰(山东省威海市教研中心,山东省威海市教研中心)//当代教育科学(济南).—2004,(2).—48~51

- 韩国学校教育的危机与启示[期刊]/韩卫星(大连外国语学院)//亚非纵横(北京).—2004,(2).—41~44

- 深入人心的"身土不二"[期刊]/曲天(哈尔滨理工大学远东学院)//时事(北京).—2004,(2).—51~52

- 韩国民族精神教育情况简介[期刊]/张云飞(中国人民大学)//高校理论战线(北京).—2004,(3).—55~58

- 不同文化背景下的民族教育——在日"韩国人·朝鲜人"教育个案研究[期刊]/李廷海(中央民族大学舞蹈学院)//湖北民族学院学报(哲学社会科学版)(恩施).—2004,(4).—83~87

- 李成延、赵薇成为韩国爱国主义反面教材[期刊]/闻玉//党建文汇(沈阳).—2004,(4).—

38

- 透析朝鲜艺术教育[期刊]/肖玉兰(华东师范大学)//教育艺术(北京).—2004,(4).—13

- 外国道德教育扫描[期刊]/席军//时事资料(西安).—2004,(4).—107~109

- 韩国中小学生道德教育课程[期刊]/新馨(中国社会科学院)//国外社会科学(北京).—2004,(5).—118~119

- 韩国允许体罚学生方案引争议[期刊]/徐锋,邓建生//中国教育报(北京).—2004,(6).—6

- 韩国:道德课的最新改革动向[期刊]/北京师大国际与比较教育研究所//江苏教育(南京).—2004,(6A).—44

- 韩国人文教育改革给我们的启示[期刊]/钱云会(保定第十三中学)//保定师范专科学校学报(保定).—2004,(7).—97~98

- 信息化教育的国际经验及启示[期刊]/陈剑光(黄冈师范学院社科部)//科技进步与对策(武汉).—2004,(8).—145~146

- 韩国教育与道德教化的考察及思考[期刊]/陈义禄,李俊勤(广东韶关学院,广东韶关学院)//当代韩国(北京).—2004,(夏季号).—58~63

- 近距离看韩国[期刊]/刘振中//当代世界(北京).—2004,(10).—42~43

- 我所看到的韩国教育[期刊]/毛建国(镇江市教育科学研究所)//江苏教育(南京)—2004,(11A).—27~28

- 留学韩国:适合不同层次的中国学生——访韩国驻华大使馆教育官林大镐[期刊]/陈歌(≪海外求学≫驻京记者)//海外求学(上海).—2004,(15).—6~8

- 韩国幼儿热爱本土[期刊]/徐宝康//幼儿教育(杭州).—2004,(19).—49

- 要充分重视教育的经济功能——朝鲜与韩国教育功能比较的启示[期刊]/周俊成(山东滨州学院)//教育与职业(北京).—2004,(23).—57

- 新加坡与韩国儒家伦理道德教育的比较及其启示[期刊]/姜大源,王文槿,刘育锋(教育部职业技术教育中心研究所)//职业技术教育(长春).—2004,(31).—69~71

- 韩国的骄傲:汉大和延大[期刊]/董蕾//中国现代教育装备(北京).—2005,(1).—52~55

- 韩国经济发展中教育的作用[期刊]/贾金英(韩国精神文化研究院)//教育与经济(武汉).—2005,(1).—47~49

- 韩国威权政治发展中的教育及其启示[期刊]/刘煜,陈正华(浙江海洋学院高等教育改革与发展研究室,北京师范大学教育政策与法律研究所)//现代大学教育(长沙).—

2005,(1).—50~54

- 韩国强化礼仪教育[期刊]/谢晓南(通化)//决策探索(郑州).—2005,(2).—84

- 韩国学分银行体系及其启示[期刊]/陈龙根,陈世瑛,周国君(浙江工业大学成人教育学院,浙江工业大学成人教育学院,浙江工业大学成人教育学院)//成人高等教育(杭州).—2005,(2).—42~44

- 韩国学校培育民族精神探微[期刊]/王万民(曲阜师范大学经济法政学院)//青少年研究(济南).—2005,(2).—45~48

- 论韩国思想政治教育的多样化评估方法[期刊]/程杨(首都师范大学政法学院)//沙洋师范高等专科学校学报(荆门).—2005,(2).—93~96

- 韩国:选拔高分学生的倾向威胁公共教育的基础[期刊]/夏天//国外职业教育(南昌).—2005,(3).—48

- 对我国道德教育几个问题的思考——中韩道德教育观之比较[期刊]/郭良春(首都师范大学政法学院)//当代韩国(北京).—2005,(4).—36~39

- 韩国公民教育中的儒学精神[期刊]/程增俊(首都师范大学政法学院)//阜阳师范学院学报(社会科学版)(阜阳).—2005,(4).—113~115

- 韩国教育的自谦心态让我们汗颜[期刊]/张进生//中外教育(南昌).—2005,(4-5).—60

- 韩、日教育发展的特点及启示[期刊]/杨国顺(上海市教委督导办公室)//教育发展研究(上海).—2005,(5).—85~88

- 韩国李朝时期的汉语教育及其特点[期刊]/金基石(上海外国语大学东方语学院)//汉语学习(延吉).—2005,(5).—73~80

- 论韩国私立教育对经济发展的作用[期刊]/张凤莲(山东社会科学院)//现代教育论丛(广州).—2005,(5).—19~22

- 韩国教育概况(下)[期刊]/蔺平(太原)//教育革新(兰州).—2005,(6).—63

- 韩国跨国教育的现状与问题[期刊]/徐小洲,柳圣爱(浙江大学教育学院,浙江大学教育学院)//比较教育研究(北京).—2005,(6).—76~81

- 韩国书院研究动向综述[期刊]/郑万祚(国民大学历史系)//湖南大学学报(社会科学版)(长沙).—2005,(6).—30~38

- 就业导向的韩国高职教育[期刊]/尹洪斌(北京师范大学教育学院)//河南职业技术师范学院学报(职业教育版)(新乡).—2005,(6).—60~61

- 韩国推广精英教育[期刊]/华旭//教师博览(南昌).—2005,(7).—19

- 对韩国"科技立国"发展战略与教育发展的沉思——评≪韩国科技与教育发展≫[期刊]/索丰(东北师范大学国际与比较教育研究所)//外国教育研究(长春).—2005,(9).—80

- 韩国义务教育财政经费投入的经验及启示[期刊]/胡苹(武汉大学教育科学学院)//基础教育参考(北京).—2005,(9).—34~38

- 韩国终身教育立法及启示[期刊]/朴永周(辽宁教育研究院)//职业技术教育(长春).—2005,(9).—56

- 经济合作与发展组织视野中的韩国教育[期刊]/Barry McGaw(经济合作与发展组织教育处)//教育发展研究(上海).—2005,(10).—24~28

- 二十一世纪韩国非传统学校教育的最新进展[期刊]/汪丞,王建梁(华中师范大学教育学院,华中师范大学教育学院)//基础教育参考(北京).—2005,(12).—29~31

- 感受韩国教育[期刊]/董雪涛(联合时报记者)//决策与信息(上半月刊)(武汉).—2005,(12).—65~66

- 充分重视教育的经济功能——朝鲜与韩国教育功能比较的启示[期刊]/于长征,阎军秀(河南质量工程职业学院)//职业技术教育(长春).—2005,(19).—73~74

- 韩国:全社会重视教育[期刊]/刘茗//教书育人(哈尔滨).—2005,(36).—60~61

- 以韩国为例谈国别化——双语学习词典编纂的构思[期刊]/甘瑞瑗(韩国又松大学)//国际汉语教学动态与研究(北京).—2006,(1).—51~60

- 浅议韩国教育面临的问题[期刊]/田镇香,周志刚(天津大学职业技术教育学院,天津大学职业技术教育学院)//外国教育研究(长春).—2006,(3).—77~80

- 粗中有细的韩国教育[期刊]/张菊生//小学青年教师(语文版)(郑州).—2006,(5).—52~53

- 韩国教育人力资源开发现状研究[期刊]/朴相信(教育部人文社会科学重点研究基地北京师范大学比较教育研究中心,北京师范大学国际与比较教育研究所)//比较教育研究(北京).—2006,(8).—54~57

- 韩国教育一瞥[期刊]/宋运来(江苏南京市南湖第三小学)//教书育人(哈尔滨).—2006,(18).—54~55

- 韩国教育文化的普遍性与特殊性[期刊]/李锡熙(韩国教育开发院)//当代韩国(北京).—2007,(1).—32~38

- 社会文化对韩国当代道德教育发展的影响[期刊]/谭菲,郝利(广西师范大学教育科学学院,广西师范大学教育科学学院)//职业圈(北京).—2007,(7).—218~219

- 儒家文化对韩国和日本教育的影响[期刊]/赵峰(中国人民大学公共管理学院)//内蒙古师范大学学报(教育科学版)(呼和浩特).—2007,(11).—43~46
- 热观韩国教育与人力资源开发[期刊]/窦现金(教育部教育发展研究中心)//职业技术教育(长春).—2007,(15).—68~74
- 朝鲜教育见闻[期刊]/陈淀国//教育(北京).—2007,(16).—57
- 《老乞大》、《朴通事》及其谚解本在朝鲜王朝华语教育中的贡献[期刊]/李得春,崔贞爱(延边大学朝鲜-韩国学学院)//延边大学学报(社会科学版)(延吉).—2008,(2).—34~38
- 战后韩国人文教育分析兼谈我国人文教育途径[期刊]/刘毅,刘兆程(大连大学,大连大学)//教育研究(沈阳).—2008,(5).—211~212
- 日韩两国实行教育公平的历史、理念、政策和改革方向[期刊]/李水山(中央教育科学研究所教育理论部)//职业技术教育(长春).—2008,(7).—80~85
- 儒家文化对日本和韩国教育的影响[期刊]/赵峰(中国人民大学公共管理学院)//全球视野理论月刊(武汉).—2008,(8).—145~147
- 新时期的韩国德育:人性教育的发展趋势[期刊]/李水山(中央教育科学研究所教育理论研究部)//中国德育(北京).—2008,(8).—40~42
- 韩国教育信息化走势分析[期刊]/李震英(北京教育科学研究院)//中小学信息技术教育(北京).—2009,(1).—72~73
- 韩国教育伦理思想研究[期刊]/冯思源,赵岩,易琳琳(沈阳师范大学马克思主义学院,沈阳师范大学研究生处,济宁医学院社会科学部)//消费导刊(北京).—2009,(12).—209
- 战后韩国学校道德教育[期刊]/徐周双(浙江理工大学)//湘潮(长沙).—2010,(2).—75~76
- 将学习变成一种力量的韩国教育典范——专访韩国大元国际中学校长金一衡[期刊]/徐星//上海教育(上海).—2011,(1).—40~41
- 韩国教育服务贸易市场开放的法律问题研究[期刊]/张银静(武汉大学法学院)//科技创业(武汉).—2011,(3).—127~130
- 韩国教育信息化最新发展战略及其对我国的启示[期刊]/崔英玉(吉林师范大学教育科学学院)//现代教育技术(北京).—2011,(12).—29~32
- 韩国教育"宵禁令"[期刊]/周明明//世界博览(北京).—2011,(21).—64~66
- 解读韩国教育信息化的最新发展战略[期刊]/崔英玉(吉林师范大学教育科学学院)//中国信息技术教育(北京).—2011,(22).—67~69

- 我的朝鲜教育见闻[期刊]/凤凰鸟//家庭之友(西安).—2012,(2).—68
- 走进朝鲜教授家——金镶玉住200平米新房,看金正恩送的电视[期刊]/王莉(≪环球人物≫记者)//环球人物(北京).—2012,(2).—49
- 韩国教育热的社会文化密码——从文化建构与解码的角度分析[期刊]/赵同友,李钟珏(韩国国立江原大学师范学院)//外国教育研究(长春).—2012,(6).—57~62
- 韩国教育信息化概览[期刊]/杨勇(江西中医药高等专科学校)//世界教育信息(北京).—2012,(6).—23~26
- 朝鲜求学路[期刊]/赵佳(金亨稷师范大学)//神州学人(北京).—2012,(9).—14~15
- 近代朝鲜女子教育研究(1876-1910年)[期刊]/田香兰(天津社会科学院日本研究所)//东北亚学刊(天津).—2013,(2).—54~60
- 苏联在北朝鲜新型教育形成过程中的作用(1945—1950年)[期刊]/李爽(吉林省社会科学院高句丽研究中心)//辽东学院学报(社会科学版)(丹东).—2013,(3).—1~4
- 浅析中国儒学对韩国教育的影响[期刊]/钱丽艳(吉林警察学院中外语言系)//才智(长春).—2013,(4).—255~256
- 对外汉语教学中的中华传统文化传播策略——以韩国普通高中汉语课堂教学为例[期刊]/崔焱//金田(玉林).—2013,(5).—172
- 韩国举办研讨会关注校园欺凌现象[期刊]/宋庆清(北京)//世界教育信息(北京).—2013,(5).—75
- 浅谈韩国教育及其对我国的启示[期刊]/刘海波,王静,赵钟兴(广西大学化学化工学院)//大众科技(南宁).—2013,(6).—215~216
- 传统是根,世界是终[期刊]/张成刚(石家庄市第42中学)//河北教育德育版(石家庄).—2013,(9).—42~43
- 朝鲜音乐教育的社会特性分析[期刊]/黄南婷(九江学院高教研究室)//外国中小学教育(上海).—2013,(12).—25~27
- 探访"朝鲜高干的摇篮"[期刊]/杜白羽,张利(长春)//东西南北(长春).—2013,(18).—64~65
- 智慧学习——打造韩国教育的未来[期刊]/苏孝正(韩国浦项科技大学信息技术工程系)//世界教育信息(北京).—2013,(24).—28~31

教师教育

- 朝鲜教育考察团来我国访问[期刊]//江苏教育(南京).—1956,(21).—20
- 朝鲜教育考察团在江苏进行参观考察[期刊]//江苏教育(南京).—1956,(22).—11
- 朝鲜艺术团访华演出[期刊]//戏剧报(北京).—1958,(22).—20
- 南朝鲜中学在职教师的校内进修[期刊]/田以麟(东北师范大学比较教育研究所)//中学教师培训(长春).—1990,(4).—35~37
- 韩国教育大学发展的历史现状及趋势-兼谈韩国初等教员培养制度[期刊]/孙启林(东北师范大学教育科学学院)//高等师范教育研究(北京).—1992,(4).—67~70
- 私人教育费与韩国教育的发展[期刊]/余伟民(华东师范大学)//探索与争鸣(上海).—1995,(11).—36~37
- 韩国国家医学教师培训中心二十年[期刊]/Yong Il Kim,申逸彬[韩]//国外医学(医学教育分册)(上海).—1997,(1).—27
- 韩国的教师资格制度[期刊]/姜英敏(北京师大国际与比较教育研究所)//比较教育研究(北京).—1998,(1).—31~34
- 朝鲜教育代表团到贵州省三都水族自治县考察"中国·联合国儿童基金会远距离教育合作项目"及双语复式教学[期刊]/覃崇汉(贵州省黔南州三都县教育局)//中国民族教育(北京).—1999,(1).—24
- 韩国职业技术教育改革近况[期刊]/陈赣玲(厦门大学)//成人教育(哈尔滨).—2000,(5).—47
- 韩国职教的现状与改进措施[期刊]/朴永珍(北京师范大学国际与比较教育研究所)//中国职业技术教育(北京).—2000,(6).—55~57转至64
- 韩国大学教师聘任制改革分析[期刊]/姜英敏(北京师范大学国际与比较教育研究所)/比较教育研究(北京).—2001,(7).—14~18
- 五国职教体系的比较[期刊]/明航(北京师范大学教育学院)//河南职业技术师范学院学报(新乡).—2003,(3).—64~66
- 韩国高职教育的特点及对我国的启示[期刊]/范兴奎,陈倩华(青岛建筑工程学院,青岛建筑工程学院)//宁波职业技术学院学报(宁波).—2003,(6).—43~45

- 以质为本的韩国教师教育改革[期刊]/谌启标(福建师范大学教育科学与技术学院)//世界教育信息(北京).—2004,(Z2).—47~50
- 韩国教师质量监控政策及其改革取向[期刊]/柳国辉,谌启标(福建师范大学教育科学与技术学院,福建师范大学教育科学与技术学院)//外国中小学教育.—2004,(7).—16~19
- 韩国中小学教师的职前培养和在职培训[期刊]/李水山,郑范洙,金洪山(中央教育科学研究所,延边大学,延边大学)//高等农业教育(沈阳).—2004,(12).—90~93
- 韩国教师教育的新发展及其启示[期刊]/张淼,张鑫(沈阳师范大学,本溪市第一职业中专)//教育科学(大连).—2005,(1).—57~59
- 韩国"高丽·朝鲜"时期的华人汉语教师[期刊]/[韩]文美振(南京大学中文系)//暨南大学华文学院学报(广州).—2005(2).—1~7
- 韩国小学教师职后培训制度研究[期刊]/金香花(延边大学师范学院教育科学系)//中小学教师培训(长春).—2005,(6).—62~64
- 教育越改革,教师越重要——韩国教师政策制定取向[期刊]/华丹,[韩]郑有真//上海教育(上海).—2005,(20).—44~46
- 日本、韩国教师资格证书和录用考试制度的比较与启示[期刊]/刘雪(华东师范大学教育管理学院)//教育现代化(北京).—2006,(8).—59~60
- 韩国高中汉语教师培训情况介绍及思考——以韩国京畿道为例[期刊]/王振来(辽宁师范大学对外汉语学院)//云南师范大学学报(昆明).—2006,(9).—86~89
- 韩国教师评价系统现状、展望的比较与启示[期刊]/刘雪(华东师范大学教育管理学院)//世界教育信息(北京).—2006,(10).—56~58转版64
- 制定综合性措施推进教师专业化:21世纪韩国教师发展的新举措[期刊]/汪丞(湖北第二师范学院教科院)//新课程研究(教育管理)(武汉).—2007,(6).—61~63
- 中日韩三国高师课程设置的比较及启示[期刊]/崔成学,俞爱宗(延边大学师范学院,延边大学教务处)//外国教育研究(长春).—2007,(7).—43~47
- 韩国教师教育新范型与培养体制改革[期刊]/金香花(延边大学师范学院)//教学评论(福州).—2008,(2).—154~157
- 韩国中学教师教育模式存在的问题及对策[期刊]/金美华,于伟(东北师范大学教育科学学院,东北师范大学教育科学学院)//中小学教师培训(长春).—2008,(10).—61~63
- 韩国教师教育的发展特色及变革趋势[期刊]/何茜,谭菲(西南大学教育学院,西南大学

教育学院)//比较教育研究(北京).—2009,(12).—16~19

- 韩国孔子学院本土汉语师资培训模式类型构建[期刊]/王继红(北京外国语大学)//人文丛刊(北京).—2011,(00).—161~167

- 论韩国中小学教师薪酬制度及其对我国的启示[期刊]/黄非非(西北师范大学教育学院)//安康学院学报(安康).—2011,(1).—111~116

- 韩国中小学教师在职教育的现状及启示[期刊]/邱丹(延边大学师范学院)//现代教育科学(长春).—2011,(2).—78~79转版91

- 韩国中小学教员评价制度研究[期刊]/张雷生,李迎迎(河南商丘师范学院物信系,天津外国语大学西语学院)//世界教育信息(北京).—2011,(3).—50~54

- 韩国中小学教师教育特色与启示[期刊]/王闻文,卢青(沈阳师范大学,沈阳师范大学)//辽宁教育行政学院学报(沈阳).—2011,(4).—24~26

- 韩国中小学教师教育发展趋向及其启示[期刊]/张灵,宫君美(上饶师范学院教育科学学院,江西省教育厅外事处)//教育探索(哈尔滨).—2011,(9).—153~155

- 韩国教师培训机构评价的现状与展望[期刊]/金香花,孙启林(延边大学师范学院,东北师范大学国际与比较教育研究所)//外国教育研究(长春).—2012,(2).—56~60

- 韩国城乡教师轮岗制度及其对我国的启示[期刊]/董博清,于海波(东北师范大学教育科学学院,东北师范大学物理学院)//外国中小学教育(上海).—2012,(7).—44~51

- 韩国中小学教师互换制度的特点及启示[期刊]/汪丞(湖北第二师范学院教科院)//基础教育参考(北京).—2012,(19).—25~29

- 例析海外汉语教师的内在素养[期刊]/韩文慧(山东师范大学国际交流学院)//语文学刊(呼和浩特).—2014,(9).—125~127

- 浅谈≪孙子兵法≫思想在对外汉语教学中的启示意义——以韩国蔚山大学析海外汉语教师的内在素养[期刊]/韩文慧(山东师范大学国际交流学院)//语文学刊(呼和浩特).—2014,(18).—126~127

特殊教育

- 韩国的特殊教育[期刊]/商承义(东北师范大学教育系)//外国教育研究(长春).—1993,(1).—43~46

- 韩国特殊教育发展经纬(上)[期刊]/黄丽娇,张宁生(辽宁师范大学,辽宁师范大学)//现代特殊教育(南京).—2000,(1).—47~48
- 韩国特殊教育发展经纬(下)[期刊]/黄丽娇,张宁生(辽宁师范大学,辽宁师范大学)//现代特殊教育(南京).—2000,(3).—46~48
- 韩国特殊教育的现状与发展[期刊]/陈军(厦门特殊教育学校)//教育与管理(太原).—2000,(8).—43~44
- 韩国特殊教育现状的研究[期刊]/吴春玉(泉州师范学院)//中国特殊教育(北京).—2003,(4).—75~78
- 韩国特殊教育信息化发展概况及其启示[期刊]/李世宏(华东师范大学教育系)//现代特殊教育(南京).—2005,(3).—36~37

家庭教育

- 韩国的家庭教育观[期刊]/卜湘玲(西南师范大学教育科学学院)//江西教育(南昌).—2005,(11).—43
- 加强礼仪教育提高品德修养[期刊]/吴端华(建瓯市通济中心小学)//教育科研论坛(上海).—2007,(4).—61~62
- 从韩国文集中的家训文献看朝鲜半岛家庭教育与中国传统文化的关系[期刊]/刘永连(暨南大学华侨华人研究院中外关系史研究所)//东北史地(长春).—2011,(4).—87~91

3 学位论文(1999-2013)

- 韩国和中国现行汉字比较[博硕]/[韩]朴点玉//北京:中国社会科学院硕士学位论文.—1999
- 试论韩国朝鲜时代的汉语教学[博硕]/朴京淑//北京:北京语言文化大学硕士学位论文.—2000
- 印度、韩国农业发展与农业教育互动机制的研究[博硕]/刘丽芳//武汉:华中农业大学硕士学位论文.—2003
- 中韩两国近现代学制形成的比较研究[博硕]/郑宗勋//延吉:延边大学硕士学位论文.—2003
- 解放后韩•朝•中国朝鲜族文学教育比较研究[博硕]/金真迪//北京:中央民族大学博士学位论文.—2004
- 中韩两国中小学信息技术教育开展情况的比较分析[博硕]/崔英玉//长春:东北师范大学硕士学位论文.—2005
- 韩国高中汉语课程中文化内容教学策略研究[博硕]/安熙贞//上海:华东师范大学研究生硕士学位论文.—2006
- 韩国现代高等教育分析与思考[博硕]/郭丽//扬州:扬州大学硕士学位论文.—2006
- 中韩高校教育评估的若干问题思考[博硕]/田镇香//天津:天津大学职业技术教育学学院硕士学位论文.—2006
- 中韩民办"私立"高等教育比较研究[博硕]/郑红//南京:南京理工大学硕士学位论文.—2006
- 韩国的教师教育及中韩教师教育比较研究[博硕]/高敏//扬州:扬州大学硕士学位论文.—2007

- 韩国高等教育大众化的发展历程及其启示研究[博硕]/朴正龙//长春:东北师范大学硕士学位论文.—2007
- 韩国经济增长中的科学技术、教育因素分析[博硕]/张雷//大连:大连理工大学硕士学位论文.—2007
- 韩国农村教育制度改革研究——兼论对我国农村教育改革的启示[博硕]/郑海月//长春:东北师范大学硕士学位论文.—2007
- 韩国影视文化对我国初中生价值观的影响[博硕]/王瑞武//北京:中央民族大学硕士学位论文.—2007
- 韩国中学汉语言教育的历史及现状[博硕]/洪亘构//长春:东北师范大学硕士学位论文.—2007
- 汉字在韩国的传承与变异[博硕]/田博//洛阳:解放军外国语学院硕士学位论文.—2007
- 在沪韩国幼儿园生活教育研究[博硕]/[韩]梁连兰//上海:华东师范大学硕士学位论文.—2007
- 中韩女性教育比较研究[博硕]/金香花//长春:东北师范大学博士学位论文.—2007
- 中韩职业教育比较与启示[博硕]/董广驰//济南:山东大学硕士学位论文.—2007
- 韩国当代中小学道德教育发展研究[博硕]/谭菲//桂林:广西师范大学硕士学位论文.—2008
- 韩国高校教师管理研究及对中国的启示[博硕]/吕丹//长春:东北师范大学硕士学位论文.—2008
- 韩国孔子学院汉语教学模式初探[博硕]/王蜜//济南:山东大学硕士学位论文.—2008
- 韩国社会转型期中等职业教育制度研究[博硕]/杨敏//长沙:湖南大学硕士学位论文.—2008
- 儒家孝道在韩国的本土化及其影响[博硕]/归胜利//重庆:西南政法大学硕士学位论文.—2008
- 新农村建设中农村职业教育的中韩比较研究[博硕]/吴琼//长春:东北师范大学硕士学位论文.—2008
- 中国学习环境下韩国留学生学习和交往适应研究[博硕]/郭飞//青岛:中国海洋大学硕士学位论文.—2008
- 中韩高中化学教科书比较研究[博硕]/宋仙花//延吉:延边大学硕士学位论文.—2008
- 中韩小学社会课程比较研究[博硕]/金正镐//北京:中央民族大学硕士学位论文.—2008

- "21世纪智慧韩国工程"研究[博硕]/付艳//重庆:西南大学硕士学位论文.—2009
- 韩国高中生汉语教学用词表研究[博硕]/赵熙罗//长春:东北师范大学硕士学位论文.—2009
- 韩国跨境教育现状及问题评析[博硕]/张晗//长春:东北师范大学硕士学位论文.—2009
- 韩国学生使用"了"的偏误问题研究[博硕]/安珠英//长春:东北师范大学硕士学位论文.—2009
- 韩国学校道德教育研究[博硕]/何付霞//南昌:南昌大学硕士学位论文.—2009
- 韩国专科大学人才培养模式研究[博硕]/韩菲//沈阳:辽宁师范大学硕士学位论文.—2009
- 来华韩国留学生学习适应的影响因素研究[博硕]/李秀珍//上海:华东师范大学硕士学位论文.—2009
- 儒家思想对韩国德育的影响研究[博硕]/肖薇//哈尔滨:哈尔滨工程大学硕士学位论文.—2009
- 从韩国传统文化教育看我国职业学校传统文化教育的途径和方法[博硕]/刘艳秋//长春:东北师范大学硕士学位论文.—2010
- 韩国、欧洲学分银行实践及其启示[博硕]/杜社玲//上海:华东师范大学硕士学位论文.—2010
- 韩国爱国主义教育及启示[博硕]/杨俊英//郑州:河南大学硕士学位论文.—2010
- 韩国大学特色化政策变迁研究[博硕]/梁荣华//长春:东北师范大学博士学位论文.—2010
- 韩国儿童文学的产生与基督教的影响关系研究[博硕]/袁华玉//济南:山东大学硕士学位论文.—2010
- 韩国高等院校留学生教育的现状及其政策研究[博硕]/高绿路//济南:山东师范大学硕士学位论文.—2010
- 韩国高校终身教育研究及启示[博硕]/李贤淑//延吉:延边大学硕士学位论文.—2010
- 基于"协同教学"的韩国高中汉语语音教学研究[博硕]/袁媛//桂林:广西师范大学硕士学位论文.—2010
- 中韩高中地理(社会)教科书比较研究[博硕]/池美善//延吉:延边大学硕士学位论文.—2010
- 中职教师教育比较研究——日本、韩国、台湾地区与我国内地比较研究[博硕]/黄郑//

长沙:湖南农业大学硕士学位论文.—2010

- 从共生互动关系看高等职业教育与区域经济的发展[博硕]/王丹宁//上海:上海师范大学硕士学位论文.—2011

- 韩国初中汉英教材的比较[博硕]/姜政延//上海:华东师范大学硕士学位论文.—2011

- 韩国初中汉语发音教学分析与设计[博硕]/[韩]金宝美//沈阳:辽宁大学硕士学位论文.—2011

- 韩国初中科学课程改革与发展研究[博硕]/刘洋//重庆:西南大学硕士学位论文.—2011

- 韩国大学治理研究[博硕]/索丰//长春:东北师范大学博士学位论文.—2011

- 韩国的国际理解教育及其启示[博硕]/余静//上海:华东师范大学硕士学位论文.—2011

- 韩国第七次教育课程中国语基本词汇分析[博硕]/孙炳淑//长春:东北师范大学硕士学位论文.—2011

- 韩国电影的中文字幕翻译问题研究与课程设计——以≪非常主播≫为例[博硕]/辛孝仙//济南:山东师范大学硕士学位论文.—2011

- 韩国儿童汉语视听说课程设计——以韩国动画片≪小企鹅Pororo≫为例[博硕]/[韩]张宝兰//南京:南京师范大学硕士学位论文.—2011

- 韩国高校德育实施方法及其借鉴意义研究[博硕]/武鹏//重庆:西南大学硕士学位论文.—2011

- 韩国高中汉语教学大纲及现行汉语教材分析[博硕]/林晓凤//济南:山东大学硕士学位论文.—2011

- 韩国高中汉语教学中文化教学的现状及教学方案[博硕]/金娜丽//浙江:浙江大学硕士学位论文.—2011

- 韩国高中中国语I教科书研究[博硕]/[韩]SHIN,ILHEE(申一熙)//西安:陕西师范大学硕士学位论文.—2011

- 韩国国家助学贷款制度研究及启示[博硕]/安慧荣//延吉:延边大学硕士学位论文.—2011

- 韩国汉语E-learning的现状及未来发展方向[博硕]/李善姬//北京:北京语言大学硕士学位论文.—2011

- 韩国汉语高考试题分析与相应教学策略[博硕]/[韩]柳美灿//沈阳:辽宁大学硕士学位论文.—2011

- 韩国汉字教育和对韩汉字教学观照与思考[博硕]/李银庆//天津:天津师范大学硕士学

位论文.—2011

- 韩国教员大学内部管理研究[博硕]/胡蓉//长沙:湖南师范大学硕士学位论文.—2011
- 韩国孔子学院汉语口语课堂教学的调查与研究[博硕]/牟岚//长春:东北师范大学硕士学位论文.—2011
- 韩国农渔村小规模学校合并政策研究[博硕]/韩春花//长春:东北师范大学硕士学位论文.—2011
- 韩国普通高中新课程改革的研究[博硕]/李娜//重庆:西南大学硕士学位论文.—2011
- 韩国推进公平教育的经验及启示——以高中平准化政策为中心[博硕]/郑延春//延吉:延边大学硕士学位论文.—2011
- 韩国文学教育方案研究——以玄镇健的≪好运一日≫和老舍的≪骆驼祥子≫的比较为中心[博硕]/王瑜世//北京:中央民族大学硕士学位论文.—2011
- 韩国影视文化中体现的儒家思想[博硕]/宿春波//延吉:延边大学硕士学位论文.—2011
- 韩国终身教育法制建设及对我国的启示[博硕]/李晓媛//南昌:江西大学硕士学位论文.—2011
- 焦虑对韩国人汉语学习的影响及应对[博硕]/金泰希//哈尔滨:黑龙江大学硕士学位论文.—2011
- 面向韩国高中生的汉语教材编写研究[博硕]/朴载雄//上海:上海师范大学硕士学位论文.—2011
- 面向韩国小学生的网络汉语教学研究[博硕]/曹天天//济南:山东大学硕士学位论文.—2011
- 农村教师供给政策比较研究[博硕]/陈允波//桂林:广西师范大学硕士学位论文.—2011
- 现代韩国义务教育阶段英语教育课程目标及内容的演进研究[博硕]/张海波//延吉:延边大学硕士学位论文.—2011
- 新旧≪汉语水平考试(HSK)大纲≫对比分析——以≪新5级≫为主[博硕]/朴恩婷//济南:山东大学硕士学位论文.—2011
- 学前对韩汉语教学研究——以在沪韩国幼儿园为例[博硕]/朴宣姝//上海:华东师范大学博士学位论文.—2011
- 延吉市韩国留学生汉语学习情况调查研究[博硕]/韩文//长春:东北师范大学硕士学位论文.—2011
- 在韩汉语外教现状及韩国学生汉语发音错误的分析指导[博硕]/全顺善//延吉:延边大

学硕士学位论文.—2011

- 中国高校旅游教育与韩国大学校观光教育之比较研究——以中国吉林省、韩国首尔市为个例研究[博硕]/程芝爱//长春:东北师范大学硕士学位论文.—2011
- 中韩教师培训政策比较研究[博硕]/邱丹//延吉:延边大学硕士学位论文.—2011
- 高等教育层次结构调整与经济增长的关系研究——基于1978-2010年的数据分析[博硕]/杨宇轩//重庆:西南财经大学博士学位论文.—2012
- 歌曲在韩国高中汉语教学中的应用[博硕]/郑荣华//济南:山东师范大学硕士学位论文.—2012
- 韩国朝鲜时期的汉语教育对我国汉语国际推广的启示[博硕]/齐凯旋//济南:山东大学硕士学位论文.—2012
- 韩国釜山市小学汉语现状调查研究[博硕]/韦钰//兰州:兰州大学硕士学位论文.—2012
- 韩国高中汉语教材汉文化内容现状调查研究[博硕]/金宣熹//长春:吉林大学硕士学位论文.—2012
- 韩国汉语高考试题分析及语法指导方案(以2007年度-2011年度语法题中心)[博硕]/崔兰//长春:吉林大学硕士学位论文.—2012
- 韩国蔚山地区汉语教育情况调查报告——以韩国蔚山大学为例[博硕]/陈原//苏州:苏州大学硕士学位论文.—2012
- 韩国小学生汉语教育现状及对策研究[博硕]/张静宜//兰州:兰州大学硕士学位论文.—2012
- 韩国学生习得汉语"V着"存在句偏误分析[博硕]/金寒娜//长春:吉林大学硕士学位论文.—2012
- 论韩国终身教育管理的运行机制及其启示[博硕]/王智勇//烟台:鲁东大学硕士学位论文.—2012
- 面向韩国学习者的汉语学习网络平台设计与开发的研究[博硕]/郭美泽//哈尔滨:哈尔滨师范大学硕士学位论文.—2012
- 中国汉语国际教育与韩国对外韩语教育专业硕士培养对比研究[博硕]/金智慧//济南:山东大学硕士学位论文.—2012
- 中韩初中教科书惯用语的比较研究[博硕]/朴昌姬//延吉:延边大学博士学位论文.—2012
- 中韩教育交流与合作[博硕]/吴锡路//济南:山东师范大学硕士学位论文.—2012

- 中、韩教育类网页界面版式设计的比较研究[博硕]/刘佳//齐齐哈尔:齐齐哈尔大学硕士学位论文.—2012
- 初级阶段韩国初中生汉语语音学习偏误分析及教学对策[博硕]/牟宗英//烟台:鲁东大学硕士学位论文.—2013
- 韩国初中国际理解教育研究[博硕]/裴美花//延吉:延边大学硕士学位论文.—2013
- 韩国发展农村基础教育政策研究[博硕]/黄育林//延吉:延边大学硕士学位论文.—2013
- 韩国高中汉语教材中的中国文化内容考察分析与编写建议[博硕]/[韩]金兑俊//沈阳:沈阳师范大学硕士学位论文.—2013
- 韩国高中生汉语教学现况研究[博硕]/石寅淑//西安:陕西师范大学硕士学位论文.—2013
- 韩国汉语传播研究[博硕]/[韩]张敬//北京:中央民族大学博士学位论文.—2013
- 韩国汉语教育现状综述[博硕]/金仁勇//长春:东北师范大学硕士学位论文.—2013
- 韩国小学CPIK汉语教学项目现状调查[博硕]/许慧慧//烟台:鲁东大学硕士学位论文.—2013
- 韩中私教育比较研究[博硕]/汪叶舟//上海:上海外国语大学硕士学位论文.—2013
- 中韩初中地理(社会)教科书内容比较研究[博硕]/金日山//延吉:延边大学硕士学位论文.—2013
- 中韩初中世界史教科书比较研究[博硕]/尹姬艳//延吉:延边大学硕士学位论文.—2013
- 中韩高中历史课程标准比较研究[博硕]/陈叶丹//扬州:扬州大学硕士学位论文.—2013
- 中韩两国教育补习的比较研究[博硕]/毛丽梅//南京:南京师范大学硕士学位论文.—2013
- 中韩俗语对比及教学方法的研究[博硕]/李明明//青岛:中国海洋大学硕士学位论文.—2013
- 中韩小学多元文化音乐教育比较分析及指导方案研究[博硕]/张银晶//南京:南京艺术大学硕士学位论文.—2013

艺术学

(1950—2014年)

1 著作

美术

- 朝鲜的文化艺术//北京:对外文化联络局.—1957
- 朝鲜半岛美术/世界美术全集/吴焯//北京:中国人民大学出版社.—2004
- 黄谷柳朝鲜战地写真/黄谷柳,黄茵/广州:岭南美术.—2006
- 韩国美少女卡通插画技法速成/丛琳//北京:化学工业出版社.—2008
- 朝鲜半岛古代建筑文化/李华东,郭黛姮//南京:东南大学出版社.—2011
- 韩国现代图案设计/SUNI视觉设计//北京:科学出版社.—2012
- 正版动漫经典形象素描技法大全:韩国美少女/虫虫动漫//北京:化学工业出版社.—2012

音乐

- 朝鲜的文化艺术//北京:对外文化联络局.—1957
- 韩国音乐研究/李蕙丘//国民音乐研究会.—1957
- 伽倻琴演奏法及伽倻琴散调/赵顺姬//延吉:延边大学艺术学院.—1978
- 歌曲创作的基础知识/김덕균//延吉:延边人民出版社.—1978
- 朝鲜音乐史/朴宇英//北京:民族出版社.—1985
- 民族艺术论/任范松//哈尔滨:黑龙江朝鲜民族出版社.—1990
- 音乐辞典/리인희,김덕균//延吉:延边人民出版社.—1992

- 艺术论文集/김덕균//延吉:东北朝鲜民族出版社.—1995
- 朝鲜民族民间音乐/정준갑//延吉:延边大学出版社.—1996
- 朝鲜民族音乐家词典/김덕균,김득청//延吉:延边大学出版社.—1998
- 朝鲜民族音乐词典/金松竹//延吉:延边大学出版社.—1998
- 朝鲜民谣旋律样/延边大学民族研究院编//.—2001
- 朝鲜民族音乐"长短"/정준갑//延吉:延边大学出版社.—2001
- 艺术研究论丛/李晶,韩英姬//延吉:延边大学出版社.—2003
- 杖鼓演奏及朝鲜民族"长短"/张翼善//延吉:延边人民出版社.—2004
- 朝鲜民族杖鼓演奏法/金仁锡,崔玉花//延吉:延边大学出版社.—2005
- 朝鲜族传统音乐史纲/南熙哲(延边大学艺术学院)//.—2005
- 名曲的由来/김덕윤//延吉:延边人民出版社.—2005
- 艺术研究/崔文植//沈阳:辽宁人民出版社.—2006
- 韩国音乐史(增补)/张师勋著,朴春妮译//北京:中央音乐学院出版社.—2008
- 朝鲜族民族乐器的渊源及其创作作品研究/李晶//北京:中国音乐学院内部出版(收藏于北京大学图书馆).—2009
- 东亚中韩日三国文化之交融与葛藤/李宗勋//延吉:延边大学出版社.—2009
- 艺术研究论丛(第三辑)/金成姬,韩英姬//哈尔滨:黑龙江朝鲜民族出版社.—2009
- 朝鲜族传统音乐节奏形态"长短"的研究/权吉浩,李晶//.—2011

2 期刊论文

美术

一、绘画

- 促进中朝美术交流的前奏——记亚澳职代朝鲜画家郑宽澈先生在全国美协欢迎会上的谈话[期刊]/笠耘//美术(北京).—1950,(1)—34
- 朝鲜艺术家在履行着自己的天职[期刊]/陈和腾//美术(北京).—1950,(6).—56~57
- 朝鲜造型艺术的发展[期刊]/郑钟汝,冰蔚(朝鲜美术大学)//美术(北京).—1960,(2).—44~47
- 南朝鲜现代美术论要[期刊]/吴光洙,李洋//世界美术(北京).—1991(4).—46~50
- 古代高句丽美术叙要[期刊]/一鉴//新美术(杭州).—1992,(1).—47~56
- 管中窥豹见斑斓——评白殷培水墨画≪江岸骑驴图≫[期刊]/费鸿根//东疆学刊(延吉).—1993,(3).—35~38
- 中韩水墨画比较及中国水墨画之展望——访韩有感[期刊]/卢禹舜//国画家(天津).—1994,(3).—68~71
- 走向世界的韩国现代美术[期刊]/郑作良(中国美术馆收藏部)//当代韩国(北京).—1995,(2).—23~26
- 韩国版画家金俊权木版画展的历史性意义[期刊]/李平凡//美苑(沈阳).—1996,(1).—68~69
- 韩国画家吴承雨访谈录[期刊]/王端廷//美术观察(北京).—1997,(4).—64~67
- 扬州八怪画风对朝鲜末期画坛的影响[期刊]/文凤宣(北京)//中国书画(南京).—

2003,(3).—46~49

- 扬州八怪画风对朝鲜末期画坛的影响[期刊]/文凤宣(南京艺术学院)//南京艺术学院学报(美术与设计版)(南京).—2003,(3).—10~16

- 韩国"琉璃厂"——仁寺洞[期刊]/裴奎河(山东艺术学院)//中国书画(北京).—2003,(9).—72~73

- 一个汇聚不同文化坐标的观景台[期刊]/尚辉(上海美术馆)//美术(北京).—2003,(12).—58~59

- 对自然的崇尚——也说韩国美术的特质[期刊]/李京浩(清华大学美术学院)//美术之友(北京).—2004,(2).—54~56

- 公元3~7世纪集安与平壤地区壁画墓的族属与分期[期刊]/孙进己,孙泓(沈阳东亚研究中心)//北方文物(哈尔滨).—2004,(2).—36~43

- 对自然的崇尚——韩国美术特质探议[期刊]/李京浩(清华大学美术学院)//装饰(北京).—2004,(3).—85

- 近代韩国绘画的本土化——1930—1939:近代绘画的发展期[期刊]/黄相喜(中央美术学院人文学院)//世界美术(北京).—2004(4).—67~73

- 清代中国与朝鲜绘画交流蠡论[期刊]/胡光华,李书琴(华南师范大学美术系,井冈山职业技术学院)//美术观察(北京).—2005,(1).—86~88

- 韩国美术之窗[期刊]/洪京汉,春子(≪美术世界≫主编)//美术(北京).—2005,(3).—118~119

- 试论元代中国与朝鲜的美术交流[期刊]/张言梦(南京师范大学美术学院)//美苑(沈阳).—2005,(3).—57~61

- 韩国美术之窗[期刊]/贺绚//美术(北京).—2006,(6).—90~91

- 韩国现代漆画的发展状况[期刊]/郑详晔(清华大学美术学院)//装饰(北京).—2006,(12).—108

- 韩国画家千镜子的艺术之魂[期刊]/朴春子//美术(北京).—2007,(3).—80~82

- 一个把时间凝固的梦想——记韩国女画家金美兰[期刊]/杜晓光//天津美术学院学报(天津).—2007,(3).—78~79

- 从金弘道和申润福看18世纪末朝鲜半岛的风俗画[期刊]/金娟我(清华大学美术学院)//装饰(北京).—2007,(6).—50~52

- 齐白石的韩国弟子——晴江金永基研究[期刊]/李光军(鲁迅美术学院)//美术(北京).—

2007,(10).—84~87

- 17-18世纪中国版画书籍流通对朝鲜绘画的影响[期刊]/高莲姬(芝加哥大学东亚美术研究所客座研究员,韩国梨花女子大学国语国文学科(韩国汉文学)博士)//美术研究(北京).—2008,(1).—80~85

- 17-18世纪中国版画书籍流通对朝鲜绘画的影响[期刊]/高莲姬(韩国梨花女大国语国文学科(韩国汉文学)博士芝加哥大东亚细亚美术研究所客座研究员)//国画家(天津).—2008,(2).—65~69

- 朝鲜后期"唐诗诗意图"表现出来的朝鲜风——南宗文人画的实践与变容[论文集]/琴知雅//中国唐代文学学会第十四届年会暨唐代文学国际学术讨论会(芜湖).—2008,(10)

- 情以物迁　辞以情发——论李仁老的题画诗≪潇湘八景≫[论文集]/崔雄权(延边大学汉语言文化学院)//北京论坛(2008)文明的和谐与共同繁荣——文明的普遍价值和发展趋向(北京).—2008,(11)

- 东亚学术性何处寻:以韩国当代艺术为例[期刊]/刘悦笛(中国社会科学院,中华美学学会)//东方艺术(郑州).—2009,(1).—114~115

- 群贤集聚·雅兴清风——从三幅明代的"雅集图"谈朝鲜后期"雅会图"的中国因素[期刊]/金宝敬(南京艺术学院美术学院,韩国大邱艺术大学东洋画系)//艺术学界(南京).—2009,(1).—128~138

- 申润福与朝鲜王朝晚期风俗画[期刊]/申英淑(上海大学美术学院)//数位时尚.新视觉艺术(南京).—2009,(1).—107~108

- 宋元绘画在高丽王朝的传播与交流[期刊]/黄戈,金宝敬//国画家(天津).—2009,(2).—62~65

- 20世纪韩国水墨发展的梗概与新象[期刊]/李根雨(南京艺术学院美术学院)//南京艺术学院学报(美术与设计版)(南京).—2009,(3).—100~104

- 高丽与宋元绘画交流述略[期刊]/黄戈(东南大学)//北方文物(北京).—2009,(4).—81~87

- 论中国基督教版画对朝鲜时代中后期绘画的影响——以申润福作品为例[期刊]/王韧(上海大学艺术研究院)//美苑(沈阳).—2009,(5).—52~55

- 多元化与本土化的架上缩影——韩国当代绘画管窥[期刊]/秦华(首都师范大学美术学院)//美术(北京).—2010,(4).—112~116

- 宋元绘画在高丽王朝的传播与交流[期刊]/金宝敬,黄戈(东南大学,江苏省国画院理论研究所)//上海文博论丛(上海).—2010,(4).—62~65

- 韩国美术史研究对于朝鲜后期绘画知识形成的作用——以"真景"及"真景时代"概念为中心[期刊]/吴映玟(中央美术学院人文学院)//艺术设计研究(北京).—2011,(1).—25~30
- 韩国李朝后期的画风取向与中国南宗画[期刊]/徐文光(盐城师范学院美术学院)//盐城师范学院学报(人文社会科学版)(盐城).—2011,(5).—90~93
- 艺术创造的探索与融合[期刊]/任道荣(延边大学美术学院)//美术大观(沈阳).—2012,(1).—81
- 从中国"雅集图"到韩国"契会图"——"雅集图"画题在朝鲜半岛的历史播布与图式迁变[期刊]/金宝敬,黄戈(东南大学艺术学院,江苏省国画院)//中国美术研究(上海).—2012,(3).—43~51
- 有待开发的矿藏朝鲜画[期刊]/曹丽秋//艺术市场(北京).—2012,(3).—59~61
- 20世纪韩国近代水墨演变的探讨[期刊]/李根雨(南京艺术学院美术学院)//南京艺术学院学报(南京).—2012,(4).—44~48
- 朝鲜时代的画员[期刊]/安辉濬,冯晶晶(韩国首尔大学,韩国高丽大学)//故宫博物院院刊(北京).—2012,(6).—6~27
- 王室的权威与统治理念的视觉体现——朝鲜时代宫廷绘画的种类与性质[期刊]/朴廷蕙,肖雪(韩国学中央研究院,中央美术学院)//故宫博物院院刊(北京).—2012,(6).—28~48
- 论朝鲜李朝晚期画家金弘道风俗画的艺术特色及成就[期刊]/许盼(西北师范大学美术学院)//北方文学(哈尔滨).—2013,(2).—143
- 韩国画中所体现的"生生"思想——以《金刚全图》、《仁王霁色图》、《岁寒图》为例[期刊]/严震泽(南京大学儒佛道与中国传统文化研究中心)//延边大学学报(延吉).—2013,(6).—43~50
- 谱写自然和生命的乐章——风光无尽的朝鲜油画[期刊]/施万逸//收藏(西安).—2013,(17).—142~145
- 朝鲜后期画家李麟祥画风形成与新安画派的东传[期刊]/吴映玟//美苑(沈阳).—2014,(1).—106~111

二、设计

- 千里马铜像下的花园城——平壤市规划建设经验初探[期刊]/金笠铭(武汉城建学院)//国外城市规划(北京).—1988,(1).—26~35

- 朝鲜平壤近代建筑[期刊]/高冀生//世界建筑(北京).—1992,(5).—27~30

- 朝鲜平壤的城市规划与建设[期刊]/周复多(杭州大学)//现代城市研究(南京).—1996,(5).—29~31

- 初探中国南方建筑对高丽寺庙建筑的影响[论文集]/张宪德//中国建筑学会建筑史学分会第二次年会;中国建筑学会建筑史学分会第三次年会(济南,杭州).—1997,(6).

- 从平壤的园林绿化特色看现代园林的发展趋势[期刊]/周树榕//花木盆景(武汉).—1998,(2).—18~20

- 朝鲜白服色的文化渊源考[期刊]/张志春(西北纺织工学院服装)//装饰(北京).—2000,(2).—6~7

- 韩国高丽时代木构建筑和≪营造法式≫的比较[论文集]/李华东(清华大学建筑学院)//建筑史论文集(第12辑).—2000,(4).

- 民族艺术之花——朝鲜动画片≪好童王子和乐浪公主≫赏析[期刊]/辛香兰//吉林艺术学院学报(长春).—2002,(3).—40~41

- 韩国当代漆艺发展趋势及启示[期刊]/金晖(清华大学美术学院)//装饰(北京).—2003,(9).—62~63

- 纯朴自然 亲切宜人——韩国园林景观印象[论文集]/于新江,于宗顺(北京景观园林设计有限公司)//中韩园林设计交流会(汉城).—2003,(11)

- 从世界杯公园看韩国景观设计——2003中韩园林设计交流会纪行[论文集]/刘红滨(北京市京华园林工程设计所北京市植物园)//中韩园林设计交流会(汉城).—2003,(11).

- 发现与选择从这里开始——韩国考察随笔[论文集]/蔡鸿,范苑(北京天下原色景观设计有限公司)//中韩园林设计交流会(汉城).—2003,(11)

- 合而不同的设计风格——第二届中韩园林交流会的一些启示[论文集]/叶丹(北京北林地景园林规划设计院)//中韩园林设计交流会(汉城).—2003,(11)

- 和而不同——第二届中韩风景园林规划设计作品交流有感[论文集]/李金路,王铎(城市建设研究院风景园林所)//中韩园林设计交流会(汉城).—2003,(11)

- "自然生态"——从韩国景观环境的特性看风景园林设计的基本理念[论文集]/田燕舞,王智,韩建(中国风景园林规划设计研究中心)//中韩园林设计交流会(首尔).—2003,(11)
- 韩国2002世界杯体育场挑蓬屋盖结构[论文集]/刘锡良,周颖,梁子彪(天津大学建工学院土木工程系,广东省建筑设计研究院)//第四届全国现代结构工程学术研讨会(宁波).—2004,(7)
- 韩国2002世界杯体育场挑蓬屋盖结构[论文集]/刘锡良,周颖,梁子彪(天津大学建工学院土木工程系,广东省建筑设计研究院)//第十三届全国结构工程学术会议(井冈山).—2004,(10)
- 韩国动画概述[期刊]/尹顺爱(吉林省艺术学院成人教育学院)//吉林艺术学院学报(长春).—2005,(1).—54~59
- 对韩国新兴数字动画的见解[论文集]/首届中国国际动漫产业高峰论坛(杭州).—2005,(5)
- 西北朝鲜地区木椁墓研究[论文集]/王培新(吉林大学边疆考古研究中心)//中国边疆考古学术讨论会(成都).—2005,(11)
- 从韩国动画业的崛起浅析中国动画市场的发展[期刊]/崔晓茜(中央电视台动画部)//中国电视(北京).—2006,(5).—59~63
- 韩国的国策与多元文化互动[期刊]/金百洋,金彦秀(天津工业大学艺术与设计学院,韩国全北大学美术学院)//装饰(北京).—2006,(5).—47
- 朝鲜后期的汉阳园林研究——以京华士族的园林记文与园林图为研究中心[论文集]/郑奉九,韩东洙(汉阳大学建筑学院)//全球视野下的中国建筑遗产——第四届中国建筑史学国际研讨会(上海).—2007,(6)
- 从"韩流"热看韩国现代设计[期刊]/谭坤(北京服装学院艺术设计学院)//艺术与设计(理论)(北京).—2007,(7).—26~28
- 韩国的传统家具[期刊]/鞠文俐(清华大学美术学院)//装饰(北京).—2008,(3).—80~82
- 创意与工艺的激情碰撞 2008弘益FASHION造型展韩中交流展举行[期刊]/张彦山//纺织服装周刊(北京).—2008,(45).—68
- 韩国庆州石窟庵考释[期刊]/李晖//艺苑(福州).—2009,(1).—18~24
- 中国传统思想对韩国朝鲜时期传统住宅和家具的影响[期刊]/鞠文俐(清华大学美术学院艺术史论系)//美术研究(北京).—2009,(1).—64~70
- 韩国工艺美术一瞥[期刊]/陈纪新//上海工艺美术(上海).—2009,(2).—74~77

- 推动中韩工艺美术的当代交流——记杨自鹏理事长9月韩国文化考察[期刊]/王小蕙//雕塑(北京).—2009,(5).—20~21
- 对于14世纪前后明南京和朝鲜汉阳的"宫前官署区"官署布局变化的研究[论文集]/辛惠园(清华大学建筑学院)//建筑历史与理论第十辑(首届中国建筑史学全国青年学者优秀学术论文评选获奖论文集).—2009,(10)
- 浅析韩剧≪宫≫的场景设计[期刊]/崔向日(延边大学美术学院)//电影文学(长春).—2009,(13).—132
- 韩国现代纤维艺术的发展探索[期刊]/王斌(山东工艺美术学院)//艺术教育(北京).—2010,(6).—13
- 个性美在韩国20岁女性化妆品包装设计的合理应用[论文集]/胡红忠,王昕霞,刘维浩(南昌大学)//第十三届全国包装工程学术会议(武汉).—2010,(8)
- 从美术高考加试看韩国设计[期刊]/卜立言,张娜,卜一丁(沈阳航空航天大学,沈阳化工大学,辽宁石油化工大学)//价值工程(石家庄).—2010,(11).—217
- 朝鲜时期都城礼制建筑的承袭与革新[论文集]/白颖(东南大学建筑学院)//第五届中国建筑史学国际研讨会(广州).—2010,(12)
- 螺钿工艺在韩国漆画中的艺术表现[期刊]/郑光福(清华大学美术学院)//中国艺术(北京).—2011,(4).—114~115
- 中韩印刷广告设计比较——以中国海尔和韩国三星电子为例[期刊]/吴海茹(内蒙古师范大学国际现代设计艺术学院)//内蒙古师范大学学报(哲学社会科学版)(呼和浩特).—2011,(4).—137~140
- 首尔标志设计的软性特征[期刊]/曲强(阜阳师范学院美术学院)//创意与设计(无锡).—2011,(6).—53~58
- 新业态置入:传统建筑语境下城市历史街区保护更新的思考——以韩国首尔为例[论文集]/杨之晖,李晓黎(香港大学,同济大学)//2011城市发展与规划大会(扬州).—2011,(6)
- 韩国视觉产业中融入的中国元素探究[期刊]/张阳(聊城大学东昌学院)//产业与科技论坛(石家庄).—2011,(8).—25~26
- 首尔设计之都发展道路及其战略研究[期刊]/王倩倩,褚劲风,崔国,邹琳(上海师范大学地理系,上海工程技术大学)//世界地理研究(上海).—2012,(2).—80~89
- 从韩国到中国——逐渐延伸的亚洲设计整体竞争力[期刊]/海军(中央美术学院设计学

院)//艺术设计研究(北京).—2012,(4).—84~88

- 论韩日漆器发展经验对福州脱胎漆器的启示[期刊]/宫旭红,吴思冬(闽江学院)//邢台学院学报(邢台).—2012,(4).—85~87

- 韩国平面广告设计特点探析[期刊]/靳妍(广东白云学院)//艺海(长沙).—2012,(6).—77~78

- 浅析韩国梨花女子大学建筑风格[期刊]/赵鑫彧(辽宁师范大学美术学院)//美术大观(沈阳).—2012,(6).—92

- 论汉服饰对平壤地区高句丽服饰的影响[期刊]/竺小恩(浙江纺织服装职业技术学院)//浙江纺织服装职业技术学院学报(宁波).—2013,(2).—42~48

- 论当代韩国漆艺之美及其文化立场[期刊]/潘天波(江苏师范大学传媒与影视学院)//中国生漆(西安).—2013,(3).—9~14

- 论韩国现代漆艺文化之道——兼及"文化立国"的经济立场与身份[期刊]/王乔乔,潘天波(陕西师范大学美术学院,江苏师范大学传媒与影视学院)//理论月刊(武汉).—2013,(3).—185~188

- 韩字设计与教学的梦想者——韩国设计师安尚秀访谈[期刊]/李云,王小茉,周志,黄俐玲//装饰(北京).—2013,(5).—23~25

- 简论中韩古代书院建筑的异同——以中国岳麓书院与韩国陶山书院为例[论文集]/李雨薇,柳肃(湖南大学建筑学院)//宁波保国寺大殿建成1000周年学术研讨会暨中国建筑史学分会2013年会(宁波).—2013,(8)

- 以自然生态为主导的韩国园林[论文集]/曹莹(北京天下原色艺术设计有限责任公司)//"城市园林绿化与生态文明建设"学术论坛(北京).—2013,(10)

- 韩国海报设计发展史浅析[期刊]/刘学泉(常州纺织服装职业技术学院)//才智(长春).—2013,(28).—239

- 形象差异与传统融合——韩国KTX高速列车造型及装饰设计[期刊]/王玮,王喆(西南交通大学,中国中铁二院工程集团有限责任公司)//设计艺术研究(武汉).—2014,(2).—43~49

- 韩国女装原型结构设计[期刊]/吴正春,巨德辉,杨阳(大连大学美术学院)//纺织导报(北京).—2014,(4).—84~85

- 浅析韩国传统文化元素在现代设计中的应用[期刊]/李萌萌(大连艺术学院)//大众文艺(石家庄).—2014,(6).—104

三、雕塑

- 朝鲜室外雕塑考察随笔[期刊]/王克庆,程允贤//美术(北京).—1981,(7).—56
- 汉城的现代城市雕塑[期刊]/隋丞//世界美术(北京).—1997,(3).—24~25
- 统一新罗时代智拳印毗卢遮那佛像研究的争论之点及其有关问题[期刊]/金理那,李淑姬,李正恩(韩国弘益大学校美术史学科,韩国弘益大学校美术史学科,中国社会科学院考古研究所)//敦煌研究(兰州).—2001,(3).—71~82
- 朝鲜三国时代佛像中的山东佛像影响[期刊]/金申(中国艺术研究院美术研究所)//中原文物(郑州).—2007,(6).—66~71
- 赴韩简记[期刊]/殷小烽(中国工艺美术学会雕塑专业委员会副会长,东北师范大学美术学院院长)//雕塑(北京).—2008,(2).—82~83
- 写实与抽象关联,古典与现代交错——金善球的雕塑艺术[期刊]/陈琦//艺术·生活(福州).—2008,(3).—71
- 果实硕硕迎秋风——韩国全北(大学)国立大学美术学院雕塑系毕业生作品[期刊]/文集//雕塑(北京).—2009,(1).—86~87
- 中韩女性雕塑交流展[期刊]/李秀勤//雕塑(北京).—2012,(5).—36~39

四、陶艺

- 北洋航路拓展与朝鲜半岛制瓷文化的交流[论文集]/林士民(宁波市博物馆)//中外关系史学会第四次学术讨论会(扬州).—1992,(5)
- 日本民艺馆收藏的朝鲜瓷器[期刊]/金立言//收藏家(北京).—1999,(6).—26~30
- 朝鲜陶瓷艺术源流与特色[期刊]/陈亮(延边大学艺术学院)//东疆学刊(延吉).—2000,(4).—69~70
- 朝鲜粉青砂器与中国宋代磁州窑的关联性[期刊]/郭守龄(清华大学美术学院硕士研究生)//装饰(北京).—2004,(4).—70~71
- 略论韩国百济故地出土的中国陶瓷[期刊]/赵胤宰(北京大学考古文博学院)//故宫博物院院刊(北京).—2006,(2).—88~113
- 高丽青瓷与中国青瓷[期刊]/王芬,罗宏杰(陕西科技大学,中国科学院上海硅酸盐研究所)//中国陶瓷(景德镇).—2007,(1).—74~77

- 论朝鲜半岛地域文化与高丽青瓷艺术特点的形成[期刊]/姜美先(南京艺术学院留学生院)//艺术百家(南京).—2007,(3).—132~135
- 元代瓷器与朝鲜早期青花瓷的关系研究[期刊]/李伶美(景德镇陶瓷学院)//南京艺术学院学报(南京).—2008,(4).—74~80
- 韩国粉青沙器的白化妆土工艺及其与中国陶瓷的关系[期刊]/郑洙丫(清华大学美术学院)//故宫博物院院刊(北京).—2009,(6).—89~98
- 论朝鲜制陶技术对日本陶瓷文化的影响[期刊]/郭富纯//收藏家(北京).—2009,(11).—60~64
- 韩国现代陶瓷艺术的变迁[期刊]/李伶美(景德镇陶瓷学院)//南京艺术学院学报(南京).—2010,(4).—56~64
- 韩国生活陶艺的现状——以围绕大学的手工艺术瓷为中心[期刊]/李伶美(景德镇陶瓷学院)//南京艺术学院学报(南京).—2011,(3).—25~30
- 浅谈空白期青花瓷与朝鲜青花瓷器的关系[期刊]/李伶美(景德镇陶瓷学院)//设计艺术(济南).—2011,(3).—41~44
- "韩流"送来日用瓷的春天[期刊]/张瑛(苏州工艺美术职业技术学院)//艺术研究(哈尔滨).—2012,(2).—4~5
- "韩流"送来日用陶瓷的春天[期刊]/张瑛(苏州工艺美术职业技术学院)//江苏陶瓷(宜兴).—2012,(2).—1~2
- 高丽青瓷的艺术魅力[期刊]/赵征(承德避暑山庄博物馆)//河北民族师范学院学报(承德).—2013,(3).—34~35
- 中韩教授联手献陶艺盛宴[期刊]/邹勇宾//景德镇陶瓷(景德镇).—2013,(6).—35

五、书法

- 赵孟頫书法东传及朝鲜松雪体书艺[期刊]/祁庆富(中央民族大学中国少数民族研究中心)//烟台大学学报(烟台).—2003,(3).—346~349
- 韩国书坛现状概览[期刊]/裴奎河(山东艺术学院)//中国书画(北京).—2004,(1).—106~108
- 后世所见的穆克登碑[论文集]/陈慧(延边大学成人教育学院)//中国朝鲜史研究会第八次会员大会暨学术讨论年会(延边).—2008,(8)
- 穆克登碑性质新考[论文集]/陈慧(中国人民大学清史研究所)//中国朝鲜史研究会2011

年学术年会(杭州).—2011,(7)

六、美术教育

- 不同国家,共同的追求——中韩高等美术教育研讨会综述[期刊]/刘佳生(哈尔滨师范大学艺术学院)//艺术研究(哈尔滨).—2006,(3).—1~2
- 中、韩油画教学模式的比较与思考[期刊]/徐文光(盐城师范学院)//盐城师范学院学报(盐城).—2006,(3).—105~107
- 韩国美术大学管理与教育课程研究[期刊]/朴圣淑(清华大学美术学院)//装饰(北京).—2007,(3).—46~48
- 从韩国设计教育模式看中国设计教育之缺失[期刊]/肖文君(武汉理工大学艺术与设计学院)//科教文汇(下旬刊)(合肥).—2009,(4).—40
- 中韩高校工业设计专业教育现状对比分析[期刊]/黄哲雄(延边大学美术学院)//美术大观(沈阳).—2010,(1).—156~157
- 韩国大学陶艺专业教学考察与启示[期刊]/金银珍(景德镇陶瓷学院设计艺术学院)//装饰(北京).—2011,(8).—131~132
- 中外动画教育的现状与启示——以中、美、韩高校动画教育为例[期刊]/杨瑛(泉州师范学院美术与设计学院)//赤峰学院学报(汉文哲学社会科学版)(赤峰).—2011,(11).—250~252
- 浅析韩国的设计教育[期刊]/李琨,梅文兵(广州大学美术与设计学院,广东轻工职业技术学院艺术设计学院)//美术大观(沈阳).—2012,(7).—158
- 韩国本科动画专业课程设置的特点及启示——韩国三所大学动画专业课程设置比较[期刊]/华蕾(湖北美术学院)//美术教育研究(合肥).—2012,(19).—143~144
- 由韩国服装设计教育引发的思考[期刊]/任泉竹(武汉职业技术学院纺织服装工程学院)//现代装饰(理论)(深圳).—2013,(9).—221~222
- 纤维染织艺术设计专业实践教学模式的探讨——以韩国东亚大学校纤维造型设计学部为鉴[期刊]/王斌(山东工艺美术学院现代手工艺学院)//设计艺术(山东工艺美术学院学报)(济南).—2014,(1).—73~76

七、其他

- 朝鲜人民赠给毛主席的礼物中的美术品[期刊]/何溶//美术(北京).—1954,(5).—15~16,31
- 朝鲜国立中央美术博物馆介绍[期刊]/雪华//美术(北京).—1959,(2).—48~50
- 韩国行[期刊]/舒春光(新疆艺术学院)//美术(北京).—1992,(8).—62~65
- 访韩散记[期刊]/陈重武//北方美术(天津).—1995,(2).—42~44
- 韩国现代美术展在北京隆重开幕[期刊]/郝战//当代韩国(北京).—1995,(2).—68~69
- 丹枫梦萦——韩国美术考察随笔[期刊]/袁宝林(中央美术学院)//美术观察(北京).—1998,(2).—68~69
- 中韩两国联合召开21世纪东方美术展望研讨会[期刊]/李光军(≪美术≫杂志)//美术(北京).—2001,(11).—13~14
- "2004中·韩国际美术交流展"在北京举行[期刊]/楚文(中国社会科学院文献信息中心≪当代韩国≫编辑部)//当代韩国(北京).—2004,(3).—98
- 祝贺中韩美术交流之窗开启——中韩双方美术刊物负责人祝辞[期刊]/王仲,白容现(中国≪美术≫杂志,韩国≪美术世界≫杂志)//美术(北京).—2004,(7).—104
- 中国与朝鲜半岛美术的交流与相互影响[期刊]/王海明(吉林师范大学美术学院)//艺术百家(南京).—2007,(1).—180~181
- 韩国现代美术策展路上的"千态万想"[期刊]/凌洁//观察与思考(杭州).—2007,(7).—54~55
- 韩国工艺文化访华团来杭考察纪要[期刊]/阎明兰//浙江工艺美术(杭州).—2008,(2).—101
- 韩国现代美术的状况与展开[期刊]/吴映玟(中央美术学院)//艺术研究(哈尔滨).—2009,(1).—44~45
- 俞剑华≪中国画论类编≫在韩国的传播[期刊]/金宝敬(南京艺术学院美术学院)//南京艺术学院学报(南京).—2009,(3).—63~65
- 为了不能忘记的——≪黄谷柳朝鲜战地写真≫编后感悟[期刊]/左丽//出版广角(南宁).—2009,(7).—41~42
- 朝鲜画悄然走进中国拍卖市场[期刊]/苏雯//中国拍卖(北京).—2009,(10).—58~63

- 六朝墓葬出土玻璃容器漫谈——兼论朝鲜半岛三国时代玻璃容器的来源[论文集]/王志高(南京市博物馆)//六朝历史文化与镇江地域发展学术研讨会(镇江).—2010,(11).
- 漆彩永恒——韩国漆艺大师全龙福漆画展[期刊]/王勇(世界影像艺术馆)//中国生漆(西安).—2011,(1).—54~56
- 庆祝中韩建交20周年 中韩残疾人美术展在洛阳举办[期刊]/刘一恒//中国残疾人(北京).—2012,(10).—17
- 佛缘与藏缘——韩国民间收藏见闻[期刊]/柴菲//收藏(西安).—2014,(7).—119~121

音乐

- 朝鲜业余剧团中的歌舞活动[期刊]/王震亚//人民音乐(北京).—1958,(9)
- 来自东西方和平前哨的艺术使者[期刊]/人民音乐(北京).—1958,(12)
- 战斗的宣传队,英雄的文工团——访中国人民志愿军政治部文艺工作团[期刊]/游默//戏剧报.—1958,(21).
- 朝鲜艺术团访华演出[期刊]/游默//戏剧报.—1958,(22)
- 战斗的号角 胜利的歌声[期刊]/晨耕//人民音乐(北京).—1960,(2)
- 战斗中结成的兄弟友谊——访朝演出追记[期刊]/黎塞//戏剧报.—1961,(3)
- 千里马时代的凯歌——记朝鲜国立艺术剧团访华演出[期刊]/李元庆//人民音乐(北京).—1962,(7)
- 在千里马时代——近年来朝鲜音乐艺术的发展[期刊]/王震亚//人民音乐(北京).—1962,(8)
- 朝鲜文教科学艺术事业[期刊]/王子英//世界知识.—1962,(12)
- 朝鲜乐坛鲜花盛开[期刊]/吕骥,刘诗昆,韩中杰,胡松华//人民音乐(北京).—1977
- 千里马朝鲜的革命音乐[期刊]/韩昌熙//人民音乐(北京).—1978(5)
- 盘索哩[期刊]/文学小辞典//长白山.—1980,(2).—71
- 《盘索哩》音乐概况[期刊]/李黄勋//文化艺术研究(延吉).—1980,(8).—27~33
- 《丝路花雨》在香港和朝鲜[期刊]/赵之洵//陕西戏剧.—1981,(12)
- 解说《打铃》[期刊]/李黄勋//文化艺术研究(延吉).—1983,(3).—33~37
- 要有反复更新臻于完美的精神和毅力——从朝鲜万寿台艺术团的演出谈起[期刊]/李

凌//人民音乐(北京).—1984,(1)

- 民谣≪阿里郎≫及其传说[期刊]/赵成日(音译)//文化与艺术(延吉).—1985,(1).—48
- 近代伽倻琴演奏法的变迁[期刊]/李在淑(音译)//民族音乐.—1985,(3)
- 音乐,民族的魂[期刊]/赤松//文化与艺术(延吉).—1985,(4).—74~77
- 40年代在朝鲜义勇军里传唱的歌曲[期刊]/刘东浩(音译)//文化与艺术(延吉).—1985,(6).—86~90
- 志壮情豪　鲜艳绚烂——朝鲜人民军协奏团演出观感[期刊]/雄达//人民音乐(北京).—1985,(6)
- 盘索哩及唱居的由来[期刊]/金昌浩//文化与艺术(延吉).—1986,(6).—41
- 歌剧,民族艺术的瑰宝　访朝见闻[期刊]/熊敏学//人民音乐(北京).—1988,(6)
- 朝鲜俗乐的5声调式及音调特征[期刊]/王兆林(音译),李黄勋//艺术天地(延吉).—1989,(3).—7~13
- 对朝鲜宫廷音乐和女乐的初步调查[期刊]/李黄勋//艺术天地(延吉).—1989,(3).—44~45
- 罗云奎与≪阿里郎≫[期刊]/杨春国译//文化与艺术(延吉).—1990,(2).—45~47
- ≪仁智要录•高丽曲≫解译与考释——兼论古代朝鲜和外族的音乐文化交流[期刊]/叶栋,金建民//音乐艺术.—1990,(3)
- 盘索哩[期刊]/李黄勋//艺术天地(延吉).—1990,(3).—76~80
- 朝鲜的传统音乐和舞蹈[期刊]/武建军//中国音乐.—1993
- 平壤音乐舞蹈大学声乐教学评介[期刊]/杨满年//西北师大学报(社会科学版).—1994,(4)
- 新蕾露芳香——记平壤学生少年艺术团访华演出[期刊]/李群//人民音乐(北京).—1997,(1)
- 在新的历史时期朝鲜音乐创作特征[期刊]/方夏灿//文化与艺术(延吉).—1997,(1)
- 略论韩国启蒙期唱歌的思想美学特性[期刊]/崔玉花(延边大学艺术学院)//中华学术研究.—1997,(7)
- 在金达莱盛开的地方——访朝鲜见闻[期刊]/王永康//亚非纵横(北京).—1998,(2)
- 朝鲜民谣的旋律样式及发展手法[期刊]/南熙哲(延边大学艺术学院)//艺术天地(延吉).—2001,(2)
- 伽倻琴历史研究[期刊]/南国柱(音译),李莲福//艺术天地(延吉).—2001,(9)
- 韩国及欧美学者对流传在韩国的古代中国音乐的研究[期刊]/宫宏宇//中国音乐学(北

京).—2002,(3)

- 23线7音阶伽倻琴的产生过程[期刊]/赵顺姬//艺术天地.—2002,(9)
- 朝鲜族传统音乐的现状与展望——以传统音乐的保存为中心[期刊]/金成俊(延边大学艺术学院)//中国音乐(北京).—2003.—80~82
- 对短箫的研究[期刊]/张翼善(延边大学艺术学院)//韩国乐器学洞锁研究会(韩国).—2003
- 高丽与宋时期的宫廷乐舞艺术交流[期刊]/沈淑庆(韩)//南京艺术学院学报.—2004,(1)
- 盘索哩,唱剧的起源和流传[期刊]/金德润//文学与艺术(延吉).—2005
- 朝鲜半岛的古代音乐和音乐文献[期刊]/王小盾(清华大学)//武汉音乐学院学报(武汉).—2005,(2)
- 舞剧≪春香传≫的艺术特性研究[期刊]/李晶//艺术研究论(延吉).—2005,(2)
- 中国、朝鲜、韩国伽倻琴演奏比较研究[期刊]/崔美鲜//延边大学学报(延吉).—2005,(5)
- 古代中韩文化交流探析[期刊]/李英武,郝淑媛//东北亚论坛(长春).—2005,(9)
- 韩国音乐教育现状之思考[期刊]/凌琦,刘绮(安徽省马鞍山师范高等专科学校)//艺术教育(北京).—2006
- 韩悠韩的歌剧≪阿里郎≫——一部特殊的韩国歌剧[期刊]/梁茂春//中国音乐学院学报(北京).—2006,(1)
- 朝鲜新罗乡歌的审美诉求[期刊]/张振亭(延边大学人文社会科学学院)//延边教育学院学报(延吉).—2006,(5)
- 论歌剧≪阿里郎≫[期刊]/韩昌梅(中央民族大学)//中央民族大学学报(北京).—2006,(9)
- 民谣的研究——以在北朝鲜收集的民谣为中心[期刊]/张翼善(延边大学艺术学院)//南北文化艺术研究(韩国).—2007
- 解放以后朝鲜的民族音乐——以8.15解放到1970年代的变迁为中心[期刊]/南熙哲(延边大学艺术学院)//文化与艺术(延吉).—2007,(3)
- 朝鲜民族"长短"的由来与变迁[期刊]/崔香兰//延边大学艺术学院第八届研究生学术月活动(延吉).—2008
- 北朝鲜短笛及其演奏特性研究[期刊]/张翼善(延边大学艺术学院)//韩国国乐教育(韩国).—2009,(5)

- 北朝鲜合唱音乐的审美特性研究[期刊]/申玉粉(延边大学艺术学院)//南北文化艺术研究.—2009,(5).— 73~95
- 北朝鲜传统音乐传承研究[期刊]/张翼善(延边大学艺术学院)//韩国国乐教育(韩国).—2009
- 浅谈歌剧≪阿里郎≫[期刊]/金银姬//东疆学刊(延吉).—2009
- 中国古代音乐和朝鲜半岛音乐的交流与影响[期刊]/穆童(吉林大学)//吉林大学学报(长春).—2009
- 巫乐对朝鲜民族传统音乐的影响[期刊]/闫飞//黑龙江科技信息(哈尔滨).—2010,(9)
- 盘索哩的起源和发展[期刊]/王路路//东疆学刊(延吉).—2010,(9)
- 20世纪中国、朝鲜、韩国、朝鲜族交响音乐发展比较研究[期刊]/赵去非(吉林艺术学院艺术教育学院)//吉林艺术学院学报(长春).—2011,(1)
- 刍议20世纪朝鲜交响音乐的发展[期刊]/赵去非(吉林艺术学院艺术教育学院)//吉林艺术学院学报(长春).—2011,(2)
- 对韩国音乐教育的几点思考[期刊]/吴娟(天水师范学院音乐学院)//牡丹江大学学报(牡丹江).—2011,(5)
- 浅析"板"在朝鲜半岛的发展与演变[期刊]/司雅楠//延边大学研究生学术论文集(延吉).—2011
- 朝鲜历史上乐器的形成、变迁及与中国的音乐关系[期刊]/赵维平(沈阳艺术学院)//乐府新声(沈阳).—2012,(2)
- 略论韩国民间佛教音乐发展概况[期刊]/韩晶(北华大学教育科学学院)//商业经济(哈尔滨).—2012,(12)
- 韩国钢琴曲≪乐-NORY≫创作技法研究[期刊]/杨静(中国音乐学院作曲系)//中国音乐(北京).—2013,(1)

3 学位论文

美术

一、绘画

- 顾庵李应鲁研究——按时期分类[博硕]/朴昌远//北京:中央美术学院硕士学位论文.—2002

- 韩国釜山市地铁一号线壁画研究——关于釜山地铁一号线地铁壁画设置现状的调查及评价[博硕]/李在先//北京:中央美术学院硕士学位论文.—2003

- 谢赫"六法"对朝鲜时代文人画的影响[博硕]/李正寿///广州:暨南大学博士学位论文.—2003

- 冲突与融合——韩国近现代绘画的演变[博硕]/黄相喜//北京:中央美术学院博士学位论文.—2004

- 郭熙山水画研究及对韩国的影响[博硕]/洪福礼//长春:东北师范大学硕士学位论文.—2004

- 韩国朝鲜时代的民画[博硕]/李惠景//北京:中央美术学院硕士学位论文.—2004

- 吴昌硕画风在韩国的流入与展开——以闵泳翊为中心[博硕]/权晓槟//杭州:中国美术学院硕士学位论文.—2004

- 真景山水画与中国现代山水画的比较研究[博硕]/金灿//延吉:延边大学硕士学位论文.—2005

- 韩国的传统色彩——五方色[博硕]/洪相熙//北京:中央美术学院硕士学位论文.—2006

- 朝鲜后期画家赵熙龙绘画研究[博硕]/姜美先//南京:南京艺术学院硕士学位论文.—2007
- 朝鲜美术展览会特选制及本土化问题研究[博硕]/崔美华//北京:中国艺术研究院硕士学位论文.—2007
- 明清花鸟画对沈师正的影响[博硕]/韩明玉//南京:南京艺术学院硕士学位论文.—2007
- 古代中韩设色人物画及其比较研究——以隋唐(公元581~907)和朝鲜时代(1392~1896)为中心[博硕]/金贤淑//杭州:中国美术学院博士学位论文.—2008
- 关于中韩传统寺观壁画的壁画保存处理方向的研究——以韩国康津无为寺壁画保存与处理研究事例和保存的科学接近为中心[博硕]/金容善//北京:中央美术学院硕士学位论文.—2008
- 16世纪韩国申师任堂草虫画的再研究[博硕]/卞珠瑛//南京:南京艺术学院硕士学位论文.—2009
- 关于绘画中女性性的研究[博硕]/李眩周//杭州:中国美术学院硕士学位论文.—2009
- 金弘道翎毛·花鸟画研究[博硕]/郑明顺//南京:南京艺术学院硕士学位论文.—2009
- 浅析18世纪韩国朝鲜后期实景山水——与中国清初黄山画派进行比较研究[博硕]/李汉贞//北京:中央美术学院硕士学位论文.—2009
- "雅集"绘画题材在李氏朝鲜的流布研究[博硕]/金宝敬//南京:南京艺术学院博士学位论文.—2009
- "真景山水"与"南宗"的共存——朝鲜后期"仿古"实践中的权力[博硕]/吴映玫//北京:中央美术学院博士学位论文.—2009
- 中国明末清初时期和韩国朝鲜中后期写实性肖像画的比较研究[博硕]/晋民旭//北京:中央美术学院硕士学位论文.—2009
- 20世纪韩国画的演变——从文人画到抽象水墨[博硕]/申暎浩//北京:中央美术学院博士学位论文.—2010
- 高丽佛教绘画研究[博硕]/金淑贤//北京:中央美术学院硕士学位论文.—2010
- 韩国"云甫"金基昶的牧牛图研究[博硕]/白瑞振//杭州:中国美术学院硕士学位论文.—2010
- 韩国当代佛教美术研究[博硕]/林钟显//北京:中央美术学院硕士学位论文.—2010
- 论韩国风俗画的形式美[博硕]/李洪//杭州:中国美术学院硕士学位论文.—2010
- 明清时期文人画思想对朝鲜王朝绘画的影响与发展[博硕]/杨雪//北京:中央民族大学

硕士学位论文.—2010

- 董其昌对朝鲜后期画坛产生的影响[博硕]/梁容银//长春:东北师范大学硕士学位论文.—2011
- 顾氏画谱与尹斗绪[博硕]/全峻模//北京:中央美术学院硕士学位论文.—2011
- 论中国山水画对韩国山水画的影响[博硕]/柳时浩//北京:中央美术学院硕士学位论文.—2011
- 中韩山水画比较研究[博硕]/高凡礼//杭州:中国美术学院硕士学位论文.—2011
- 中韩现代木版画比较研究[博硕]/黄金月//延吉:延边大学硕士学位论文.—2011
- 20世纪80年代中韩美术运动的超现实艺术语言比较研究[博硕]/朱敉呈//北京:中央美术学院硕士学位论文.—2012
- 20世纪中、韩水墨画比较研究[博硕]/李根雨//南京:南京艺术学院博士学位论文.—2012
- 继承传统民间画的中韩现当代绘画比较研究——以中国年画和韩国民画为主[博硕]/刘圣恩//北京:中央美术学院硕士学位论文.—2012
- 浅析中国文人山水画对韩国朝鲜时代后期山水画的影响[博硕]/姜炫雅//北京:中央美术学院硕士学位论文.—2012
- 中国法海寺与韩国无为寺壁画研究[博硕]/田纯海//北京:中央美术学院硕士学位论文.—2012
- 朝鲜时代的明清代肖像画研究[博硕]/全贤玉//杭州:中国美术学院博士学位论文.—2013
- 从中国向韩国的潇湘八景图研究——论韩国潇湘八景的图式[博硕]/梁松娥//北京:中央美术学院硕士学位论文.—2013
- 敦煌文化对韩国三国时期区域文化的影响[博硕]/李洪//杭州:中国美术学院博士学位论文.—2013
- 千手观音图——中国元代与韩国高丽时期千手观音图对比研究[博硕]/崔瑞洨//北京:中央美术学院硕士学位论文.—2013
- 以鹊虎图为例的韩国民间文化与诙谐性表现方法研究[博硕]/许莲//北京:中央美术学院硕士学位论文.—2013
- 张择端和金弘道绘画的比较研究[博硕]/朴素影//上海:华东师范大学硕士学位论文.—2013

- 中国传统吉祥画在韩国的传播、演变与发展[博硕]/全仙英//上海:华东师范大学博士学位论文.—2013
- 中韩水陆画比较研究[博硕]/尹惠俊//南京:南京艺术学院博士学位论文.—2013
- 吴昌硕、齐白石对近现代韩国画的影响[博硕]/柳时浩//北京:中国艺术研究院博士学位论文.—2014

二、设计

- 中国与高丽的工艺美术交流[博硕]/李美爱//北京:清华大学硕士学位论文.—2002
- 中韩现代服装发展比较[博硕]/邱茵//苏州:苏州大学硕士学位论文.—2004
- 日、韩现代立体漆艺术材技研析及启示[博硕]/王玮//南京:南京艺术学院硕士学位论文.—2005
- 创意性广告设计的有效教学方法研究——西欧各国与韩国、中国的设计特征比较[博硕]/河星佰//延吉:延边大学硕士学位论文.—2006
- 中日韩3C类产品设计特征比较研究[博硕]/罗京艳//长沙:湖南大学硕士学位论文.—2006
- 李氏朝鲜服饰文化分析[博硕]/阎洪瑛//北京:中国艺术研究院硕士学位论文.—2007
- 从女性审美心理对中韩化妆品包装设计的研究[博硕]/苏明静//苏州:苏州大学硕士学位论文.—2008
- 论朝鲜时代后期传统家具[博硕]/鞠文俐//北京:清华大学博士学位论文.—2008
- 日韩现代设计历史比较研究[博硕]/何景浩//无锡:江南大学硕士学位论文.—2008
- 近海博弈——韩国设计竞争力与地域化策略探析[博硕]/姜晓建//北京:中央美术学院硕士学位论文.—2009
- 平壤地区高句丽封土石室墓研究[博硕]/姜雨风//长春:吉林大学硕士学位论文.—2009
- 唐代男服与韩国统一新罗男服比较研究[博硕]/白银淑//无锡:江南大学硕士学位论文.—2009
- 战后中韩两国民族形式建筑发展过程比较研究[博硕]/金基天//北京:清华大学硕士学位论文.—2011
- 中韩传统服饰象征的研究——以红色服饰为中心[博硕]/李守妍//北京:中央民族大学博士学位论文.—2011

- 朝鲜半岛北部青铜时代石构墓葬研究[博硕]/陈爽//长春:吉林大学硕士学位论文.—2012
- 朝鲜平壤地区高句丽城郭研究[博硕]/金君和//延吉:延边大学硕士学位论文.—2012
- 朝鲜王朝前期的北方"六镇"设置研究[博硕]/刘阳//延吉:延边大学硕士学位论文.—2012
- 中韩女装品牌卖场陈列设计对比[博硕]/徐知贤//上海:东华大学硕士学位论文.—2012
- 朝鲜半岛北部地区青铜时代石构墓葬研究[博硕]/吴大洋//长春:吉林大学博士学位论文.—2013
- 明朝与朝鲜王朝地方城市及建筑规制比较研究[博硕]/白昭薰//北京:清华大学博士学位论文.—2013
- 明清时期朝贡体系中的朝鲜服饰[博硕]/刘晓//杭州:浙江大学硕士学位论文.—2013

三、雕塑

- 韩国石雕美术[博硕]/李政河//北京:中央美术学院硕士学位论文.—2008
- 融合装置艺术——韩国具象雕塑中的一种新趋势[博硕]/高中洽//杭州:中国美术学院硕士学位论文.—2012

四、陶艺

- 韩国陶瓷壁画表现(手法)研究——以把蝴蝶形象化的本人作品为中心[博硕]/李孝根//南京:南京艺术学院硕士学位论文.—2010
- 朝鲜半岛早期高丽青瓷初步研究[博硕]/金英兰//长春:吉林大学硕士学位论文.—2011
- 韩国现代生活陶艺的特征研究[博硕]/傅雯//景德镇:景德镇陶瓷学院硕士学位论文.—2012
- 艺术与空间的碰撞——以韩国麦粒音乐厅为例浅析当代环境陶艺创作[博硕]/白娟娟//景德镇:景德镇陶瓷学院硕士学位论文.—2013
- 越窑制瓷技术传播与高丽青瓷起源之关系研究[博硕]/黄松松//杭州:浙江大学硕士学位论文.—2013

五、书法

- 论"松雪体"对高丽末朝鲜初书画艺术的影响[博硕]/朴相泳//济南:山东大学博士学位论文.—2005
- 姜世晃书画作品中笔法的比较研究[博硕]/崔载锡//北京:中央美术学院硕士学位论文.—2006
- 现当代东亚三国书法比较[博硕]/方玲波//南京:南京师范大学硕士学位论文.—2006
- 许穆篆书研究[博硕]/金守珍//北京:中央民族大学硕士学位论文.—2006
- 李匡师书法的再评价[博硕]/崔惠珍//南京:南京艺术学院硕士学位论文.—2007
- 论朝鲜后半期书法艺术的发展——兼论韩中书法交流[博硕]/辛勋//上海:复旦大学博士学位论文.—2009
- 试论《蔚珍新罗凤坪碑》的艺术特点及价值[博硕]/贾娜沿//北京:中央美术学院硕士学位论文.—2009
- "松雪体"的形成与嬗变——赵孟𬲷书法在朝鲜半岛的传播及影响[博硕]/崔载锡//北京:中央美术学院博士学位论文.—2010
- 近现代韩国书艺发展概论[博硕]/都别林//杭州:中国美术学院硕士学位论文.—2010
- 明清中国篆刻对韩国篆刻的影响[博硕]/申铉京//杭州:中国美术学院硕士学位论文.—2010
- 中韩书家所书草书千字文比较研究[博硕]/孙仁道//青岛:青岛大学硕士学位论文.—2012
- 清代碑学对金正喜的影响[博硕]/金文姬//杭州:中国美术学院硕士学位论文.—2013

六、其他

- 当代韩国艺术市场研究(2005-2009)[博硕]/金度延//北京:中央美术学院硕士学位论文.—2011
- 韩国企业文化艺术赞助(MECENAT)的现状研究——以视觉艺术赞助为中心[博硕]/韩宇钟//北京:中央美术学院硕士学位论文.—2013